古代歷史文化研究輯刊

三二編

王明蓀 主編

第2冊

成都平原商周時期墓葬研究（上）

田劍波 著

國家圖書館出版品預行編目資料

成都平原商周時期墓葬研究（上）／田劍波 著 -- 初版 -- 新
北市：花木蘭文化事業有限公司，2024〔民113〕
目 12+228 面；19×26 公分
（古代歷史文化研究輯刊 三二編；第 2 冊）
ISBN 978-626-344-865-0（精裝）
1.CST：墳墓 2.CST：喪葬習俗 3.CST：文化研究
4.CST：上古史 5.CST：中國
618   113009404

ISBN-978-626-344-865-0

9 786263 448650

古代歷史文化研究輯刊
三二編 第 二 冊   ISBN：978-626-344-865-0

成都平原商周時期墓葬研究（上）

作　　者　田劍波
主　　編　王明蓀
總 編 輯　杜潔祥
副總編輯　楊嘉樂
編輯主任　許郁翎
編　　輯　潘玟靜、蔡正宣　美術編輯　陳逸婷
出　　版　花木蘭文化事業有限公司
發 行 人　高小娟
聯絡地址　235 新北市中和區中安街七二號十三樓
　　　　　電話：02-2923-1455／傳真：02-2923-1452
網　　址　http://www.huamulan.tw 信箱 service@huamulans.com
印　　刷　普羅文化出版廣告事業
初　　版　2024 年 9 月
定　　價　三二編 28 冊（精裝）新台幣 84,000 元
版權所有・請勿翻印

成都平原商周時期墓葬研究（上）

田劍波　著

作者簡介

田劍波，男，1989 年 11 月出生於四川三臺，2008 ～ 2015 就讀於武漢大學考古學專業，獲歷史學學士、碩士學位，2017 ～ 2022 年就讀於四川大學考古學專業，獲歷史學博士學位。2015 年至今在成都文物考古研究院從事考古發掘與研究工作，現為副研究館員，研究方向為商周考古和西南先秦考古。主持或參加了成都金沙遺址、鹽源老龍頭墓地、西昌高梘古城等重要遺址的考古工作，出版有《金沙遺址祭祀區發掘報告》、《成都新一村遺址發掘報告》等著作，在《考古》、《文物》、《江漢考古》等期刊發表論文 30 餘篇。

提　　要

　　本文將成都平原商周時期墓葬分為三期十段。第一期包括第一至四段，年代為商代晚期至西周晚期至春秋初年，該期大多數墓葬未見木質葬具，隨葬器物以陶器為主，有少量石器。第二期包括第五至八段，年代為春秋早期至戰國中期，葬具以船棺為主，隨葬器物以陶器和銅器為主。第三期包括第九和十段，年代為戰國晚期至漢初，葬具以木棺為主，隨葬器物以陶器為主。

　　本文詳細探討了墓葬隨葬器物的文化因素，並據此討論了不同類型器物的生產和流通特徵。本文詳細分析了成都平原商周時期喪葬習俗的變遷及其原因。本文認為在春秋中期以前，成都平原商周墓葬等級分化不明顯，社會結構層次不夠分明，上層社會主要通過祭祀等宗教活動控制社會，為神權社會；春秋中期之後，墓葬等級分化明顯，社會結構層次分明，中間階層成為中堅力量，上層社會通過規範喪葬禮儀中的等級制度來控制社會，社會性質轉變為類似中原的世俗王權社會。社會結構和性質的轉變，直接的後果是引起了喪葬觀念的轉變，喪葬習俗從簡單、務實轉變為以等級秩序為核心的禮制，進一步與中原地區趨同。

　　本文認為社會結構乃至社會性質的轉變主要源自於外部勢力的介入，尤其是楚文化勢力的滲透，使得本土的喪葬觀念、聚落中心、社會結構等都發生了巨大改變，墓葬特徵的階段性變化正是這一巨變的物化表現。

本書為國家社科基金重大項目
「古蜀地區文明化華夏化進程研究
（21&ZD223）」的階段性成果

目

次

圖目次

緒　論

一、選題價值與時空範圍

　　成都平原位於四川盆地的西部，是一個由發源於川西北高原龍門山出口的岷江、沱江及其支流等形成的 8 個沖積扇重疊連綴而成的複合沖積扇平原，南北長約 200 千米、東西寬 40～70 千米，面積約 6000 多平方千米〔註1〕。成都平原西部是青藏高原東緣的龍門山脈與邛崍山脈，東部為龍泉山脈，北起綿陽江油一帶，南抵樂山南面的五通橋，行政區劃主要包括成都市全境以及德陽市、綿陽市、樂山市、雅安市、眉山市等地的部分區域。成都平原地勢明顯低於四周的山脈和丘陵區域，是一個相對獨立的地理單元。

　　早在新石器時代晚期，成都平原就形成了獨具特色的寶墩文化，在之後的夏商和兩周時期，先後形成了三星堆文化、十二橋文化、新一村文化和青羊宮文化等具有濃厚地域特色的文化遺存，與同時期中原地區和長江流域的其他考古學文化判然有別。成都平原在商周時期是一個相對獨立的文化區，與四川盆地東部的川東谷嶺地區相比，該區域內的墓葬在時代上更早，從商代延續至戰國晚期，因而無論是墓葬形制還是隨葬器物均與川東等區域的墓葬區別明顯，這些墓葬可作為獨立的研究對象進行專門、系統的分析和討論。

　　以 20 世紀 30 年代對三星堆遺址的發掘為起點和標誌，在近百年的考古工作中，成都平原發掘商周墓葬數千座，其中已公開發表和刊布的約 500 座。

〔註 1〕廣義上的成都平原還包括北部的涪江沖積平原及南部的青衣江和大渡河沖積平原。本文所指的主要是狹義的成都平原。參考張宏：《四川地理》，北京：北京師範大學出版社，2016 年，第 44～45、238～239 頁。

這些墓葬較集中地反映了商周時期古蜀社會的葬具和隨葬器物的變化、喪葬習俗與喪葬觀念的變遷以及社會結構和性質的演變。本文試圖將有關墓葬材料置於一個較長的時段中，考察成都平原商周時期的社會發展進程。

本文的空間範圍以成都平原為主體，同時包括其邊緣的邛崍、大邑和蒲江等地區。鑒於成都平原目前發現的商周墓葬大約可早至商代早中期，晚至戰國末期，本文的時間範圍大約為商代至戰國末年，部分討論可能晚至漢初，絕對年代約在西元前 1300 年至西元前 200 年，跨度約 1100 年。

圖 0-1　本文涉及的地理範圍

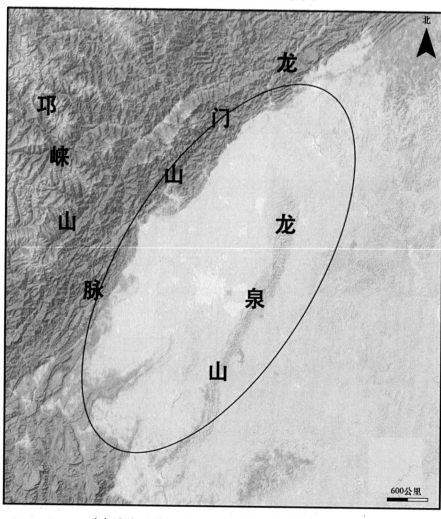

（本圖使用開源地理信息系統軟件 QGIS 製作）

二、墓葬材料的發現與研究回顧

（一）發現概況

截止 2021 年 12 月，成都平原已披露的商周墓葬在空間上大體分布於三個區域：一是墓葬最集中的成都市區；二是成都周邊的蒲江、大邑、邛崍等地；三是成都平原北部的郫縣、什邡、廣漢、彭州等地。在成都市區中的金沙遺址群中發現了大批墓葬，墓葬的年代和文化內涵區別於市區其他墓葬。已發掘的墓葬數量超過 3000 座，已刊布的約有 500 座（墓葬詳細信息見附錄）。以下擬分金沙遺址群、金沙遺址群以外的成都市區、成都平原北部及成都平原西南部等四個區域，把商周墓葬的發現情況作一簡要概述。

1. 金沙遺址群

金沙遺址因「梅苑」祭祀區出土大量精美遺物而聞名於世，在祭祀區的周圍區域，發現了超過 3000 座的商周墓葬，目前發表者約有 250 座。

黃忠村地點，發掘墓葬 13 座，發表 2 座〔註2〕。蘭苑地點〔註3〕，發掘墓葬 100 餘座，發表 4 座。蜀風花園城地點〔註4〕，發掘墓葬 13 座，發表 5 座。萬博地點〔註5〕，發掘墓葬 60 座，發表 29 座。人防地點〔註6〕，發掘墓葬 14 座，全部發表。國際花園地點〔註7〕，發掘墓葬 62 座，發表 35 座。春雨花間地點〔註8〕，發掘墓葬 17 座，發表 6 座。星河路西延線地點〔註9〕，發掘墓葬 47 座，發表 12 座。黃河地點〔註10〕，發掘墓葬 170 座，發表 16

〔註2〕 朱章義、劉駿：《成都市黃忠村遺址 1999 年度發掘的主要收穫》，《成都考古發現》（1999），北京：科學出版社，2001 年，第 164～180 頁。

〔註3〕 成都市文物考古研究所：《成都市金沙遺址「蘭苑」地點發掘簡報》，《成都考古發現》（2001），北京：科學出版社，2003 年，第 1～32 頁。

〔註4〕 成都市文物考古研究所：《金沙遺址蜀風花園城二期地點試掘簡報》，《成都考古發現》（2001），北京：科學出版社，2003 年，第 33～53 頁。

〔註5〕 成都市文物考古研究所：《成都金沙遺址萬博地點考古勘探與發掘收穫》，《成都考古發現》（2002），北京：科學出版社，2004 年，第 62～95 頁。

〔註6〕 成都市文物考古研究所：《金沙村遺址人防地點發掘簡報》，《成都考古發現》（2003），北京：科學出版社，2005 年，第 89～119 頁。

〔註7〕 成都文物考古研究所：《金沙遺址「國際花園」地點發掘簡報》，《成都考古發現》（2004），北京：科學出版社，2006 年，第 118～175 頁。

〔註8〕 成都文物考古研究所：《成都市金沙遺址「春雨花間」地點發掘簡報》，《成都考古發現》（2004），北京：科學出版社，2006 年，第 217～254 頁。

〔註9〕 成都文物考古研究所：《金沙遺址星河路西延線地點發掘簡報》，《成都考古發現》（2008），北京：科學出版社，2010 年，第 75～140 頁。

〔註10〕 成都文物考古研究所：《成都市金沙遺址「黃河」地點墓葬發掘簡報》，《成

座。陽光地帶二期地點〔註11〕，發掘墓葬290座，發表119座。

金沙遺址群的墓葬，雖資料已刊發者不及發掘總數量的十分之一，但仍然覆蓋了從商到戰國的各個階段，在成都平原商周墓葬中僅此一處，尤其是商至西周時期的墓葬，主要就發現在金沙遺址中。其中陽光地帶墓地的資料刊發系統、全面，是研究成都平原商至西周時期墓葬的重要材料。

2. 成都市區其他區域

除金沙遺址群外，成都市區還發現有29處商周墓葬，其中有80餘座墓葬材料已經刊布。

成都羊子山墓地〔註12〕，1955年清理一座規模較大的墓葬M172。

成都南郊墓地〔註13〕，1957年徵集到一批銅器，可能出自成都南郊的一座墓中。

成都金牛天回山墓地〔註14〕，1958年清理3座墓葬，其中1座為戰國時期。

成都無線電工業學校墓地〔註15〕，1963年和1986年各清理墓葬1座，但均遭施工嚴重破壞。

成都百花潭中學墓地〔註16〕，1964～1965年發掘，其中M10的材料已發表。

成都青羊宮墓地〔註17〕，1973年清理1座墓葬，材料已發表。

成都中醫學院墓地〔註18〕，1980年清理1座墓葬，材料已發表。

成都聖燈公社墓地〔註19〕，1980年清理2座殘墓，材料已發表。

考古發現》（2012），北京：科學出版社，2014年，第177～217頁。
〔註11〕成都文物考古研究院、成都金沙遺址博物館：《金沙遺址——陽光地帶二期地點發掘報告》，北京：文物出版社，2017年。
〔註12〕四川省文物管理委員會：《成都羊子山第172號墓發掘報告》，《考古學報》1956年第4期。
〔註13〕賴有德：《成都南郊出土的銅器》，《考古》1959年第10期。
〔註14〕賴有德：《成都天回山發現三座土坑墓》，《考古》1959年第8期。
〔註15〕四川省文物管理委員會：《成都戰國土坑墓發掘簡報》，《文物》1982年第1期；成都市博物館：《成都出土一批戰國銅器》，《文物》1990年第11期。
〔註16〕四川省博物館：《成都百花潭中學十號墓發掘記》，《文物》1976年第3期。
〔註17〕四川省博物館：《成都西郊戰國墓》，《考古》1983年第7期。
〔註18〕成都市博物館考古隊：《成都中醫學院戰國土坑墓》，《文物》1992年第1期。
〔註19〕成都市文物管理處：《成都市金牛區發現兩座戰國墓葬》，《文物》1985年第5期。

成都棗子巷墓地〔註20〕，1981 年徵集一批銅器，可能出自同一墓葬。

成都青羊小區墓地〔註21〕，1983 年清理 4 座殘墓，材料已全部發表。

成都京川飯店墓地〔註22〕，1986 年清理 1 座殘墓，材料已發表。

成都羅家碾墓地〔註23〕，1987 年清理 2 座墓葬，材料已全部發表。

成都白果林小區墓地〔註24〕，1987 年發現 4 座墓葬，3 座已被破壞殆盡，清理 1 座，材料已發表。

成都光榮小區墓地〔註25〕，1990 年發現並清理 5 座墓，M5 的材料已發表。

成都龍泉驛北幹道墓地〔註26〕，1992 年清理 34 座墓葬，其中 30 座墓的部分材料已發表。

成都化成小區墓地〔註27〕，1992 年清理 2 座墓葬，材料已全部發表。

成都金魚村墓地〔註28〕，1992 年清理至少 18 座墓葬，其中 4 座戰國墓材料已發表。

成都金沙巷墓地〔註29〕，1993 年發現墓葬 4 座，清理 3 座墓葬，材料已全部發表。

成都運動創傷所墓地〔註30〕，1993 年清理殘墓 1 座，材料已發表。

成都石人小區墓地〔註31〕，1994 年清理 2 座墓葬，材料已全部發表。

〔註20〕 四川省文物管理委員會：《成都市出土的一批戰國銅兵器》，《文物》1982 年第 8 期。

〔註21〕 成都市文物管理處：《成都三洞橋青羊小區戰國墓》，《文物》1989 年第 5 期。

〔註22〕 成都市博物館考古隊：《成都京川飯店戰國墓》，《文物》1989 年第 2 期。

〔註23〕 羅開玉、周爾泰：《成都羅家碾發現的二座蜀文化墓葬》，《考古》1993 年第 2 期。

〔註24〕 羅開玉、周爾泰：《成都白果林小區四號船棺》，《成都文物》1990 年第 3 期。

〔註25〕 成都市文物考古工作隊、成都市文物考古研究所：《成都市光榮小區土坑墓發掘簡報》，《文物》1998 年第 11 期。

〔註26〕 成都市文物考古研究所、龍泉驛區文物管理所：《成都龍泉驛區北幹道木槨墓群發掘簡報》，《文物》2000 年第 8 期。

〔註27〕 成都市考古隊：《成都化成小區戰國墓發掘清理簡報》，《成都文物》1996 年第 4 期。

〔註28〕 成都市文物考古工作隊：《成都西郊金魚村發現的戰國土坑墓》，《文物》1997 年第 3 期。

〔註29〕 成都市文物考古工作隊：《成都市金沙巷戰國墓清理簡報》，《文物》1997 年第 3 期。

〔註30〕 謝濤：《成都運動創傷研究所發現土坑墓》，《成都文物》1993 年第 3 期。

〔註31〕 成都市文物考古工作隊：《成都西郊石人小區戰國土坑墓發掘簡報》，《文物》2002 年第 4 期。

　　成都水利設計院墓地〔註32〕，1995 年清理 2 座墓葬，材料已全部發表。

　　成都新一村墓地〔註33〕，1995 年和 2010 年兩次發掘，各清理 1 座墓葬，1995 年的已發表。

　　成都北郊墓地〔註34〕，1996 年清理 6 座墓葬，其中 2 座為戰國墓，均已發表。

　　成都商業街墓地〔註35〕，2000～2001 年清理一處大型船棺合葬墓，包括 17 具棺，材料已全部發表。

　　成都海濱村墓地〔註36〕，2003 年清理 5 座墓葬，其中 M2、M3 屬戰國時期，均已發表。

　　成都文廟西街墓地〔註37〕，2003 年清理 2 座墓葬，材料已全部發表。

　　成都涼水井街墓地〔註38〕，2004 年徵集到一批銅器，推測應出自同一座墓葬中。

　　成都中海國際墓地〔註39〕，2004～2005 年清理商周墓葬 6 座，其中 3 座的材料已發表。

　　成都清江路張家墩墓地〔註40〕，2015～2016 年清理戰國秦漢墓葬 204 座，少量屬於戰國晚期，材料尚未發表。

　　上述墓地多分佈在今成都市區的西部，尤其是一環路附近，這是特別需要

〔註32〕成都市文物考古工作隊：《成都西郊水利設計院土坑墓清理簡報》，《考古與文物》2000 年第 4 期。

〔註33〕成都市文物考古研究所：《成都十二橋遺址新一村發掘簡報》，《成都考古發現》（2002），北京：科學出版社，2004 年，第 172～208 頁。2010 年發掘資料存於成都文物考古研究院，未發表。

〔註34〕成都市文物考古工作隊：《四川成都市北郊戰國東漢及宋代墓葬發掘簡報》，《考古》2001 年第 3 期。

〔註35〕成都文物考古研究所：《成都商業街船棺葬》，北京：文物出版社，2009 年。

〔註36〕成都市文物考古研究所：《成都市青龍鄉海濱村墓葬發掘簡報》，《成都考古發現》（2003），北京：科學出版社，2005 年，第 266～307 頁。

〔註37〕成都市文物考古研究所：《成都市文廟西街戰國墓葬發掘簡報》，《成都考古發現》（2003），北京：科學出版社，2005 年，第 244～265 頁。

〔註38〕成都文物考古研究所：《涼水井街戰國墓葬出土的青銅器》，《成都考古發現》（2004），北京：科學出版社，2006 年，第 306～311 頁。

〔註39〕成都文物考古研究所：《成都中海國際社區 2 號地點商周遺址發掘報告》，《成都考古發現》（2010），北京：科學出版社，2012 年，第 171～254 頁。

〔註40〕易立、楊波：《四川成都張家墩戰國秦漢墓地》，《2016 中國重要考古發現》，北京：文物出版社，2017 年，第 74～76 頁。

注意的。

3. 成都平原北部區域

成都市區以北至德陽的範圍內，也發掘清理了若干商周墓葬，計有 17 處墓地，其中 130 餘座墓葬材料已經發表。

郫縣紅光公社墓地〔註41〕，1972 年徵集到一批銅器，推測應出自此地的 2 座墓葬中，材料已發表。

郫縣晨光公社墓地〔註42〕，1976 年清理殘墓 1 座，材料已發表。

郫縣風情園和花園別墅墓地〔註43〕，1992 年在緊鄰的兩處墓地共清理了 27 座墓葬，其中有 9 座屬於戰國至秦，材料已發表。

郫縣宋家河壩墓地〔註44〕，2007 年清理 2 座墓葬，材料已全部發表。

郫縣波羅村墓地〔註45〕，2009～2011 年清理墓葬 29 座，材料已全部發表。

青白江雙元村墓地〔註46〕，2015～2017 年清理至少 180 座墓葬，主體為春秋晚期至戰國時期，M154 的材料已發表〔註47〕。

新都水觀音墓地〔註48〕，1957～1958 年清理 8 座土坑墓，其中 2 座墓的部分材料已發表。

新都馬家墓地〔註49〕，1980 年清理 1 座大型木槨墓，部分材料已發表。

新都清鎮村墓地〔註50〕，2002 年清理 1 座墓葬，材料已發表。

〔註41〕 李復華：《四川郫縣紅光公社出土戰國銅器》，《文物》1976 年第 10 期。

〔註42〕 郫縣文化館：《四川郫縣發現戰國船棺葬》，《考古》1980 年第 6 期。

〔註43〕 成都市文物考古研究所、郫縣博物館：《郫縣風情園及花園別墅戰國至西漢墓群發掘報告》，《成都考古發現》（2002），北京：科學出版社，2004 年，第 277～315 頁。

〔註44〕 成都文物考古研究所：《成都市郫縣三道堰鎮宋家河壩遺址發掘報告》，《成都考古發現》（2007），北京：科學出版社，2009 年，第 104～137 頁。

〔註45〕 成都文物考古研究院、四川大學歷史文化學院：《郫縣波羅村遺址》，北京：科學出版社，2019 年，第 66～67、182～187、245、335～336 頁。

〔註46〕 王天佑：《成都市青白江區雙元村東周墓地》，《中國考古學年鑒》（2017），北京：中國社會科學出版社，2018 年，第 406～407 頁。

〔註47〕 成都文物考古研究院、青白江區文物保護中心：《四川成都雙元村東周墓地一五四號墓發掘》，《考古學報》2020 年第 3 期。

〔註48〕 四川省博物館：《四川新凡縣水觀音遺址試掘簡報》，《考古》1959 年第 8 期。

〔註49〕 四川省博物館、新都縣文物管理所：《四川新都戰國木槨墓》，《文物》1981 年第 6 期。

〔註50〕 成都市新都區文物管理所：《成都市新都區清鎮村土坑墓發掘簡報》，《成都考古發現》（2005），北京：科學出版社，2007 年，第 289～300 頁；成都市新都區文物管理所：《成都新都秦墓發掘簡報》，《文物》2014 年第 10 期。

新都同盟村墓地〔註51〕，2011 年清理 7 座墓葬，其中 3 座的材料已發表。

彭州太平公社墓地〔註52〕，1980 年清理殘墓 1 座，材料已發表。

彭州明臺村墓地〔註53〕，1986 年收集到一批銅器，應出自一座墓葬，材料已發表。在 2019 年的考古調查中，發現此處為一處大型墓地。

綿竹清道墓地〔註54〕，1976 年清理 1 座較大的墓葬，材料已發表。

什邡城關墓地〔註55〕，1988～2002 年先後清理 98 座墓葬，其中 93 座墓葬材料已發表。

廣漢二龍崗墓地〔註56〕，1995 年清理 47 座墓葬，材料已全部發表。

廣漢三星堆青關山墓地〔註57〕，2014 年清理 4 座墓葬，時代為戰國時期。在三星堆遺址中，暫未發現商至西周時期的墓葬。1997 年在仁勝村發現了 20 餘座墓葬，其中有部分為二里頭文化時期的，晚不到商代〔註58〕。材料全部發表。

羅江周家壩墓地〔註59〕，2011～2012 年清理 83 座戰國墓葬，材料尚未發表。

4. 成都平原西南區域

該區域發掘清理了一批東周時期的墓葬，計有 4 處墓地 10 餘座墓葬。

大邑五龍公社墓地〔註60〕，1982～1983 年清理 5 座墓葬，其中 4 座為戰

〔註51〕成都文物考古研究所、新都區文物管理所：《成都市新都區同盟村遺址商周時期遺存發掘簡報》，《四川文物》2015 年第 5 期。

〔註52〕四川省文管會：《四川彭縣發現船棺葬》，《文物》1985 年第 5 期。

〔註53〕廖光華：《彭縣致和鄉出土戰國青銅器》，《四川文物》1989 年第 1 期。

〔註54〕四川省博物館：《四川綿竹縣船棺墓》，《文物》1987 年第 10 期。

〔註55〕四川省文物考古研究院、德陽市文物考古研究所、什邡市博物館：《什邡城關戰國秦漢墓地》，北京：文物出版社，2006 年。

〔註56〕四川省文物考古研究院、廣漢市文物保護管理所：《廣漢二龍崗》，北京：文物出版社，2014 年。

〔註57〕四川省文物考古研究院：《四川廣漢市三星堆遺址青關山戰國墓發掘簡報》，《四川文物》2015 年第 4 期。

〔註58〕四川省文物考古研究所三星堆遺址工作站：《四川廣漢市三星堆遺址仁勝村土坑墓》，《考古》2004 年第 10 期。

〔註59〕劉章澤、張生剛、徐偉：《四川德陽羅江周家壩戰國船棺墓地》，《2012 中國重要考古發現》，北京：文物出版社，2013 年，第 67～69 頁。

〔註60〕四川省文管會、大邑縣文化館：《四川大邑五龍戰國巴蜀墓葬》，《文物》1985 年第 5 期；四川省文管會、大邑縣文化館：《四川大邑縣五龍鄉土坑墓清理簡報》，《考古》1987 年第 7 期。

國時期；1984 年又清理 2 座戰國墓，材料均已發表。

蒲江東北公社墓地，1980 年清理殘墓 1 座〔註61〕，1981～1982 年清理 2 座墓葬，材料已全部發表〔註62〕。

蒲江朝陽鄉墓地〔註63〕，1990 年清理殘墓 1 座，材料已發表。

蒲江飛龍村墓地〔註64〕，1998 年和 2006 年，先後兩次共清理 6 座墓葬，材料已全部發表。

綜上，目前成都平原現有資料刊布的商周墓地有 60 餘處，可資利用的資料有約 500 座。在地域上，它們基本涵蓋了成都平原大部分區域，區域分布基本合理；在時間上，從商至戰國的墓葬均有一定數量發現；在墓葬形制上，船棺墓和非船棺墓均較多；在隨葬器物上，銅器、陶器和其他器物均較多；在墓葬規模上，既有新都馬家、成都商業街等大型墓葬，也有金沙遺址常見的小型土坑墓。總之，成都平原的這批商周墓葬在時間、空間和內涵等方面，均較為均衡，能夠滿足探討相關問題的需要。

與此同時，這批材料亦存在一些不盡如人意之處：

（1）成都市區發現和公布的材料最多，其他區域相對較少；

（2）在刊布的墓葬資料中，商至西周時期與戰國時期兩個階段的墓葬佔據了大部分，而春秋時期的墓葬相對較少；

（3）大部分資料以簡報的形式公布，而早年的考古簡報由於篇幅和印刷的限制，資料公布不夠詳盡，圖和照片資料也不夠清晰。如新都馬家墓出土 200 餘件器物，公布的不超過三成。

（二）研究回顧

有關成都平原商周墓葬的研究較多，且隨著材料的日益增多而逐漸深入，以下擬從年代學研究、船棺葬研究、隨葬器物研究等方面加以簡要敘述。

1. 年代學研究

從成都平原有商周墓葬發現以來，墓葬的年代學研究一直就是最重要最

〔註61〕龍騰：《四川蒲江縣巴族武士船棺》，《考古》1982 年第 12 期。

〔註62〕四川省文物管理委員會、蒲江縣文物管理所：《蒲江縣戰國土坑墓》，《文物》1985 年第 5 期。

〔註63〕龍騰、李平：《蒲江朝陽鄉發現古代巴蜀船棺》，《四川文物》1991 年第 3 期。

〔註64〕成都市文物考古工作隊、蒲江縣文物管理所：《成都市蒲江縣船棺墓發掘簡報》，《文物》2002 年第 4 期；成都文物考古研究所：《蒲江縣飛龍村鹽井溝古墓葬》，《成都考古發現》（2011），北京：科學出版社，2013 年，第 338～372 頁。

基礎的問題。在初始階段，本地墓葬發現較少，在年代判斷上主要依靠錢幣、墓葬形制的邏輯演變及部分外來風格器物等。馮漢驥先生等對重慶冬笋壩和廣元寶輪院兩處墓地進行了較詳細的年代分析，將墓葬年代分為五期〔註65〕。成都羊子山M172的發掘者認為墓葬中出土大量銅器具有中原及楚地風格，是「戰國時期流行的東西」〔註66〕，從而推斷其年代為戰國時期，並通過與冬笋壩和寶輪院墓葬出土器物的比較，認為兩者的文化面貌比較接近。在20世紀80年代以前，由於資料等各方面的局限性，較少有學者對成都平原商周墓葬年代進行綜合分析，斷代也比較粗糙。

　　20世紀80年代以後，資料的增多為墓葬的分期和年代研究提供了更好的條件。宋治民先生對昭化寶輪院、涪陵小田溪、成都百花潭M10等幾座典型墓葬的年代進行了較為詳細的分析〔註67〕。趙殿增先生將巴蜀地區新石器時代晚期至戰國時期的考古學文化分為三期〔註68〕，提出了晚期巴蜀文化的概念。毛求學先生將戰國時期巴蜀文化墓葬分為戰國早、中、晚三期〔註69〕；羅開玉先生將其細分為五期〔註70〕；霍巍先生則分為兩期三段〔註71〕。李復華先生等將先秦時期的巴蜀文化遺存分為兩期，每期又分為兩段，其中墓葬為晚期〔註72〕。江章華、張擎等先生對四川地區戰國墓葬進行了分區和分期，認為四川地區戰國墓葬分為成都平原和川西南、川東三個地區，分別對這些地區的典型墓葬進行斷代，其中成都平原墓葬序列全面，可分為戰國早、中、晚和秦代四期〔註73〕。這一分期是階段性的總結，為相關研究提供了基本的年代框

〔註65〕 四川省博物館：《四川船棺葬發掘報告》，北京：文物出版社，1960年，第82～84頁。

〔註66〕 四川省文物管理委員會：《成都羊子山第172號墓發掘報告》，《考古學報》1956年第4期。

〔註67〕 宋治民：《略論四川戰國秦墓葬的分期》，《中國考古學會第一次年會論文集》，北京：文物出版社，1980年，第265～277頁。

〔註68〕 趙殿增：《巴蜀文化的考古學分期》，《中國考古學會第四次年會論文集》，北京：文物出版社，1985年，第214～224頁。

〔註69〕 毛求學：《試論川西地區戰國墓葬分期》，《華西考古研究》（一），成都：成都出版社，1991年，第211～240頁。

〔註70〕 羅開玉：《晚期巴蜀文化墓葬初步研究（上）》，《成都文物》1991年第3期。

〔註71〕 霍巍、黃偉：《蜀人的墓葬分期》，《巴蜀歷史·民族·考古·文化》，成都：巴蜀書社，1991年，第224～238頁。

〔註72〕 李復華、王家祐：《巴蜀文化的分期與內涵試說》，《巴蜀歷史·民族·考古·文化》，成都：巴蜀書社，1991年，第174～185頁。

〔註73〕 江章華、張擎：《巴蜀墓葬的分區與分期初論》，《四川文物》1999年第3期。

架。李明斌先生對成都地區戰國墓的分期與江章華先生等基本一致〔註74〕。由
於春秋甚至更早階段墓葬較少發現，巴蜀墓葬的分期與年代主要集中在戰國
時期。

表 0-1　墓葬分期觀點對比

發表年份	作　者	分期觀點	具體期別與年代劃分
1960	馮漢驥	五期	秦滅巴蜀前後、秦至漢初、西漢前期、西漢後期、東漢初期
1991	毛求學	三期	戰國早期、戰國中期、戰國晚期
1999	江章華	四期	戰國早期、戰國中期、戰國晚期、秦代
2001	洪梅	七期	戰國早期早段、戰國早期晚段、戰國中期早段、戰國中期晚段、戰國晚期早段、秦代、漢初至武帝時期
2005	趙殿增	五期七段	春戰之際至戰國早期、戰國中期前段、戰國中期後段、戰國晚期前段、戰國晚期中後段、秦代、西漢早期
2006	雷雨	六期十段	戰國早期早段、戰國早期晚段、戰國中期早段、戰國中期晚段、戰國晚期早段、戰國晚期中晚段、戰國末期、秦代、西漢早期、西漢中晚期
2007	黃尚明	五期	戰國早期、戰國中期、戰國晚期、秦代、西漢早期
2010	朱萍	三期六段	春秋晚期至戰國早期、戰國中期早段、戰國中期晚段、戰國中期末至戰國晚期早段、戰國晚期中晚段、秦代至西漢初
2017	向明文	五期十二段	春秋中期、春秋晚期、戰國早期早段、戰國早期晚段、戰國中期早段、戰國中期晚段、戰國晚期早段、戰國晚期中段、戰國末期至秦、西漢早期早段、西漢早期晚段、西漢中期早段

進入 21 世紀，隨著資料的進一步累積，有關巴蜀地區商周墓葬的分期
和年代判斷有了新的進展。黃尚明先生對四川地區春秋以前的墓葬進行簡要
總結〔註75〕。這一時期，對墓葬年代的劃分更加細化。朱萍先生將巴蜀墓葬
分為三期六段〔註76〕；黃尚明先生分為五期〔註77〕；趙殿增先生分為五期七

〔註74〕李明斌：《成都地區戰國考古學遺存初步研究》，《四川文物》1999 年第 3 期。
〔註75〕黃尚明：《蜀文化研究》，武漢：華中師範大學出版社，2007 年，第 63～127 頁。
〔註76〕朱萍：《楚文化的西漸——楚國經營西部的考古學觀察》，成都：巴蜀書社，2010 年，第 71～98 頁。
〔註77〕黃尚明：《蜀文化研究》，武漢：華中師範大學出版社，2007 年，第 63～127 頁。

段〔註78〕；洪梅先生則分為七期〔註79〕。雷雨先生對什邡城關墓地進行分期研究，分為六期〔註80〕。向明文先生在前人基礎上，將巴蜀地區東周秦漢時期墓葬分為五期十二段〔註81〕。各位學者的分期意見和年代結論，參見表 0-1。

以上研究對象大多是戰國時期的墓葬，而更早階段的商至春秋時期墓葬則較少涉及，隨著金沙遺址材料的公布，年代研究也隨之展開。江章華先生將金沙遺址相關遺存初步分為六期，各期均有墓葬，年代從商代晚期延續至春秋晚期〔註82〕。楊振威、左志強、陳雲洪等先生將金沙遺址「黃河」地點墓葬分為五組，年代從西周晚期至戰國初期〔註83〕。陳雲洪先生則將金沙遺址船棺墓分為三期，分別為西周晚期、春秋早中期、春秋晚期〔註84〕。周麗、江章華等先生將春秋時期的成都平原考古學文化分為兩期四段，第二期為墓葬，其中金沙黃河 M580、M592、M600、M650 等為第二期早段，年代為春秋中期，黃河 M350、M577 及星河路 M2711、M2712、M2722 等第二期晚段，年代為春秋晚期至戰國初年〔註85〕。

2. 船棺墓

船棺作為巴蜀地區先秦時期較為流行的一種葬具，是一種文化象徵，有關船棺的族屬和船棺背後的精神信仰問題，備受學界關注。

在 20 世紀 80 年代以前，由於川西地區船棺較少發現或發表，船棺的族屬基本為巴人說。巴人說也在較長時間內成為主流。由於廣元寶輪院和重慶冬笋壩船棺墓的發現，馮漢驥先生等主要從歷史地理上巴人的活動空間等方面推測船棺葬與巴人有一定關係〔註86〕。《四川船棺葬發掘報告》一書的編寫者則更

〔註78〕趙殿增：《三星堆文化與巴蜀文明》，南京：江蘇教育出版社，2005 年，第 547～553 頁。

〔註79〕洪梅：《試析戰國時期巴蜀文化的墓葬形制》，《華夏考古》2009 年第 1 期。

〔註80〕雷雨：《試論什邡城關墓地的分期與年代》，《四川文物》2006 年第 3 期。

〔註81〕向明文：《巴蜀古史的考古學觀察》，吉林大學博士學位論文，2017 年，第 121～132 頁。

〔註82〕江章華：《金沙遺址的初步分析》，《文物》2010 年第 2 期。

〔註83〕楊振威、左志強、陳雲洪：《成都金沙遺址「黃河」地點二層下墓葬年代及相關問題》，《四川文物》2017 年第 4 期。

〔註84〕陳雲洪：《成都金沙遺址船棺葬的分析》，《南方民族考古》第十輯，北京：科學出版社，2014 年，第 45～59 頁。

〔註85〕周麗、江章華：《試論成都平原春秋時期考古學文化》，《考古》2020 年第 2 期。

〔註86〕馮漢驥、楊有潤、王家祐：《四川古代的船棺葬》，《考古學報》1958 年第 2 期。

為詳細地論述了「巴人戍蜀」這一觀點〔註87〕。徐中舒先生也大致持同一觀點〔註88〕。陳明芳先生對中國南方及東南亞地區的船棺葬俗進行了梳理，認為川東地區船棺葬墓主應為巴人，巴人與越人有一些相近的文化特徵，其族源可能有一定親緣關係〔註89〕。張勳燎先生梳理了文獻，並結合考古發現，提出了巴人由湖北遷入四川，進入川西的過程，說明古蜀國內有巴人的分布〔註90〕。

隨著川西地區材料的增多，關於船棺的族屬逐漸向蜀人說轉變。宋治民先生對商業街墓地進行了較全面的分析，辨析了船棺與獨木棺的形制差異，並從隨葬器物出發，認為墓葬的年代可以早到春秋後期，文化上則屬於蜀文化的範疇〔註91〕。黃尚明先生梳理了船棺形制的演變脈絡，從川西船棺早於川東地區的角度，認為船棺可能是蜀人的葬俗，後來影響了巴人〔註92〕。陳雲洪先生以金沙遺址新發現的船棺為契機，對船棺的形制及墓中隨葬器物進行了分析，梳理了船棺的年代及發展階段，船棺最早可至西周晚期，是蜀人「開明氏」一族的葬俗〔註93〕。向明文先生系統分析了川西和川東地區墓葬形制的總體構成情況，發現川西以船棺及類船棺墓為主要形制，川東則以木槨或類木槨墓為主要形制，這種差異可能說明了「巴蜀兩國在埋葬習俗方面有著不盡相同的文化旨趣」〔註94〕。冉宏林先生從葬具和隨葬器物兩個層面入手，認為葬具為船棺，器物為柳葉矛、柳葉劍、三角援戈、鉞等的墓葬族屬為蜀族；而墓葬呈寬長方形，葬具以棺槨為主，器物主要為鍪、釜、斧形鉞等，族屬為巴族〔註95〕。

也有部分學者認為船棺是南方地區族群的葬俗。沈仲常、孫華等先生從考古材料出發，結合文獻分析，認為船棺非巴人葬俗，也非蜀國開明氏的葬俗，

〔註87〕四川省博物館：《四川船棺葬發掘報告》，北京：文物出版社，1960年，第84～89頁。

〔註88〕徐中舒：《巴蜀文化初論》，《四川大學學報（社會科學版）》1959年第2期。

〔註89〕陳明芳：《論船棺葬》，《東南文化》1991年第1期。

〔註90〕張勳燎：《古代巴人的起源及其與蜀人、僚人的關係》，《南方民族考古》第一輯，成都：四川大學出版社，1987年，第45～71頁。

〔註91〕宋治民：《成都商業街墓葬的問題》，《四川文物》2003年第6期。

〔註92〕黃尚明：《關於川渝地區船棺葬的族屬問題》，《江漢考古》2005年第2期。

〔註93〕陳雲洪：《成都金沙遺址船棺葬的分析》，《南方民族考古》第十輯，北京：科學出版社，2014年，第45～59頁；陳雲洪：《四川地區船棺葬的考古學觀察》，《邊疆考古研究》第17輯，北京：科學出版社，2015年，第241～268頁。

〔註94〕向明文：《巴蜀古史的考古學觀察》，吉林大學博士學位論文，2017年，第45～63頁。

〔註95〕冉宏林：《試論「巴蜀青銅器」的族屬》，《四川文物》2018年第1期。

而可能與南方「群蠻」有關。這些群蠻當與開明氏一起從湖北入蜀的〔註96〕。梁釗韜先生認為四川地區的船棺與東南沿海的濮人西遷有關〔註97〕。

宋治民先生還從葬具的形制上分析了船棺的族屬，他認為僅川東的兩端上翹的屬於船棺，而川西地區兩端不上翹的為獨木棺。兩者分別為巴人和蜀人的葬具，但其中隨葬器物表明文化和族屬背景是較為複雜的〔註98〕。他還分析了榮經和什邡船棺墓的區別，認為什邡是蜀人，榮經則是巴人，並進一步論述了秦滅蜀國之後，以巴人治蜀的觀點〔註99〕。

船棺還涉及到當時族群的精神信仰問題。段渝、鄒一清等先生認為船棺似船，是因為該群體生前有習水傳統，死後以船葬之，是「事死如事生」〔註100〕。霍巍、黃偉等先生認為船棺是將先民死後的靈魂送回先祖之地，需要用船來承載亡靈返回故地〔註101〕。車廣錦先生認為船棺葬俗體現的是靈魂昇天成仙的觀念〔註102〕。陳明芳先生認為船棺葬所反映的觀念並非是成仙，而是祖先崇拜，其目的是為了滿足死者在幽冥中的生活需要〔註103〕。

關於船棺族屬的討論，是船棺墓研究的核心內容，近年這一問題的爭論減少。基於有關的考古發現，一般認為成都平原使用船棺更早也更為普遍。

3. 隨葬器物研究

隨葬器物承載著人的觀念、身份、社會等級等，一直是學界的關注重點。巴蜀地區商周墓葬研究最重要的一個分支，就是各類出土器物的研究。

（1）青銅器

由於巴蜀地區青銅器以各類兵器為大宗，容器相對較少，故研究主要集中在兵器上，兵器又以戈和劍為主。

〔註96〕 孫華：《四川盆地的青銅時代》，北京：科學出版社，2000年，第217～226頁。

〔註97〕 梁釗韜：《「濮」與船棺葬關係小議》，《中南民族學院學報（社會科學版）》1986年第S1期。

〔註98〕 宋治民：《四川戰國墓葬試析》，《四川文物》1990年第5期。

〔註99〕 宋治民：《什邡榮經船棺葬墓地有關問題探討》，《四川文物》1999年第1期。

〔註100〕 段渝、鄒一清：《日落船棺》，成都：巴蜀書社，2007年，第36頁。

〔註101〕 霍巍、黃偉：《四川喪葬文化》，成都：四川人民出版社，1992年，第106～112頁；段塔麗：《戰國秦漢時期巴蜀喪葬習俗——船棺葬及其民俗文化內涵》，《中國歷史地理論叢》2002年第1期。

〔註102〕 車廣錦：《論船棺的起源和船棺葬所反映的宗教意識》，《東南文化》1985年第00期。

〔註103〕 陳明芳：《論船棺葬》，《東南文化》1991年第1期。

① 戈

　　銅戈研究的核心是基於類型劃分的銅戈的淵源問題。大多數學者認為蜀地銅戈與中原地區關係密切。藉由關於「楚公戈」的真偽的討論〔註104〕，馮漢驥先生將先秦巴蜀銅戈分為五式，認為這些銅戈均為蜀人所有〔註105〕。在較長一段時間內，有關巴蜀銅戈的討論，其分類基礎均源於此。張忠培先生分析了中原地區的銅戈類型與年代，認為其中 III 式銅戈年代應為晚商至西周早期，且蜀地三角援戈是源自中原地區的，那麼「蜀戈」的命名需要考慮〔註106〕。宋治民先生認為馮漢驥所分的 V 式有胡戈也是來自於北方地區〔註107〕。童恩正先生將西南地區出土的銅戈分為西南夷系統和巴蜀系統兩大類，分別對兩大類戈的形制、年代及與中原文化的淵源關係進行了探討，並討論了蜀地銅戈和巴地銅戈在形制上的差異〔註108〕。井中偉先生對川渝地區銅戈進行了最為詳細的類型劃分、分期和年代判斷，認為這一地區銅戈仍然是在中原地區的基礎上，仿製並改造的〔註109〕。

　　也有學者認為蜀戈並非源自中原地區。李學勤先生認為蜀地戈演變自有脈絡，與中原有別〔註110〕。盧連成、胡智生等先生對巴蜀銅戈來源於中原地區提出了質疑，通過對寶雞強國墓地、城固地區及四川地區的銅戈的對比分析，認為三角援戈的來源為城固地區〔註111〕。霍巍、黃偉等先生梳理了無胡蜀式戈的形制和年代，認為其淵源與「涇渭流域三角地帶」的文化有關，並進而分析了蜀人的南遷問題〔註112〕。段渝先生則持不同的觀點，認為關中地

〔註104〕高誌喜：《「楚公蒙」戈》，《文物》1959 年第 12 期；于省吾、姚孝遂：《「楚公蒙」戈辨偽》，《文物》1960 年第 3 期。

〔註105〕馮漢驥：《關於「楚公蒙」戈的真偽並略論四川「巴蜀」時期的兵器》，《文物》1961 年第 1 期。

〔註106〕張忠培：《關於「蜀戈」的命名及其年代》，《吉林大學社會科學學報》1963 年第 3 期。

〔註107〕宋治民：《略論四川戰國秦墓葬的分期》，《中國考古學會第一次年會論文集》，北京：文物出版社，1980 年，第 265～277 頁。

〔註108〕童恩正：《我國西南地區青銅戈的研究》，《考古學報》1979 年第 4 期。

〔註109〕井中偉：《川渝地區出土銅戈及相關問題研究》，《邊疆考古研究》第 5 輯，北京：科學出版社，2007 年，第 70～99 頁。

〔註110〕李學勤：《論新都出土的蜀國青銅器》，《文物》1982 年第 3 期。

〔註111〕盧連成、胡智生：《寶雞茹家莊、竹園溝墓地出土兵器的初步研究——兼論蜀式兵器的淵源和發展》，《考古與文物》1983 年第 5 期。

〔註112〕霍巍、黃偉：《試論無胡蜀式戈的幾個問題》，《考古》1989 年第 3 期。

區的戈受到了蜀文化戈的影響〔註113〕。

　　成都平原出土的「連弧刃戈形器」的功能也引起了學界的關注。井中偉先生認為「連弧刃戈形器」非實用器，可能是儀仗用器〔註114〕。代麗鵑先生則從埋藏環境等角度認為這類連弧刃器不具有使用兵器的功能，可能與信仰儀式有關，其來源可能是對玉、石質的同類器的仿製〔註115〕。

　　②柳葉形劍

　　多數學者認為巴蜀柳葉形劍為本地起源，並影響了其他地區。童恩正先生較早對柳葉形劍的類型和年代加以考察，認為其源於中原地區〔註116〕。江章華先生將柳葉形劍分為六型，演變階段為商代晚期、西周早期至戰國早期、戰國中期至戰國晚期和秦至西漢早期四個階段，以形制和年代學的邏輯為指引，闡述了柳葉形劍本地起源的觀點，並結合自然環境進行了分析〔註117〕。田偉先生在系統分析兩周時期銅劍的基礎上，也認為柳葉形劍產生於巴蜀地區，再影響至中原地區〔註118〕。王煒先生從劍鞘起源的角度認為柳葉形劍為多元起源，「巴蜀地區是獨立起源地之一」〔註119〕。譚銀萍先生認為蜀地短劍可能經漢中——關中的路線傳入北方中原地區〔註120〕。

　　也有少數學者認為柳葉形劍起源於關中地區。如朱世學先生認為巴蜀柳葉形劍來源於寶雞地區，明確其族屬為巴人〔註121〕。

　　還有部分學者認為柳葉形劍起源於中國境外，之後再傳入中國。盧連成先生認為柳葉形劍源頭在西亞地區，傳播路線經由伊朗高原至中亞、再到南

〔註113〕　段渝：《巴蜀青銅文化的演進》，《文物》1996年第3期。

〔註114〕　井中偉：《川渝地區出土銅戈及相關問題研究》，《邊疆考古研究》第5輯，北京：科學出版社，2007年，第70～99頁。

〔註115〕　代麗鵑：《銅曲刃戈形器造型來源及年代試析》，《中國國家博物館館刊》2013年第7期。

〔註116〕　童恩正：《我國西南地區青銅劍的研究》，《考古學報》1977年第2期。

〔註117〕　江章華：《巴蜀柳葉形劍淵源試探》，《四川文物》1992年第1期；江章華：《巴蜀柳葉形劍研究》，《考古》1996年第9期。

〔註118〕　田偉：《試論兩周時期的青銅劍》，《考古學報》2013年第4期。

〔註119〕　王煒：《三星堆器物坑出土人身形銅牌飾辨析——兼論巴蜀地區柳葉形劍及劍鞘的起源》，《文物》2014年第4期。

〔註120〕　譚銀萍：《試論西周青銅扁莖短劍》，陝西師範大學碩士學位論文，2015年，第40～42頁。

〔註121〕　朱世學：《巴式柳葉劍的考古發現與研究》，《三峽大學學報（人文社會科學版）》2015年第5期。

西伯利亞和蒙古高原、最後由草原傳入關中地區〔註122〕。林梅村先生認為近東柳葉形劍經印歐語系的游牧人群傳到了新疆地區，而後逐漸傳入中原地區〔註123〕。段渝先生同樣認為柳葉形劍起源於近東地區，但是經由伊朗進入南亞、再傳入中國西南地區的〔註124〕。周勇先生則認為柳葉形劍是經南北兩個線路傳入巴蜀地區的〔註125〕。

③鉞、矛等其他銅器

代麗鵑先生從埋藏背景、形態、裝柄方式、裝飾等角度對四川盆地發現的銅鉞進行了反思，認為其可能更具工具屬性，而不是兵器〔註126〕。向明文先生也對銅鉞的類型、年代、功能等進行分析，提出銅鉞是工具而非兵器〔註127〕。

李健民先生對四川地區銅矛進行了詳細的類型分析，總結了巴蜀銅矛區別於中原地區的特徵〔註128〕。

向明文先生對巴蜀墓葬中的銅刀進行了系統的梳理，將其分為四期，認為環首刀傳入蜀地可能主要與楚、秦有關，而且這類環首刀主要是從蜀到巴進行擴散〔註129〕。他認為這些銅刀具有商至西周中原文化因素、戰國時期中原文化因素、北方文化因素以及新疆地區文化因素，從一個側面反映出巴蜀文化與周邊文化經歷了「守商周、傾荊楚、染秦化」的三個階段〔註130〕。

向明文先生對巴蜀式銅釜甑進行研究，指出釜甑關鍵的鑄造技術改變是由連鑄向分鑄的過渡，轉變的關鍵時段為戰國中晚期〔註131〕。

〔註122〕盧連成：《草原絲綢之路——中國同域外青銅文化的交流》，《史念海先生八十壽辰學術文集》，西安：陝西師範大學出版社，1996年，第713～723頁。

〔註123〕林梅村：《商周青銅劍淵源考》，《漢唐西域與中國文明》，北京：文物出版社，1998年，第39～63頁。

〔註124〕段渝：《商代中國西南青銅劍的來源》，《社會科學研究》2009年第2期。

〔註125〕周勇：《古巴蜀柳葉形青銅劍來源再探》，《新西部（理論版）》2013年第17期。

〔註126〕代麗鵑：《名相之辨：四川盆地青銅「鉞」研究》，《南方民族考古》第七輯，北京：科學出版社，2012年，第211～224頁。

〔註127〕向明文：《四川盆地青銅煙荷包鉞的年代及相關問題研究》，《邊疆考古研究》第27輯，北京：科學出版社，2020年，第169～185頁。

〔註128〕李健民：《論四川出土的青銅矛》，《考古》1996年第2期。

〔註129〕向明文：《巴蜀文化墓葬出土銅刀類型、分區與分期研究——兼談環首刀的來源問題》，《邊疆考古研究》第20輯，北京：科學出版社，2016年，第239～263頁。

〔註130〕向明文、滕銘予：《巴蜀文化墓葬出土銅刀文化因素分析——兼及巴蜀文化發展進程管窺》，《考古與文物》2017年第2期。

〔註131〕向明文：《巴蜀式青銅釜甑的類型、年代與分期研究》，《三代考古》（八），北京：科學出版社，2019年，第330～343頁。

④銅器的綜合研究

巴蜀銅器的研究逐漸由研究器物本身，逐漸發展為將其與墓葬等級、墓主人身份及思想觀念等關聯起來，深入到器用制度及墓葬制度層面的探討。杜乃松先生對巴蜀青銅器特徵進行了簡要的綜述〔註132〕。劉瑛先生較早對巴蜀兵器進行類型劃分，對兵器上的紋飾、符號進行了梳理和分類〔註133〕。呂建昌先生則更為系統地分析了各類兵器的類型、年代、文化淵源關係，並討論了古蜀人與西北氐羌民族的關係、巴和蜀之間兵器的差異、巴蜀兵器對雲南地區的影響等問題〔註134〕。李冬楠先生對戰國時期巴蜀兵器的質地、紋飾和功能等進行了分析，認為巴蜀文化墓葬使用典型的巴蜀文化兵器來體現墓葬的等級」，兵器種類越多、墓葬規模越大、等級越高〔註135〕。范曉佩先生主要分析了隨葬兵器的種類、組合及其與墓葬形制、等級之間的關係，認為以兵器來體現等級是存在的，但似乎還不能形成一種嚴格制度〔註136〕。趙琦茗先生將川渝地區商至戰國時期青銅兵器分為四期，認為兵器組合與墓葬等級存在一定關聯，墓葬等級越高，數量越多、種類越全；隨葬兵器的多少可能也與墓主人是否從事軍事活動有關；隨葬兵器明器化的葬俗則可能來自於寶雞地區強國〔註137〕。代麗鵑先生對成都平原青銅兵器小型化的現象進行了觀察，分三類梳理了其年代和出土情況，提出其性質可能與祭祀禮儀、隨葬明器有關，還象徵著墓主人身份；包括兵器等在內的器物小型化的使用，是成都平原及關中地區的區域文化行為模式，與宗教和信仰等密切相關〔註138〕。

部分學者將巴蜀青銅器體現的禮制與中原地區進行了對比研究。楊文勝先生將巴蜀青銅器與中原青銅器進行了對比分析，認為兩地青銅器的使用存在較大的區別，巴蜀地區傾向於財富象徵的意義，中原地區主要與禮制相關〔註139〕。

〔註132〕 杜乃松：《論巴蜀青銅器》，《江漢考古》1985 年第 3 期。

〔註133〕 劉瑛：《巴蜀兵器及其紋飾符號》，《文物資料叢刊》（7），北京：文物出版社，1983 年，第 13～23 頁。

〔註134〕 呂建昌：《先秦巴蜀青銅兵器研究》，《軍事歷史研究》1997 年第 2 期。

〔註135〕 李冬楠：《晚期巴蜀文化出土兵器研究》，吉林大學碩士學位論文，2004 年，第 13～18 頁。

〔註136〕 范曉佩：《晚期巴蜀文化墓葬中兵器隨葬制度的研究》，吉林大學碩士學位論文，2009 年，第 14～18 頁。

〔註137〕 趙琦茗：《川渝地區出土先秦時期青銅兵器研究》，陝西師範大學碩士學位論文，2015 年，第 7～23 頁。

〔註138〕 代麗鵑：《成都平原小型青銅兵器研究》，《考古學報》2017 年第 4 期。

〔註139〕 楊文勝：《東周時期巴蜀青銅器與中原青銅器的比較研究》，《長江‧三峽古文

袁豔玲先生從禮制的角度對東周巴蜀青銅器進行分析，認為巴蜀銅器墓存在以銅禮器的種類和數量來表示身份、地位的情況，但並未形成嚴格的等級序列和規律，這種不規範的禮制秩序與巴蜀的社會制度和經濟形態等密切相關〔註140〕。

（2）印章及巴蜀符號研究

巴蜀印章、印文符號以及其他銅器上所見的一些性質、含義不明的符號，一直以來都是學界關注的重點之一。

在巴蜀印章及印文符號的類型與功能方面。結合冬筍壩墓葬出土的印章，沈仲常等先生較早地對巴蜀印章進行了形制和印文的初步分類，認為印文大體可分為符號文和篆書字兩大類〔註141〕。Robert A. Jones 對四川地區 45 枚印章進行分類，其中字體分為巴蜀和中原兩種，論證了巴蜀印章受到多元文化的影響，也有自身的風格〔註142〕。劉豫川先生將巴蜀印章分為六型，印文內容分為甲、乙、丙三組，他討論了巴蜀印章的源流問題，提出巴蜀印章的功能可區分為「封泥」、「標記」、「印記」、「殉葬」及「情趣哲理」等五種。他還分析了三組符號的不同性質和含義〔註143〕。胡昌健先生則認為巴蜀印章可能與印主的身份地位有關，有官印的可能〔註144〕。朱世學先生詳細統計了巴蜀地區戰國兩漢時期銅印章的出土情況，認為大量使用並隨葬銅印章，是巴蜀青銅文化的一大特徵〔註145〕。郭明等先生認為戰國早期至西漢，巴蜀印章的隨葬是逐漸增多再減少的，分布上則以成都平原為中心，而隨葬印章與墓葬的形制、大小、隨葬器物的多寡等均無關，可能與職業或技能相關〔註146〕。

有關巴蜀符號〔註147〕的性質，部分學者認為是文字。沈仲常等先生從符

　　化學術研討會暨中國先秦史學會第九屆年會論文集》，重慶：重慶出版社，2011 年，第 758～767 頁。

〔註140〕袁豔玲：《東周時期巴蜀青銅器使用禮制研究》，《江漢考古》2013 年第 3 期。

〔註141〕沈仲常、王家祐：《記四川巴縣冬筍壩出土的古印及古貨幣》，《考古通訊》1955 年第 6 期。

〔註142〕【美】羅伯特·瓊斯著，楊秋莎譯：《四川出土青銅晚期印章》，《四川文物》1992 年第 2 期。

〔註143〕劉豫川：《巴蜀符號印章的初步研究》，《文物》1987 年第 10 期。

〔註144〕胡昌健：《巴蜀銅印章探微》，《四川文物》1995 年第 5 期。

〔註145〕朱世學：《巴蜀地區戰國到兩漢時期銅印章的考古發現與研究》，《三峽大學學報（人文社會科學版）》2017 年第 5 期。

〔註146〕郭明、高大倫：《考古學視角下的巴蜀印章研究》，《四川文物》2018 年第 1 期。

〔註147〕關於巴蜀地區出土的符號，其性質還不甚清晰，暫以較為中性的「巴蜀符號」來表述。參考：嚴志斌、洪梅：《巴蜀符號述論》，《考古》2017 年第 10 期。

號的相似性角度推測可能是巴蜀地方通用的文字〔註148〕。徐中舒先生則推測為「巴文」，是一種較為原始的象形文字〔註149〕。李復華先生認為郫縣紅光銅戈上的符號，可能是蜀人的文字〔註150〕。李學勤先生認為巴蜀符號的性質為文字，且有的表音、有的表義〔註151〕。段渝先生明確將巴蜀符號分為巴蜀方塊字及符號兩系，前者為表意文字，後者為象形文字。其中方塊字為蜀人最早創造的，而符號類文字則是本土與外來文化結合的產物〔註152〕。洪梅先生則認為段渝所分的「巴蜀方塊字」一系實際上就是文字，不應歸入巴蜀符號的範疇中〔註153〕。張文先生通過對虎紋等三種符號的釋讀，認為巴蜀符號是一種會意文字〔註154〕。

還有部分學者認為巴蜀符號是族徽。童恩正先生認為手心、虎、蟬等形象，可能類似中原青銅器上的圖形族徽〔註155〕。李復華先生認為虎紋可能是巴人部落的徽記〔註156〕。劉瑛先生較早地對巴蜀符號進行分類，認為其用途可能是族徽，與原始社會的圖騰有關〔註157〕。王仁湘先生將巴蜀符號分為 26 類，並分析了其組合特徵，認為其大多是部族徽識和家族標誌，可能與圖騰崇拜有關〔註158〕。高文先生也認為巴蜀符號具有部落或氏族徽號的意義〔註159〕。

也有學者認為巴蜀符號是某種吉祥符號。吳怡先生認為蒲江縣飛龍村船棺墓和新都馬家木槨墓發現的兩枚印章可能類似於中原地區代表身份地位的「琥」、「虎符」、「節」等器物的功用，其他類型的巴蜀符號印章，最可能是吉

〔註148〕沈仲常、王家祐：《記四川巴縣冬筍壩出土的古印及古貨幣》，《考古通訊》1955 年第 6 期。

〔註149〕徐中舒：《巴蜀文化初論》，《四川大學學報（社會科學版）》1959 年第 2 期。

〔註150〕李復華：《四川郫縣紅光公社出土戰國銅器》，《文物》1976 年第 10 期。

〔註151〕李學勤：《論新都出土的蜀國青銅器》，《文物》1982 年第 3 期。

〔註152〕段渝：《巴蜀古文字的兩系及其起源》，《考古與文物》1983 年第 1 期。

〔註153〕洪梅：《「巴蜀符號兩系說」質疑——以 6 件特殊銘文的虎紋戈為例》，《四川文物》2019 年第 2 期。

〔註154〕張文：《巴蜀符號瑣談》，《四川文物》1992 年第 2 期。

〔註155〕童恩正：《古代的巴蜀》，成都：四川人民出版社，1979 年，第 130～133 頁。

〔註156〕李復華：《四川郫縣紅光公社出土戰國銅器》，《文物》1976 年第 10 期。

〔註157〕劉瑛：《巴蜀兵器及其紋飾符號》，《文物資料叢刊》(7)，北京：文物出版社，1983 年，第 13～23 頁。

〔註158〕王仁湘：《巴蜀徽識研究》，《中國考古學會第七次年會論文集》，北京：文物出版社，1992 年，第 213～235 頁。

〔註159〕高文：《巴蜀銅印淺析》，《四川文物》1999 年第 2 期。

祥符號或吉語〔註160〕。高文等先生在《巴蜀銅印》一書中，也認為巴蜀符號可能是帶有原始宗教色彩的吉祥符號或吉祥語性質的圖語〔註161〕。孫華先生認為巴蜀符號不是文字、也不是紋飾，而是一種帶有巫術色彩、表達吉祥的符號，有一小部分可能是族徽〔註162〕。李復華和王家祐先生認為巴蜀圖像符號是表達語意的特殊符號，是一種圖像的語言，可稱為「巴蜀圖語」〔註163〕。

還有學者認為巴蜀符號具有宗教性質。如余乃謙等先生則認為巴蜀符號的基本組合「虎、蛇、人」具有宗教祭祀和禮儀性質，傳承自三星堆文明〔註164〕。

有關某一類具體符號的內涵，也有學者進行了分析。嚴志斌和洪梅先生對巴蜀符號中較常見的幾類（如罍形符號〔註165〕、鍾形符號〔註166〕、柵欄形符號〔註167〕、筍形符號〔註168〕、水草紋符號〔註169〕）等進行分析，其結論大致如表 0-2 所示。他們還從地域、種類、時代、組合、方向性、器物性、族群性等七個方面對巴蜀符號的基本特徵進行了概述。陳宗祥先生對常見的手心紋組合進行了分析，認為這類組合與西南地區的民族有聯繫，意為「白海螺族的製刀匠人」〔註170〕。

將巴蜀符號及其載體和所出墓葬結合起來分析，是近年來研究的新動向。江章華先生對兵器、工具和印章等不同載體上的巴蜀符號分別進行了分類，注意到不同載體乃至不同器物上的符號區別較為明顯，並據此推測它們具有不同的性質〔註171〕。這一嘗試較為新穎，使以前較為籠統的分類逐漸清

〔註160〕 吳怡：《蒲江船棺墓與新都木槨墓出土印章的研究》，《四川文物》1994 年第 3 期。
〔註161〕 高文、高成剛：《巴蜀銅印》，上海：上海書店出版社，1998 年，第 1～7 頁。
〔註162〕 孫華：《巴蜀符號初論》，《四川文物》1984 年第 1 期。
〔註163〕 李復華、王家祐：《關於「巴蜀圖語」的幾點看法》，《貴州民族研究》1984 年第 4 期。
〔註164〕 余乃謙、劉振宇：《戰國時期巴蜀文化符號印的新解》，《中華文化論壇》2017 年第 2 期。
〔註165〕 嚴志斌、洪梅：《戰國時期巴蜀文化罍形符號研究》，《中國國家博物館館刊》2015 年第 11 期。
〔註166〕 嚴志斌、洪梅：《巴蜀印章鍾形符號考察》，《四川文物》2015 年第 5 期。
〔註167〕 嚴志斌、洪梅：《巴蜀文化柵欄形符號考察》，《四川文物》2016 年第 4 期。
〔註168〕 嚴志斌、洪梅：《試析巴蜀文化中的筍形符號》，《四川文物》2017 年第 1 期。
〔註169〕 嚴志斌、洪梅：《戰國時期巴蜀文化水草紋符號試析》，《中國國家博物館館刊》2017 年第 7 期。
〔註170〕 陳宗祥：《巴蜀銅器「手心紋」試解》，《貴州民族研究》1983 年第 1 期。
〔註171〕 江章華：《巴蜀符號的變遷及其性質分析》，《四川文物》2020 年第 1 期。

晰。施勁松先生對符號的時代、社會和使用背景進行分析，認為巴蜀符號最有可能是族徽的性質；而巴蜀符號即便含義不確定，但依然可結合考古背景建立各地墓葬之間的聯繫〔註172〕。嚴志斌先生對青白江雙元村 M154 出土的印章符號進行分析，認為印章上罍與鍾的寫實造型與罍形符號和鍾形符號的出現存在關聯；他根據符號種類與出土器物，認為雙元村 M154 與商業街墓地和馬家大墓存在密切的關係〔註173〕。代麗鵑對戰國時期巴蜀地區兵器上的動物形圖像的類型、載體、時空分布等問題進行了系統的梳理，並對圖像的淵源問題進行了探索〔註174〕。

關於巴蜀符號的分期及演變，羅開玉先生根據墓葬的分期，將巴蜀符號分為五期〔註175〕。

表 0-2　嚴志斌等對部分巴蜀符號的分析

符　號	地　域	時代性	等級性	族　屬
罍形	成都平原，向南北流佈	戰國早期至戰國晚期	川西地區墓葬等級較高	來源於蜀人社會
鍾形	川西地區	戰國中晚期	墓主存在三個層級，均為社會上層	蜀人
水草紋	川西最早，隨後擴張	戰國中晚期	川西墓葬等級高於川東、峽江區	不具有族屬含義
柵欄形	主要在峽江地區	戰國中期至秦	社會上層	巴人
筍形	川東、峽江稍多於川西	戰國中期至秦	不具有等級性	巴人和蜀人均使用

有關巴蜀符號的整理與收錄，最早是衛聚賢先生在 1942 年整理的 48 種符號〔註176〕。劉瑛先生收集整理了上百種符號，開啟了巴蜀符號著錄的新篇章〔註177〕。隨後，高文等先生在《巴蜀銅印》一書中收錄了 122 種銅印

〔註172〕施勁松：《考古背景中的巴蜀符號》，《四川文物》2020 年第 3 期。
〔註173〕嚴志斌：《成都雙元村 154 號大墓出土巴蜀文化印章研究》，《江漢考古》2021 年第 4 期。
〔註174〕代麗鵑：《晚期巴蜀文化兵器裝飾性動物圖像分析》，四川大學碩士學位論文，2007 年。
〔註175〕羅開玉：《晚期巴蜀文化墓葬初步研究（下）》，《成都文物》1991 年第 4 期。
〔註176〕衛聚賢：《巴蜀文化》，《說文月刊》1942 年第 3 卷第 7 期。
〔註177〕劉瑛：《巴蜀兵器及其紋飾符號》，《文物資料叢刊》(7)，北京：文物出版社，1983 年，第 13～23 頁。

符號〔註178〕。管維良先生在《巴蜀符號》一書中搜集了大部分巴蜀符號，並對部分符號進行研究〔註179〕。嚴志斌和洪梅先生新著《巴蜀符號集成》將符號歸納為272種，建立了最為詳細的分類體系，是目前巴蜀符號的集大成者〔註180〕。

4. 墓葬文化因素、葬俗與等級研究

較多學者從楚文化西漸的角度來探討蜀與楚的關係問題。黃尚明先生將蜀地楚式青銅器分為六期，認為東周時期楚文化對蜀國影響最大，其傳播路線有南北兩條〔註181〕。朱萍先生較為細緻地梳理了成都平原至峽江地區東周時期的考古學遺存，通過文化因素、歷史背景等分析，對楚文化影響成都平原的方式、傳播通道都進行了詳細的討論，其中關於楚文化影響成都平原的不同階段、不同方式及三條通道的論述，令人耳目一新〔註182〕。新都馬家大墓因為出土了較多具有外來文化風格的器物，有關其性質也是爭論的焦點，沈仲常先生從葬具和隨葬品兩方面進行對比分析，認為該墓是成都平原上較典型的楚文化墓葬〔註183〕；孫智彬先生則認為儘管該墓存在較多的楚文化因素，但仍以本土文化因素為主，且出土的器物中還有中原文化因素，推測應為蜀地貴族墓〔註184〕。江章華先生對巴蜀移民墓進行了分析，將這批墓葬分為A、B兩組，分別為楚人墓和秦人墓〔註185〕。

在巴蜀墓葬等級的表達方式上，江章華先生通過對蜀地墓葬的分類以及隨葬器物、墓地等的分析，提出以楚文化和中原風格銅器為代表的奢侈品，是蜀地墓葬等級的一種表達方式，蜀地從西周晚期開始隨葬較多兵器，戰爭逐漸成為社會的重心，也由此引起了社會觀念的轉變，戰士的墓葬也受到特別的尊重〔註186〕。向明文先生則引入了統計分析方法，提出船棺墓的等級應

〔註178〕高文、高成剛：《巴蜀銅印》，上海：上海書店出版社，1998年。

〔註179〕管維良：《巴蜀符號》，重慶：重慶出版社，2011年。

〔註180〕嚴志斌、洪梅：《巴蜀符號集成》，北京：科學出版社、龍門書局，2019年。

〔註181〕黃尚明：《試論楚文化對晚期蜀文化的影響》，《江漢考古》2006年第2期。

〔註182〕朱萍：《楚文化的西漸——楚國經營西部的考古學觀察》，成都：巴蜀書社，2010年，第281~284頁。

〔註183〕沈仲常：《新都戰國木槨墓與楚文化》，《文物》1981年第6期。

〔註184〕孫智彬：《新都戰國木槨墓文化因素剖析》，《江漢考古》1986年第1期。

〔註185〕江章華：《巴蜀地區的移民墓研究》，《四川文物》1991年第1期。

〔註186〕江章華：《戰國時期古蜀社會的變遷——從墓葬分析入手》，《四川文物》2008年第2期。

主要以本地風格青銅器的數量為判斷標準，木槨墓則應以外來和本地風格青銅器的數量尤其是容器的數量為判斷標準，並據此將巴蜀地區東周秦漢墓分為 A、B、C 三大類，各類再細分兩小類，其身份分別為高級貴族、中級貴族、富裕低級貴族、一般低級貴族、富裕庶民和一般或貧窮庶民〔註187〕。施勁松先生從宏觀上討論了墓葬、文化與成都平原社會變遷之間的關係，認為外來文化及觀念的影響對成都平原的社會影響重大〔註188〕。

還有學者對蜀地的部分葬俗進行了討論。周志清先生對成都平原商周墓葬隨葬玉石條和磨石的葬俗進行了分析，認為玉石條墓葬可能為「玉匠墓」，年代集中在商末周初，不與船棺共存；而隨葬磨石則緊隨其後，流行於西周早中期至春秋時期，與船棺共存，這兩類葬俗均與特定社會背景下的人群身份關係密切〔註189〕。

經歷了半個多世紀，有關成都平原商周時期墓葬的研究取得了較豐碩的成果，可歸納為以下 5 個方面：

（1）基本建立了春秋晚期至戰國晚期墓葬的年代體系。經過歷代學者的努力和資料的累積，成都平原春秋中晚期至戰國晚期的年代框架基本建立，且呈現出愈加細化的趨勢，這也是探討相關問題的基礎。

（2）對各類隨葬器物的研究較為全面和深入。對青銅戈、柳葉形劍、巴蜀印章及符號等的研究逐步深入，對其類型、年代、文化因素及內涵均有較深入的分析和探討。也有一部分綜合性研究，對隨葬器物的研究嘗試向器用制度、等級關係等方面深化，開闢了新的研究視角。

（3）對船棺葬作了較為深入的討論。船棺葬是成都平原非常重要的一類葬俗，其背後可能暗含了族屬、文化屬性等，多位學者就其起源、類型、年代、分布地域、族屬等問題進行了探討，傾向性的意見是認為船棺較早就出現在成都平原一帶，可能與蜀人關係更加密切。

（4）對墓葬的文化因素及相關的文化交流、社會等級等有較細緻的分析。綜合多位學者的研究成果，比較具有傾向性的意見認為墓葬所反映的社會等級主要體現在隨葬器物的多寡與外來文化器物上，與墓葬結構等因素關聯較

〔註187〕向明文：《東周秦漢時期巴蜀文化墓葬等級分類新論》，《邊疆考古研究》第28輯，北京：科學出版社，2021年，第257～284頁。

〔註188〕施勁松：《成都平原先秦時期的墓葬、文化和社會》，《考古》2019年第4期。

〔註189〕周志清：《古蜀文化玉匠墓管窺》，《江漢考古》2021年第6期；周志清：《成都金沙遺址磨石隨葬習俗研究》，《中原文物》2021年第4期。

小。

（5）對墓葬的研究深入到社會的變遷和巴蜀古史的構建。以墓葬材料為出發點，通過對社會階層、文化面貌等的研究，從考古的角度來構建東周時期巴蜀社會、族群及國家結構的變化。

在前人的研究基礎上，本選題能夠繼續深入的，主要有以下 6 個方面：

（1）由於在 21 世紀之前商至春秋時期墓葬發現較少，且商和西周時期墓葬規模和隨葬器物的豐富程度遠不及戰國時期，因而，對商至春秋時期墓葬的關注度不高，年代體系尚未建立。商至戰國時期的墓葬編年體系仍需進一步完善。

（2）對墓葬形制的分析需進一步加強。除船棺墓以外，對其他類型的墓葬研究較少。可在分期斷代的基礎上，進一步分析各類形制墓葬的發展演變，嘗試弄清其演變規律。

（3）在以往的研究中，主要側重文化屬性的判斷，以陶器及相關信息為核心，將成都平原的社會發展階段擬合為多個考古學文化。但目前，成都平原考古學文化序列還存在一些缺環，而考古學文化與社會發展階段不完全吻合。因此，從墓葬的角度來探討成都平原社會發展階段的演變，也是可以嘗試的途徑之一。

（4）對各時期的典型墓地進行分析。墓地作為逝者的聚落，在空間上應存在較嚴密的規劃，可嘗試對金沙陽光地帶墓地、成都商業街船棺墓地、什邡城關墓地等典型墓地的形成過程、布局結構等進行分析。

（5）前人尚未對整個成都平原商周墓葬進行空間分析，可在年代判斷的基礎上，對各階段的墓葬分布進行分析，以討論墓地分布的變化以及聚落中心的變遷。

（6）文化因素分析過去雖多有涉及，但較多集中在與楚文化的關係上，與其他文化區的關係討論不多，以文化因素為基礎的器物的生產和流通問題幾乎沒有涉及，可嘗試進行探討。

三、研究思路

1. 以考古層位學和類型學為基礎，對墓葬隨葬器物進行分析，並以此建立和完善成都平原商至戰國時期墓葬的編年體系。

2. 在可靠年代序列的基礎上，考察墓葬形制的變化，歸納總結出成都平原商周墓葬形制的演變脈絡，釐清船棺的出現、成熟以至消亡的過程，分析船

棺發展變化的社會歷史原因。

3. 在年代框架的基礎上，對墓葬形制的演變、器物的生產於流通情況、器用制度、喪葬習俗與觀念、等級制度與社會結構等進行考察，從不同方面和角度弄清成都平原商周墓葬的發展演變。

4. 從聚落考古的角度，探討不同時段墓地的空間分布情況。較大時空範圍的觀察，有助於理解成都平原商周時期文化中心、政治中心的變遷。在同一個墓地中，考察其內部墓葬的分布、形成過程及葬地空間的規劃、墓葬的親疏關係等。

5. 歸納總結成都平原商周時期社會結構及社會性質的變化，進而分析社會變遷的動力與原因等。

第一章　墓葬材料的發現、
　　　　分布與特徵

第一節　墓葬材料的發現與分布

　　成都平原目前發掘了大量的商周墓葬，公布的有約60處墓地的材料。已發表的墓葬材料中，有許多未經科學發掘，資料發表也詳略不一。一些墓葬和器物的編號、對應情況較為混亂，存在較大的缺陷。因此，需要對各個墓地的墓葬發現的刊布和發表情況作簡要分析，釐清訛誤，以利於研究工作的開展。

　　如前所述，成都平原的商周墓葬主要分佈在四個區域：金沙遺址群、金沙遺址群以外的成都市區、成都平原北部區域以及成都平原西南部區域。需要說明的是，這四個區域的劃分與墓葬分區不一定存在直接的對應關係，主要是為了方便敘述和交代材料。

一、金沙遺址群

　　金沙遺址是成都平原商周時期的一處中心聚落，尤其是在商代中晚期至西周早期，其發展到達了高峰。與中心聚落相匹配的是，該遺址發現了大量商周時期的墓葬，據不完全統計，目前已發掘3000餘座墓葬，有多個大型墓地。其中，部分墓地的資料或詳或略已刊布或發表。

　　金沙遺址墓葬資料，已公開刊布和發表者，包括「黃忠村」地點、「蘭苑」地點、「蜀風花園城」地點、「萬博」地點、「人防」地點、「國際花園」地點、「春雨花間」地點、「星河路西延線」地點、「黃河」地點及「陽光地

帶」地點等 10 處，共計發掘約 790 座墓葬，發表 240 餘座。

1. 黃忠村地點，地理座標為 104°1′4.35″E，30°41′5.96″N。1995 年～1999 年發掘，共發掘周代墓葬 13 座，發表 2 座，均為無葬具土坑墓；除 M12 隨葬一銅劍外，其餘均無隨葬品。簡報材料發表不完整。

2. 蘭苑地點，地理座標為 104°00′18.2″E，30°41′03.7″N。2001～2002 年發掘，共發掘墓葬 100 餘座，發表 4 座，均為無葬具土坑墓；大多數無隨葬器物。簡報中未將出土遺存按單位發表，發表不完整。

3. 蜀風花園城地點，地理座標為 104°00′18.2″E，30°41′03.7″N。2001 年發掘，發掘墓葬 13 座，發表 5 座，均為無葬具土坑墓；均有隨葬器物。簡報按單位發表材料，5 座墓葬材料完整發表。

4. 萬博地點，地理座標為 104°00′26.78″E，30°41′19.11″N。2003～2003 年發掘，共發掘墓葬 60 座，發表 29 座，均為無葬具土坑墓；大多數無隨葬器物。簡報未按單位發表材料，材料發表不完整。

5. 人防地點，地理座標為 104°00′18.2″E，30°41′03.7″N。2002 年發掘，共發掘墓葬 14 座，全部發表，其中 1 座為船棺墓，其餘為無葬具土坑墓；7 座無隨葬器物，7 座有隨葬器物。簡報按單位發表材料，材料基本發表完整。

6. 國際花園地點，地理座標為 104°00′31.0″E，30°41′25.2″N。2004 年發掘，共發掘墓葬 62 座，發表 35 座，其中 15 座為船棺墓，20 座為無葬具土坑墓；大多數有隨葬器物。簡報按單位發表材料，材料發表完整。

7. 春雨花間地點，地理座標為 104°00′27.82″E，30°41′24″N。2002 年至 2003 年發掘，共發掘墓葬 17 座，發表 6 座，均為無葬具土坑墓；其中 3 座無隨葬器物，3 座有隨葬器物。簡報按單位發表材料，材料發表完整。

8. 星河路西延線地點，地理座標為 104°00′58″E，30°41′42″N。2008 年發掘，共發掘墓葬 47 座，發表 12 座，其中 4 座為船棺墓，其餘為無葬具土坑墓；均有隨葬器物。簡報按單位發表材料，材料發表完整。

9. 黃河地點，地理座標為 104°00′25.3″E，30°41′09.8″N。2002～2003 年發掘，共發掘墓葬 170 座，發表的 16 座墓葬中，7 座為船棺墓，9 座為無葬具土坑墓；均有隨葬器物。簡報按單位發表材料，材料發表完整。

10. 陽光地帶地點，地理座標為 104°00′31.3″E，30°41′38.4″N。發掘墓葬 290 座，發表 119 座，其中 21 座為船棺墓，98 座為無葬具土坑墓；其中 77 座墓有隨葬器物。該地點以報告專刊的形式發表了 119 座墓葬的全部資

料，較為詳盡。

以上 10 個地點共發表約 240 座墓葬，基本上涵蓋了金沙遺址不同類型和不同時段的墓葬，這批墓葬基本能夠代表金沙遺址墓葬的整體情況。金沙遺址這批墓葬均為小型墓葬，墓葬基本上未被盜掘，多個墓地的資料發表較為完整，在整個成都平原商周墓葬資料中也甚為少見，且金沙遺址墓地的墓葬年代較早（多為商至春秋時期），是成都平原目前早期墓葬最集中的片區，是本文重要的基礎性材料。以下行文中，以「金沙+某地點」的名稱來指代各地點的具體名稱，其後再加墓號，如金沙遺址陽光地帶地點 M154 為「金沙陽光地帶 M154」。

二、金沙遺址群以外的成都市區

隨著城市化的進程，在金沙遺址群以外的成都市區發現和發掘了大量的商周墓葬，大部分墓葬資料未發表，墓葬大多被盜或被施工等破壞，保存狀況較差；資料發表較早，刊布的信息有限，信息不夠全面。該區域內有 29 處墓地，以下擬按墓葬發掘的時間先後介紹如下。

11. 成都羊子山，地理座標為 104°05′38.27″E，30°42′07.93″N。1955 年，西南博物院在羊子山土臺上清理了一批墓葬，其中 172 號墓為一座規模較大的土坑墓，該墓被盜嚴重，仍出土各類器物 460 餘件，以銅器為主。該墓出土器物之豐富，在目前成都平原已發掘的商周墓葬中是首屈一指的。該墓葬具為大型木槨，在成都平原也是很罕見的。但簡報發表於 20 世紀 50 年代，發表的器物數量較少，墓葬信息公布不全，線圖的質量也不高。

12. 成都南郊，地理座標為 104°04′26.4″E，30°38′42″N。1957 年，四川省博物館徵集到一批銅器，並據此線索在南郊清理了一座嚴重殘破的墓葬，出土了 13 件器物，其中 9 件為銅器。簡報未編號，此處編為成都南郊 M1。簡報僅報導了少量材料。

13. 成都金牛天回山，地理座標為 104°07′27.55″E，30°45′45.43″N。1958 年，四川省博物館在成都市天回山發掘了 3 座土坑墓，分別為戰國、西漢和東漢墓。其中戰國墓出土少量銅器和陶器，其中有 1 件陶四耳壺，可能是尊缶之類的器物。簡報未發表任何圖片資料。為方便敘述，將這 3 座墓編號為天回山 M1～M3，戰國墓為 M1。

14. 成都無線電工業學校，地理座標為 104°02′25.64″E，30°38′44.55″N。

1963 年，四川省文物管理委員會在該地清理了一座殘墓，出土了一批銅器和陶器。1986 年，該地在施工時發現了一批青銅器，成都博物館對其進行了清理，出土銅器位置集中，年代風格也比較接近，屬於同一座墓葬的可能性較大，故筆者暫將其作為同一座墓葬來處理。該地點 2 座墓葬均無明確編號，本文以無線電學校 M1、無線電學校 M2 作為 1963 年和 1986 年 2 座墓葬的代號。這兩座墓雖然均較為殘破，但仍然出土了一些銅容器，說明該墓地的級別和等級高。其中 1963 年清理的那座墓葬資料刊布不夠詳細，而 1986 年收集的那批器物發表較全面。

15. 成都百花潭中學，地理座標為 104°02′16.78″E，30°39′08.57″N。1964～1965 年，四川省博物館在百花潭中學清理了一批戰國土坑墓，其中 M10 出土隨葬器物尤其是銅器較多。該墓出土隨葬器物 48 件，其中銅器就有 47 件。該墓出土的大部分器物均已刊發。該墓是成都平原較早經過科學發掘並刊發資料的東周墓葬，在很長時間內起到了斷代標尺的作用。

16. 成都青羊宮，地理座標為 104°02′28.12″E，30°39′36.22″N。1973 年，四川省博物館在青羊宮遺址清理 1 座土坑墓，未編號。該墓隨葬銅器較多，陶器較少。銅器中包括部分外來風格的銅器。簡報刊布了大部分的隨葬品。此處暫編為青羊宮 M1。

17. 成都中醫學院，地理座標為 104°02′34.51″E，30°39′55.72″N。1980 年，成都市博物館在成都市中醫學院清理了一座土坑墓。該墓隨葬器物以銅器為主，部分銅器在發掘之前被取出，從風格上看，這批銅器應屬於同一座墓。簡報刊布了大部分的發掘材料。簡報未編號，此處暫編為中醫學院 M1。

18. 成都聖燈公社，地理座標為 104°07′22.07″E，30°40′27.92″N。1980 年，成都市文物管理處在成都市金牛區聖燈公社十隊先後清理了兩座殘土坑墓，分別編號為 M1、M2。M1 的隨葬器物為徵集而來，M2 為科學發掘出土。M1 所見隨葬器物主要為銅器，M2 則為 10 件陶器，有小口圜底罐及釜等，另有 1 件銅鍪。

19. 成都棗子巷，地理座標為 104°02′45.15″E，30°40′05.52″N。1981 年，四川省文物管理委員會在成都市棗子巷省政協院工地徵集到一批銅兵器，共計 35 件。現場確認後認為這批銅器係出自同一座土坑墓，該墓被嚴重破壞，僅剩墓底。從出土大量銅兵器來看，該墓等級可能較高。簡報未編號，此處編為棗子巷 M1。

20. 成都青羊小區，地理座標為 104°02′53.63″E，30°40′21.46″N。1983年，成都市文物管理處在青羊小區附近道路施工中清理 4 座殘墓，編號 M1～M4，出土了一批銅器和陶器，又徵集到屬於該墓地的一批銅器。簡報在介紹器物時，所說的科學發掘的器物均屬於 M3 和 M4，較容易區分。而徵集到的銅器則分別屬於 M1、M2 及其他墓葬，根據簡報的敘述，簡單復原如表 1-1 所示。由於墓葬被嚴重破壞，墓葬信息缺失較多。

表 1-1　成都青羊小區墓地各墓葬隨葬器物

M1	銅鼎 1、銅罍 1、銅勺 1、銅劍
M2	銅鼎蓋 1、銅帶鞘雙劍 1
M3	銅矛、銅劍、銅鉞、銅削、陶罐、陶豆、陶釜（數量不明）
M4	陶罐 7、陶尖底盞 4
無歸屬銅器	矛 2、戈 1、鈴 1、斤 1

21. 成都京川飯店，地理座標為 104°02′24.06″E，30°39′08.97″N。1986 年，成都市博物館在百花潭中學東側的京川飯店清理了一批銅器，出土銅器共 31件。這些銅器應係出自同一土坑墓中，墓葬被施工毀壞，其形制和尺寸等信息不詳。該墓所出銅器以兵器為主，但其中 1 件銅鏡具有中原風格。簡報未編號，這座墓葬編為京川飯店 M1。簡報刊布了大部分的出土器物。

22. 成都羅家碾，地理座標為 104°01′22″E，30°40′26″N。1987 年，羅家碾在工程施工中發現了銅器，考古隊隨即指派專業人員對兩座殘墓進行清理，編號為 M1、M2，分別出土 11 件陶器和 4 件銅器。但兩座墓葬均被破壞，墓葬尺寸等信息基本不存，所剩器物可能僅為隨葬器物的一部分。簡報僅刊布了部分隨葬器物的信息，而關於墓葬形制等幾乎沒有報導。

23. 成都白果林小區，地理座標為 104°2′13.2″E，30°40′26.9″N。1987 年，白果林小區在施工過程中發現 4 座船棺墓，其中 3 座被破壞，剩餘一座編號為M4。該墓出土隨葬銅器 24 件，其中 1 件銅壺製作精美，使用了嵌錯工藝。

24. 成都光榮小區，地理座標為 104°2′38.96″E，30°41′24.85″N。1990 年，成都市文物考古研究所在成都市西郊光榮小區的工地搶救性清理 5 座墓葬，其中 4 座為漢代磚室墓，M5 為戰國土坑墓。該墓以木槨為葬具，曾被盜，出土隨葬器物 60 餘件，主要為銅兵器和陶器。

25. 成都龍泉驛北幹道，地理座標為 104°16′24.87″E，30°34′59″N。1992

年，成都市文物考古研究所等在此進行考古發掘，清理土坑墓 34 座，其中 M1-M4 被完全破壞，實際發掘 30 座。30 座墓葬可分為木槨墓（28 座）和木板墓（2 座）。隨葬器物 300 餘件，其中 M34 隨葬器物較多。簡報未按單位刊布資料，資料刊布不夠完整。該墓地是戰國晚期一處平民墓地。

26. 成都金魚村，地理座標為 104°02′19.28″E，30°40′58.55″N。1992 年，成都市文物考古工作隊在西郊金牛區撫琴小區清理了一批墓葬，其中包括戰國墓 4 座，編號為 92CJM1、M7、M14 和 M18。這批墓葬的形制比較接近，均隨葬陶器和銅器，其中 M14 隨葬器物數量較多。簡報刊布了部分材料。

27. 成都化成小區，地理座標為 104°02′13.35″E，30°41′8.62″N。1992～1993 年，成都市文物考古工作隊在成都市化成小區清理了 2 座土坑豎穴墓。M1 為豎穴土坑墓，未發現葬具；M2 則為豎穴土坑墓，葬具為船棺。隨葬器物以陶器、銅兵器等為主。簡報未完全按照單位刊布資料，資料刊布不完整。

28. 成都運動創傷研究所，地理座標為 104°02′26.84″E，30°39′5.92″N。1993 年，成都市文物考古工作隊在成都市西南的成都運動創傷研究所發掘 1 座土坑墓。墓葬被破壞，僅殘存 7 件銅器，以兵器為主。簡報未編號，此處將這座墓編為運動創傷所 M1。

29. 成都金沙巷，地理座標為 104°02′39.71″E，30°41′23.93″N。1993 年，成都市文物考古工作隊在金牛區光榮小區金沙巷附近發現 4 座土坑墓，清理了 3 座，編號為 93CGM1～M3。M1 被破壞嚴重，殘存銅器 11 件。M2 隨葬銅器 25 件、陶器 5 件，其中有較多外來風格的銅器，較為罕見。M3 僅有少量陶器殘片。

30. 成都石人小區，地理座標為 104°01′45.53″E，30°40′28.87″N。1994 年，成都市文物考古工作隊在西郊的石人小區清理 2 座土坑墓，編號為 94CSM8、M9。這 2 座墓保存較好，未發現葬具。兩座墓均有陶器和銅器隨葬，但陶器破碎，簡報僅發表了銅器，資料發表不甚齊全。這兩座墓出土了較多青銅容器。

31. 成都水利設計院，地理座標為 104°01′54.84″E，30°40′02.94″N。1994 年，成都市文物考古工作隊在西郊四川省水利設計院清理了 2 座土坑墓，編號為 94CSM5、M9。這兩座墓均被嚴重破壞，出土的大部分陶器未能修復。發表的器物主要為銅器。簡報中 M5 出土的 1 件銅壺，應為尊缶。

32. 成都新一村，地理座標為 104°02′34.5″E，30°39′50.6″N。成都文物考

古研究所曾先後兩次對新一村遺址進行發掘。1995 年，第一次發掘了土坑墓
1 座，編號 M1，該墓出土大量陶器和銅器。簡報介紹的 1 件壺，應為尊缶。
該墓資料發表完整，其中出土了大量陶器，同類陶器形制一致、組合齊全，在
成都平原商周墓葬中是不多見的。

33. 成都北郊，地理座標為 104°05′03″E，30°41′36.41″N。1996 年，成都
市文物考古工作隊在成都大學附近清理 6 座墓葬，其中 M3、M4 為戰國墓葬。
2 座墓葬隨葬器物以陶器為主。簡報刊布了部分材料。

34. 成都商業街，地理座標為 104°03′30.2″E，30°39′50.2″N。2000～2001
年，成都市文物考古研究所對商業街墓地進行發掘，清理了一座大型船棺合葬
墓。該墓包括 17 具棺，出土大量陶器、漆器等。這種合葬方式在成都平原係
首次發現。該合葬墓實際上可視為一個墓地，其中包含了 17 個獨立的葬具，
為行文方便，本文將 17 具船棺編號為商業街墓 G1-G17。該墓地全部使用船棺
作為葬具，隨葬大量精美的漆木器以及大量的陶器，幾乎不見銅容器，此一現
象，與成都平原其他高等級墓葬均不相同。該墓以報告的形式完整發表了材
料，實屬難得。

35. 成都海濱村，地理座標為 104°07′15.68″E，30°42′20.88″N。2003 年，
成都市文物考古研究所在成華區四川省工業貿易學校體育場搶救性發掘 5 座
墓葬，編號為 2003CQHM1～M5。其中，M2 和 M3 為戰國時期土坑墓。這 2
座墓葬都只隨葬少量陶器和銅器。簡報刊布了全部材料。

36. 成都文廟西街，地理座標為 104°03′23.12″E，30°39′9.68″N。2003 年，
成都市文物考古研究所在青羊區文廟西街附近清理了 2 座墓葬，編號為
2003CQWM1、M2。其中 M1 被嚴重破壞，銅器在考古工作者正式進場清理前
已被取出，發掘者認為這些器物屬於 M1，本文從之。M2 則為科學發掘，隨
葬器物以陶器為主。簡報刊布了所有材料。

37. 成都涼水井街，地理座標為 104°03′28.63″E，30°38′43.49″N。2004 年，
成都文物考古研究所在涼水井街收集到一批銅器，出自同一座土坑墓中，編號
為 04CLM1。這批銅器共 18 件。

38. 成都張家墩，地理座標為 104°01′17.7″E，30°40′16.5″N。2015～2016
年，為配合基本建設，成都文物考古研究所在成都市西二環附近清理了 222 座
墓葬，其中戰國秦漢墓 204 座。這批墓葬包含了大量戰國晚期至西漢早期的墓
葬，出土物以陶器為主，銅器次之。該材料僅有粗略的介紹。

39. 成都中海國際，地理座標為 103°58′26.8″E，30°43′10.5″N。2004～2005 年，成都文物考古研究所在此進行了發掘工作，清理了 6 座土坑墓，大多數墓葬無隨葬品，僅少數有玉石條和陶尖底盞等隨葬。

上述金沙遺址以外的成都市區商周墓葬資料，存在較明顯的特徵，除商業街等墓地之外，大部分資料刊布不齊全，圖文資料信息不足；刊布的資料大部分年代較早，印刷質量也不高，部分細節有缺失，如一些銅器的紋飾就不甚清晰。

三、成都平原北部區域

成都平原北部區域大體上包括成都市新都、郫縣以北至綿陽市的範圍，該區域發掘了多處商周時期的墓地。該區域的商周墓葬大多經過科學發掘，材料刊布較成都市區更為詳盡。該區域內有 18 處墓地，擬按墓葬發掘的時間先後介紹如下。

40. 郫縣紅光公社，地理座標為 103°56′33.8″E，30°46′27.3″N。1972 年，四川省博物館收集到一批銅器，確認出自 2 座土坑墓中，但難以分辨哪些出自哪座墓葬中。這批銅器主要是兵器和工具，形制非常接近。因此，筆者在後面的研究中以「紅光采」的字樣來指代這批銅器。

41. 郫縣晨光公社，地理座標為 103°51′57.27″E，30°47′43.89″N。1976 年，郫縣文化館在郫縣晨光公社清理了一座殘存的船棺墓，未編號。此處編為晨光公社 M1。該墓僅出土少量銅器。

42. 郫縣風情園，地理座標為 103°52′29.54″E，30°48′24.36″N。1992 年，成都市文物考古工作隊在郫縣風情園建設項目中，清理了 16 座土坑墓，分別編號 FM1-M3、M5、M11-M13、M16、M18-M25。其中年代在戰國至秦代的墓葬共有 7 座（M1、M2、M5、M11、M18、M20、M21）。這批墓葬保存較好，隨葬器物主要為陶器。簡報刊布了所有材料。

43. 郫縣花園別墅，地理座標為 103°51′59.65″E，30°48′33.71″N。1992 年，成都市文物考古工作隊在郫縣花園別墅建設項目中清理了 11 座土坑墓，分別編號為 HM1-M6、M8-M11、M13。其中年代在戰國至秦代的墓葬共有 2 座（M10、M13）。簡報刊布了所有材料。

44. 郫縣宋家河壩，地理座標為 103°55′29.68″E，30°51′17.22″N。2007 年，成都文物考古研究所發掘了郫縣宋家河壩遺址，遺址主體為商周時期，包括墓葬 2 座，編號為 M1、M2。這兩座墓葬與新繁水觀音遺址墓葬較為接近。簡報

刊布了所有材料。

45. 郫縣波羅村，地理座標為 103°52'03"E，30°49'20.5"N。2009～2011 年，成都文物考古研究所等單位對該遺址的四個地點進行了大規模考古發掘，遺址主體為商周時期文化堆積，清理墓葬 29 座。大部分墓葬均無隨葬品，少數出土了玉石條和陶器等。報告刊布了所有材料。

46. 青白江雙元村，地理座標為 104°14'16"E，30°51'35"N。2016～2018 年，成都文物考古研究院等對雙元村墓地進行發掘，共清理東周時期墓葬 270 座，M154 是其中規模最大的一座，雖然遭到盜掘，但仍然出土各類隨葬器物 140 多件，是成都平原一座典型的東周高等級墓葬。簡報公布了該墓幾乎全部的信息，是目前高等級大墓資料公布最為齊全的一座。

47. 新都水觀音，地理座標為 104°01'8.2"E，30°52'31.1"N。1957～1958 年，四川省博物館在新繁水觀音遺址進行試掘，清理了 8 座土坑墓，編號 M1-M8，其中 M1、M2、M4、M8 為商周時期墓葬，M1、M2 均出土了大量器物，尤其是陶器，但簡報僅發表了 M1、M2 的少量材料。

48. 新都馬家，地理座標為 104°08'5.352"E，30°52'5.682"N。1980 年，四川省博物館等在新都馬家公社清理了一座大型土坑木槨墓，未編號。該墓雖被盜，仍殘存各類隨葬器物 200 餘件，其中以銅器為主，是目前成都平原商周墓葬中，出土器物最豐富的墓葬之一，亦是成都平原戰國墓葬的斷代標尺。此處將其編為馬家 M1。該墓資料刊布非常不全，大部分器物僅發表了標型器，墓葬形制也發表不全，甚為遺憾。

49. 新都清鎮村，地理座標為 103°56'59.57"E，30°52'41.33"N。2002 年，成都市新都區文物管理所在清鎮村清理了一座土坑墓，編號為 2002CXQM1，出土各類隨葬器物 40 餘件，包括了銅半兩。該墓為科學發掘，披露信息也較為全面。

50. 新都同盟村，地理座標為 103°59'1.9"E，30°54'14"N。2011 年，成都文物考古研究所等在新都區同盟村遺址進行考古發掘，遺址主體為商周時期遺存，包括 7 座商周時期墓葬，編號 M3-M9，簡報刊布了 M5、M6、M7 的部分資料。其中 M7 隨葬器物以陶器為主，M6 則以小型銅器為主。

51. 彭州太平公社，地理座標為 103°54'44"E，30°56'23"N。1980 年，四川省文管會在彭縣太平公社清理了一座殘墓，葬具為船棺，隨葬品僅有少量銅器。簡報未編號，此處編為太平公社 M1。

52 彭州致和明臺村，地理座標為 104°1′56.61″E，30°58′15″N。1986 年，彭縣文管所在致和鄉明臺村收集到一批青銅器，以兵器為主，係出自同一座土坑墓中。簡報未編號，此處編號為明臺村 M1。

53. 綿竹清道，地理座標為 104°11′49.32″E，31°16′37.13″N。1976 年，四川省博物館在綿竹清道公社清理了一座殘墓，編號 M1。該墓被破壞，僅餘船棺 1 具和隨葬器物 100 餘件。原始的埋藏背景不太清楚。該墓出土大量青銅容器，數量僅次於新都馬家 M1，尤其是大量具有外來風格的銅器，十分重要。其中簡報所稱的 1 件壺，應為尊缶。簡報披露的信息也不夠齊全，大部分器物僅刊發了標型器。

54. 什邡城關，地理座標為 104°09′33.1″E，31°7′17.32″N。1988～2002 年，四川省文物考古研究院等對什邡城關附近的一處大型墓地進行發掘，共清理了 98 座東周至漢代的墓葬，其中大部分為東周時期墓葬。該墓地編號為 M1-M103，其中 M8、M9、M13、M34、M47 為空號，實際為 98 座墓葬。98 座墓葬中，有 M4、M6、M12、M15、M18、M19、M26、M28、M40、M42、M43、M46、M48、M56、M57、M62、M64、M73、M75、M78、M80、M86、M102 等 23 座墓沒有發表文字和圖片資料，實際發表資料的有 75 座。該墓地為目前成都平原中資料發表最為齊備的一處東周墓地，對研究該墓地布局有重要價值。

55. 廣漢二龍崗，地理座標為 104°11′53.77″E，31°04′42″N。1995 年，四川省文物考古研究院在此發掘了 32 座墓葬，其中 27 座為土坑墓，其中僅 M37 為戰國晚期墓葬。簡報刊布了所有材料。

56. 廣漢三星堆青關山，地理座標為 104°11′24.8″E，30°57′10″N。2014 年，四川省文物考古研究院在廣漢三星堆遺址青關山地點清理了 4 座土坑墓，編號為 2014GSFgM31-M34，其中 3 座墓葬為船棺。4 座墓葬隨葬陶器組合非常接近，當為同一時期墓葬。簡報刊布了所有材料。

57. 羅江周家壩，地理座標為 104°30′51.67″E，31°15′59.6″N。2011～2012年，四川省文物考古研究院等對該墓地進行了發掘，共清理墓葬 83 座，其中 70 座為船棺。出土器物 100 餘件，多數為銅器。墓地主體年代為戰國中晚期至西漢早期。該墓地材料僅有簡要的介紹。

成都平原北部是除成都市區以外商周時期墓葬發現較多的區域，該區域的墓葬時段涵蓋了從早至晚的各個時段，也存在若干等級較高的墓地，是本文研究的重要材料。

四、成都平原西南區域

成都平原西南區域主要指成都市的蒲江、大邑等區域，該區域發掘了大量的東周時期墓地，發表資料的主要有 4 處，按發掘的時間先後簡要介紹如下。

58. 大邑五龍公社，地理座標為 103°32′1.3″E，30°34′35.8″N。1982～1983 年，四川省文管會等在大邑縣城東南清理了 5 座墓葬，其中 4 座為戰國墓葬，編號 M1-M4。1984 年，又在該地清理了 2 座戰國土坑墓，編號為 DWZM18、M19。這 6 座墓的葬具包括木槨和船棺等，隨葬器物較為接近，以陶器和銅器為主，M3、M18、M19 還出土了鐵器。簡報刊布了大部分材料。

59. 蒲江東北公社，地理座標為 103°32′25.87″E，30°12′2″N。1980 年，在蒲江縣城東約 1 公里處發現一座船棺，破壞較為嚴重，出土銅鑿、銅鉞等。簡報未編號，此處編為蒲江城東 M1。1981～1982 年，四川省文物管理委員會等在蒲江縣東北公社一大隊先後清理了兩座土坑墓，分別編號為 PDM1 和 PDM2。這兩座墓的葬具均為形制清晰的獨木棺，出土少量銅器和陶器。

60. 蒲江朝陽鄉，地理座標為 103°25′25.93″E，30°07′31.54″N。1990 年，蒲江縣文管所在浦江縣朝陽鄉窯埂村大王井清理了一座殘船棺墓，出土銅器 5 件，陶器均破碎未復原。未編號，此處編為蒲江朝陽鄉 M1。

61. 蒲江飛龍村，地理座標為 103°31′5.07″E，30°12′06.81″N。成都文物考古研究所分別於 1998 年和 2006 年對蒲江縣飛龍村墓地進行了兩次搶救性發掘，清理了 6 座墓葬，分別編號為 98CPFM1 和 2006CPHM1-M5，出土隨葬器物主要為陶器。本文為方便敘述，分別編號為 98M1 和 06M1-M5。這 6 座墓葬均為科學發掘，形制和隨葬器物材料刊布較為全面，其中簡報介紹的 06M2 出土的 1 件壺，應為尊缶。

成都平原西南區域出土的墓葬年代較晚，均為戰國中晚期，是研究戰國晚期墓葬的重要材料。

第二節　墓葬材料的特徵、分級及使用策略

一、墓葬材料的特徵

以上分四個區域簡要介紹了成都平原商周時期各墓地的基本情況，以及材料的刊布情況。歸納起來，上述墓葬材料有以下四個方面的特點：

1. 從地域分布來看，成都市區及成都平原北部墓地較多，其他地區較少；

在成都市區中，市區西部墓地較多。

2. 大部分墓地發掘時間較早，發表時間較早，未能完整刊布所有資料，尤其是一些重要墓葬如新都馬家 M1、成都羊子山 M172 等大型墓葬，已經發表的資料與墓葬實際隨葬的器物完全不匹配。

3. 大部分材料公布時間較早，資料公布不甚規範，常常存在若干細節的錯誤，在使用時需要加以注意。

4. 存在部分未經科學發掘的採集性資料，這部分資料的使用亦應慎重。

二、墓葬材料的分級

根據以上情況，筆者擬對成都平原商周墓葬材料進行分級，以簡潔明瞭的方式區分各墓地資料的可靠性及完備性。根據清理發掘情況及材料的發表和刊布情況，成都平原商周墓葬材料，大致可分為五級（表 1-2）：

一級：科學發掘，材料發表齊全，信息全面；

二級：科學發掘，材料發表不齊全，信息不全面；

三級：非科學發掘，材料發表較齊全；

四級：非科學發掘，材料發表不齊全；

五級：僅有簡單的文字簡要介紹，未發表任何線圖、照片。

表 1-2　墓葬材料分級簡表

分　　級	墓　　地
一	金沙陽光、金沙蜀風花園、金沙國際花園、金沙星河路、金沙黃河、金沙人防、金沙春雨花間、成都光榮小區、成都新一村、成都商業街、成都海濱村、成都文廟西街 M2、什邡城關、新都清鎮村、郫縣宋家河壩、郫縣波羅村、廣漢三星堆青關山、青白江雙元村、蒲江飛龍村
二	金沙黃忠村、金沙蘭苑、金沙萬博、成都羊子山、成都百花潭、成都青羊宮、成都中醫學院、成都石人小區、成都聖燈公社、成都青羊小區、成都羅家碾、成都白果林小區、成都龍泉驛北幹道、成都金魚村、成都化成小區、成都金沙巷、成都水利設計院、成都北郊、成都張家墩、成都中海國際、新都水觀音、綿竹清道、新都馬家、郫縣風情園、郫縣花園別墅、新都同盟村、羅江周家壩、蒲江朝陽鄉、蒲江東北公社、大邑五龍
三	成都無線電學校 M2、成都文廟西街 M1、成都涼水井街、成都運動創傷所、郫縣紅光公社、郫縣晨光公社、彭州太平公社、彭州明臺村
四	成都無線電學校 M1、成都南郊、成都京川飯店
五	成都金牛天回山

　　從表 1-2 中可知，大部分墓葬為科學發掘，即便部分墓葬被盜或略有破壞，但科學發掘保證了墓葬材料的可靠性。大部分科學發掘的墓葬材料未能完全公布，已發表的材料質量參差不齊。仍然有較多科學發掘的墓葬材料完全發表，尤其是一批重要的材料，是本文研究得以展開的重要保障。部分非科學發掘的墓葬或從墓葬採集的遺物，資料多已發表，這些資料皆可合理地加以分析利用。

三、墓葬材料的使用策略

　　考慮到墓葬材料的上述特徵，在墓葬資料的使用上，需要從其他途徑進行彌補。

　　1. 由於較多材料發表時代較早，圖片質量不高，所以需要借助新近出版的圖錄，以更好地觀察部分器物的細節特徵，這些圖錄主要包括《中國青銅器全集・巴蜀》〔註1〕、《中國出土青銅器全集・18》〔註2〕、《巴蜀青銅器》〔註3〕等。

　　2. 在對墓葬形制進行分析時，重點使用一、二級材料，儘量不使用三、四、五級材料，以確保認識和推測的可靠性。

　　3. 在對隨葬器物進行分析時，所有級別的材料均可利用，尤其是單一類別器物的研究。但在討論器物組合等問題時，三、四級材料的使用，應非常慎重。

　　4. 在對墓地布局、墓室內器物的空間分布等進行分析時，應主要使用一、二級發表較為全面、圖片標注較為清晰的材料。

〔註1〕中國青銅器全集編輯委員會：《中國青銅器全集・巴蜀》，北京：文物出版社，1994 年。

〔註2〕李伯謙主編：《中國出土青銅器全集・18》，北京：科學出版社，2018 年。

〔註3〕四川省博物館：《巴蜀青銅器》，成都：成都出版社，1990 年。

第二章　類型學分析

　　類型學分析是為了構建考古遺存的發展演變序列。理論上講，墓葬形制、隨葬品、葬具、葬式、墓向等皆可從類型學的角度加以分析，但從考古發掘和已刊布的材料看，成都平原商周墓葬，有的要素保存不佳（如葬式），有的要素變化不大，換言之，並非所有要素都有進行類型學分析之必要，應儘量選取變化速度快、變化速率高的要素進行類型學分析。葬具和隨葬器物是成都平原商周墓葬發展演變的兩大核心元素，以下從這兩方面進行分析。

第一節　葬具的類型

　　按照有無葬具及葬具形態的不同，可分為船棺、木棺、木板和無葬具四型，其中木棺包括僅有棺、僅有槨或棺槨均有的墓葬。

　　A 型：船棺。指各類以整根獨木製作而成的木質葬具。根據棺的大小可分為兩式。

　　I 式：船棺規模較小、墓室較淺。代表性墓葬如金沙遺址國際花園 M918（圖 2-1，1）、M945。

　　II 式：船棺規模較大、墓室較深。代表性墓葬如蒲江東北公社 M2（圖 2-1，2）、商業街船棺墓 G13。

　　B 型：木棺（槨）。指以木板通過榫卯等方式連接而成的，具有完整的棺室。木槨墓則是在棺外有榫卯結構連接而成的槨室。僅有木棺者一般為長方形，有槨者一般為井字形。代表性墓葬如新都馬家 M1、大邑五龍 M2（圖 2-1，5）、郫縣風情園 M20。

　　C 型：木板。指僅在墓葬底部鋪一層木板。代表性墓葬包括成都金魚村M14、成都金沙巷 M2（圖 2-1，4）。

　　D 型：無葬具。指墓葬發掘時未發現葬具或葬具痕跡的墓葬，其中部分可能有葬具，只是被破壞了。代表性墓葬如新都同盟村 M7、金沙黃河 M676（圖2-1，3）。

圖 2-1　葬具的類型

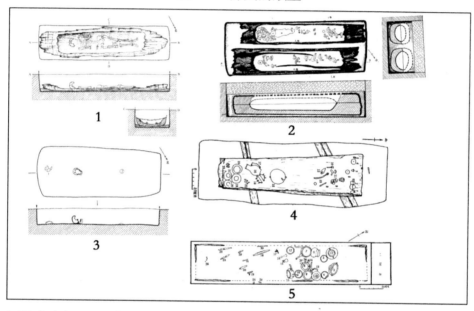

1.AI 式（金沙國際花園 M918）　2.AII 式（蒲江東北公社 M2）　3.D 型（金沙黃河 M676）　4.C 型（金沙巷 M2）　5.B 型（五龍 M2）

　　（圖片採自：1.《成都考古發現》（2004），第 138 頁，圖一八；2.《文物》1985 年第 5 期，第 18 頁，圖五；3.《成都考古發現》（2012），第 207 頁，圖三七；4.《文物》1997 年第 3 期，第 18 頁，圖三；5.《文物》1985 年第 5 期，第 31 頁，圖五）

第二節　隨葬器物的類型

　　成都平原商周墓葬出土遺物，從材質而言可分為銅、陶器、鐵器、玉器、漆器、石器等，但數量較多、具有較強的時代參考意義的主要是銅器和陶器。因此，以下主要對銅器和陶器進行類型學分析。關於這些器物的類型分析，眾多學者已經有過深入研究，但在進行類型學分析時，大多較為繁瑣，型式劃分過多，事實上已經失去了年代標尺把握的意義。以下進行類型學分析時，力求簡潔明瞭，以最線性的方式呈現器物的演變。

一、銅器

成都平原商周墓葬出土銅器的種類較為豐富，有容器、兵器、裝飾品、工具及印章等，具體包括鼎、甗、敦、壺、尊缶、浴缶、罍、盤、匜、豆、釜、釜甑、鍪、戈、矛、劍（劍鞘）、鉞、斧、鏃、鑿、刀、帶鉤、印章等，其中浴缶、罍、鑿、刀、帶鉤等器物類型較為單一，不作類型學分析。

1. 鼎

根據耳部的不同，可分為兩型。

A 型：立耳鼎。根據腹部和足的形態差異，可分為兩亞型。

Aa 型：腹部較深，三獸蹄形足直立。標本綿竹清道 M1：145，口徑 31、高 39 釐米（圖 2-2，1）。

Ab 型：腹部較淺，三柱狀足外撇。標本成都金沙巷 M2：17，口徑 17、高 24 釐米（圖 2-2，2）。成都石人小區 M9：2，口徑 28、高 28.4 釐米（圖 2-2，3）。

B 型：附耳鼎。根據口部、腹部、足部及是否帶蓋，分為四亞型。

Ba 型：折沿，腹部較深、腹壁較直，蹄足較高，無蓋。標本成都羊子山 M172：1，口徑 50、高 50 釐米（圖 2-2，4）。

Bb 型：子口，腹部上大下小、逐漸內收呈圜底、較深，蹄足較高，帶母蓋。標本綿竹清道 M1：146，口徑 20、高 31 釐米（圖 2-2，5）。標本成都百花潭 M10 鼎，口徑 21.5、高 20.9 釐米（圖 2-2，6）。

Bc 型：子口，腹部呈弧形、最大徑在腹中部，蹄足較高，帶母蓋。根據蓋、腹部和足的變化，可分為三式。

I 式：蓋隆起較高，腹部較深、較直，蹄足獸面較為具象。標本成都青羊小區 M1 鼎，口徑 15、高 19.2 釐米（圖 2-2，7）。

II 式：腹部較深，呈橢圓形。標本綿竹清道 M1：12，口徑 31、高 33 釐米（圖 2-2，8）。

III 式：蓋較平滑，腹部較淺，底部近平。標本新都馬家 M1「紹之食鼎」，口徑 22、高 26 釐米（圖 2-2，9）。標本成都無線電學校 M2 鼎，口徑 25.5、高 25.8 釐米（圖 2-2，10）。

Bd 型：子口，腹部極淺，底部較圓滑，蹄足極短。標本成都羊子山 M172：36。口徑 13.3、高 18 釐米（圖 2-2，11）。

Bc 型鼎的演變趨勢為：腹部變淺，底部變緩平。

圖 2-2　銅鼎

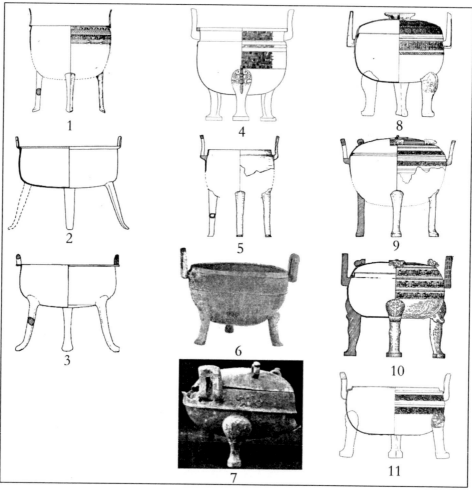

1.Aa 型（綿竹清道 M1：145）　2、3.Ab 型（成都金沙巷 M2：17、成都石人小區 M9：2）　4.Ba 型（成都羊子山 M172：1）　5、6.Bb 型（綿竹清道 M1：146、成都百花潭 M10 出土）　7.Bd 型（成都羊子山 M172：36）　8.Bc 型 I 式（成都青羊小區 M1 出土）　9.Bc 型 II 式（綿竹清道 M1：12）　10、11.Bc 型 III 式（新都馬家 M1 出土、成都無線電學校 M2 出土）

（圖片採自：1.《文物》1987 年第 10 期，第 23 頁，圖二：3；2.《文物》1997 年第 3 期，第 19 頁，圖一〇：1；3.《文物》2002 年第 4 期，第 34 頁，圖三：1；4.《考古學報》1956 年第 4 期，第 9 頁，圖十；5.《文物》1987 年第 10 期，第 23 頁，圖二：8；6.《文物》1976 年第 3 期，第 42 頁，圖一一；7.《文物》1989 年第 5 期，第 33 頁，圖五；8.《文物》1987 年第 10 期，第 26 頁，圖六：1；9.《文物》1981 年第 6 期，第 7 頁，圖一四；10.《文物》1990 年第 11 期，第 69 頁，圖二：1；11.《考古學報》1956 年第 4 期，圖版二：3）

圖 2-3　銅甗

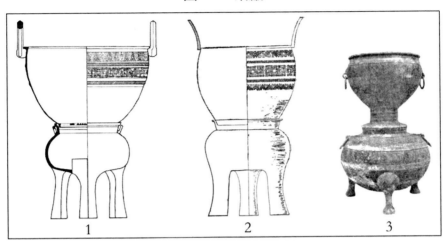

1.Aa 型（青白江雙元村 M154 腰：7+4）　2.Ab 型（新都馬家 M1 出土）　3.B
型（成都羊子山 M172：34）

（圖片採自：1.《考古學報》2020 年第 3 期，第 406 頁，圖七：2；2.《文物》
1981 年第 6 期，第 14 頁，圖三三；3.《考古學報》1956 年第 4 期，圖版一：2）

2. 甗

根據整體造型的不同，可分為兩型。

A 型：下半部呈鬲體，甑和鬲體連接處過渡平滑。根據耳部差異，可分為
兩亞型。

Aa 型：附耳。標本青白江雙元村 M154 腰：7+4：口徑 34.4、高 53.6 釐
米（圖 2-3，1）。

Ab 型：立耳。標本新都馬家 M1 出土，口徑 36、高 53.5 釐米（圖 2-3，2）。

B 型：下半部呈鼎形，甑和鼎連接處較高。標本成都羊子山 M172：34，
口徑 15.2、高 33 釐米（圖 2-3，3）。

3. 敦

均近似球形。按照足和鈕的不同，可分為三型。

A 型：蹄形足，足與鈕不同，因而蓋、身不一致。標本成都中醫學院 M1：
2，口徑 17.8、高 24.6 釐米（圖 2-4，1）。

B 型：簡化的龍形足，與鈕相同，從而蓋、身形態一致。標本綿竹清道 M1：
149，高 27 釐米（圖 2-4，2）。

C 型：無鈕或足。標本成都文廟西街 M1：16，口徑 20.4、高 9.4 釐米（圖
2-3，4）。

圖 2-4　銅敦

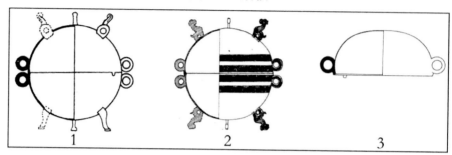

1.A 型（成都中醫學院 M1：2）　2.B 型（綿竹清道 M1：149）　3.C 型（成都文廟西街 M1：16）

（圖片採自：1.《文物》1992 年第 1 期，第 72 頁，圖二：5；2.《文物》1987年第 10 期，第 23 頁，圖二：2；3.《成都考古發現》（2003），第 249 頁，圖五：2）

4. 壺

按照截面形態的不同，可分為兩型。

A 型：圓形壺。按照口、頸部和腹部特徵，可分為三亞型。

Aa 型：寬折沿、無蓋，肩部有對稱的爬獸。標本成都文廟西街 M1：1，口徑 14.7、高 34.5 釐米（圖 2-5，1）。

Ab 型：侈口帶蓋，肩部無爬獸，頸部較長，腹部較瘦。標本綿竹清道 M1：3，口徑 11.5、高 37 釐米（圖 2-5，2）。

Ac 型：侈口帶蓋，肩部無爬獸，頸部較短，腹部較鼓。根據腹部的變化，可分為兩式。

I 式：最大徑位於腹中上部，腹部呈長橢圓形。標本成都百花潭 M10 出土嵌錯銅壺，口徑 13.4、高 40 釐米（圖 2-5，3）。

II 式：最大徑位於腹中下部，腹部略呈圓形。標本成都金沙巷 M2：16，口徑 10.2、高 33.9 釐米（圖 2-5，4）。

B 型：方壺。

根據腹部形態的變化，可分為兩式。

I 式：腹部較窄，整體較瘦。標本綿竹清道 M1：4，口徑 11、高 49 釐米（圖 2-5，5）。

II 式：腹部較寬，整體略胖。標本成都羊子山 M172：3，口徑 11.7、高 39.6 釐米（圖 2-5，6）。

Ac 型壺的演變趨勢為：腹部變鼓，最大徑下移。

B 型壺的演變趨勢為：整體變矮胖。

圖 2-5　銅壺

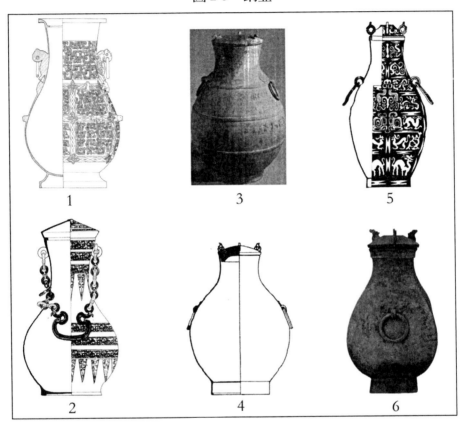

1.Aa 型（成都文廟西街 M1：1）　2.Ab 型（綿竹清道 M1：3）　3.Ac 型 I 式（成都百花潭 M10 出土）　4.Ac 型 II 式（成都金沙巷 M2：16）　5.B 型 I 式（綿竹清道 M1：4）　6.B 型 II 式（成都羊子山 M172：3）

（圖片採自：1.《成都考古發現》（2003），第 247 頁，圖三；2.《文物》1987 年第 10 期，第 24 頁，圖三：2；3.《文物》1976 年第 3 期，圖版二；4.《文物》1997 年第 3 期，第 19 頁，圖一〇：3；5.《文物》1987 年第 10 期，第 23 頁，圖二：10；6.四川博物院網站）

5. 尊缶

根據腹部及器身的不同，可分為兩型。

A 型：腹部略呈圓形，最大腹徑在下腹部，整器更顯瘦高。標本綿竹清道 M1：5，口徑 19、高 45 釐米（圖 2-6，1）。

B 型：腹部呈長橢圓形，最大腹徑在上部。標本成都新一村 M1：24，口徑 18、高 40 釐米（圖 2-6，2）。

圖 2-6　銅尊缶

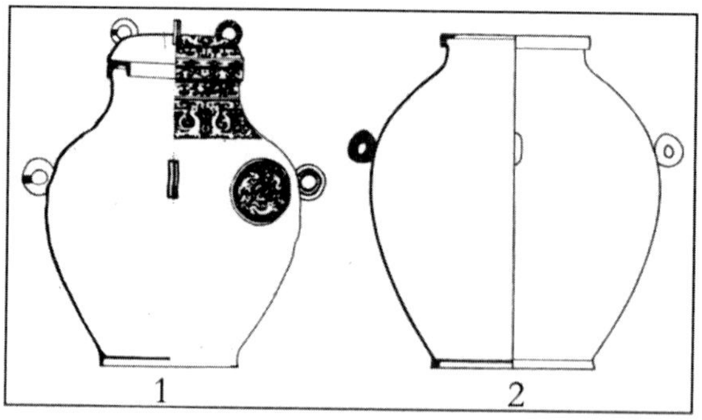

1.A 型（綿竹清道 M1：5）　　2.B 型（成都新一村 M1：24）

（圖片採自：1.《文物》1987 年第 10 期，第 23 頁，圖二：12；2.《成都考古發現》（2002），第 205 頁，圖三三：1）

6. 盤

根據底部形態的不同，可分為三型。

A 型：平底。根據腹部及耳的不同，可分為三亞型。

Aa 型：折沿、弧腹。腹部無環耳。標本成都新一村 M1：9，口徑 38.4、底徑 30、高 5 釐米（圖 2-7，1）。

Ab 型：斂口。腹部有環耳。標本成都金沙巷 M2：15，口徑 36、底徑 24.6、高 9 釐米（圖 2-7，2）。

Ac 型：折沿、侈口，折腹。腹部一般有雙環耳或四環耳。標本新都馬家 M1 出土，口徑 37、底徑 5.5、高 28.3 釐米（圖 2-7，3）。

B 型：底下有三足。標本新都馬家 M1 出土，口徑 16.4、高 6.2 釐米（圖 2-7，4）。

C 型：圈足。標本新都馬家 M1 出土，口徑 17.5、高 3.4 釐米（圖 2-7，5）。

圖 2-7　銅盤

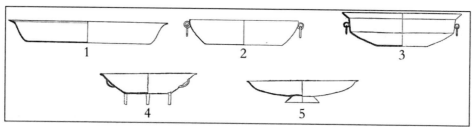

1.Aa 型（成都新一村 M1：9）　2.Ab 型（成都金沙巷 M2：15）　3.Ac 型（新都馬家 M1 出土）　4.B 型（新都馬家 M1 出土）　5.C 型（新都馬家 M1 出土）

（圖片採自：1.《成都考古發現》（2002），第 205 頁，圖三三：3；2.《文物》1997 年第 3 期，第 19 頁，圖一〇：4；3.《文物》1981 年第 6 期，第 6 頁，圖一二：4；《文物》1981 年第 6 期，第 8 頁，圖一五：4；5.《文物》1981 年第 6 期，第 8 頁，圖一五：5）

7. 匜

根據器體平面形狀的不同，可分為兩型。

A 型：平面為圓形。標本成都龍泉驛北幹道 M34：24，口徑 12、底徑 5.6、高 3.6 釐米（圖 2-8，1）。

B 型：平面呈橢圓形。根據流的長短，可分為兩亞型。

Ba 型：短流。標本成都青羊宮 M1：8，高 7.2 釐米（圖 2-8，2）。

Bb 型：長流。標本新都馬家 M1 出土，口徑 20、高 5 釐米（圖 2-8，3）。

圖 2-8　銅匜

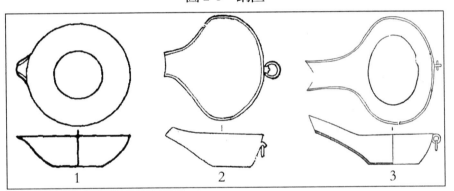

1.A 型（成都龍泉驛北幹道 M34：24）　　2.Ba 型（成都青羊宮 M1：8）　　3.Bb 型（新都馬家 M1 出土）

（圖片採自：1.《文物》2000 年第 8 期，第 27，圖一三：11；2.《考古》1983 年第 7 期，第 598 頁，圖二：1；3.《文物》1981 年第 6 期，第 6 頁，圖一一）

8. 豆

根據是否帶蓋，可分為兩型。

A 型：蓋豆。根據豆柄形態的不同，可分為兩亞型。

Aa 型：高柄。標本綿竹清道 M1：2，口徑 19、高 29 釐米（圖 2-9，1）。

Ab 型：矮圈足。標本成都金沙巷 M2：4，口徑 10.5、高 5.6 釐米（圖 2-9，2）。

B 型：無蓋豆。根據豆柄和豆盤形態的不同，可分為兩亞型。

Ba 型：淺盤、高柄。標本成都羊子山 M172：5，口徑 15、高 22 釐米（圖 2-9，3）。

Bb 型：深盤，矮圈足。標本綿竹清道 M1：7，口徑 16、高 10.5 釐米（圖
2-9，4）。

圖 2-9　銅豆

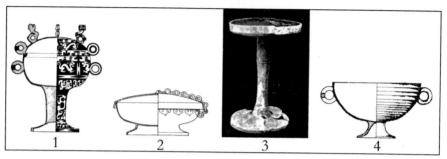

1.Aa 型（綿竹清道 M1：2）　2.Ab 型（成都金沙巷 M2：4）　3.Ba 型（成都
羊子山 M172：5）　4.Bb 型（綿竹清道 M1：7）

（圖片採自：1.《文物》1987 年第 10 期，第 24 頁，圖三：1；2.《文物》1997
年第 3 期，第 19 頁，圖一○：5；3.《考古學報》1956 年第 4 期，圖版二；4.
《文物》1987 年第 10 期，第 23 頁，圖二：7）

圖 2-10　銅釜

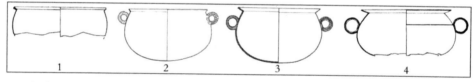

1.I 式（成都文廟西街 M1：11）　2.II 式（成都文廟西街 M2：10）　3、4.III 式（什
邡城關 M93：6、新都清鎮村 M1：10）

（圖片採自：1.《成都考古發現》（2003），第 249 頁，圖五：3；2.《成都考古發現》
（2003），第 260 頁，圖一七：1；3.《什邡城關戰國秦漢墓地》，第 185 頁，圖一九
六：6；4.《成都考古發現》（2005），第 294 頁，圖五：1）

9. 釜

根據口沿及腹部的變化，可分為三式。

I 式：折沿較窄，口徑約等於腹徑，或無耳。標本成都文廟西街 M1：
11，口徑 10.8、殘高 3.6 釐米（圖 2-10，1）。

II 式：折沿較窄，口徑小於腹徑。標本成都文廟西街 M2：10，口徑 19.8、
腹徑 22、高 12.6 釐米（圖 2-10，2）。

III 式：折沿較寬，口徑遠小於腹徑，鼓腹。標本什邡城關 M95：13，口
徑 21.1、殘高 11.2 釐米（圖 2-10，3）。標本新都清鎮村 M1：10，口徑 28、
腹徑 30.8、殘高 14 釐米（圖 2-10，4）。

釜的演變趨勢為：腹部漸鼓、變淺。

圖 2-11 銅釜甑

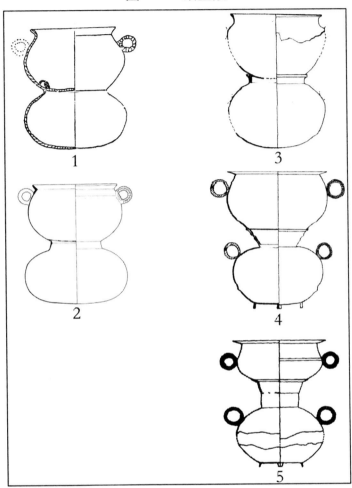

1.A 型 I 式（成都羅家碾 M1：11） 2.A 型 II 式（成都文廟西街 M2：12） 3.B 型 I 式（綿竹清道 M1：13） 4.B 型 II 式（大邑 五龍 M2：1+2） 5.B 型 III 式（成都龍泉驛北幹道 M33：4）

（圖片採自：1.《考古》1993 年第 2 期，第 191 頁，圖一：6；2. 《成都考古發現》（2003，第 261 頁，圖一八；3.《文物》1987 年 第 10 期，第 23 頁，圖二：9；4.《文物》1985 年第 5 期，第 36 頁，圖二一；5.《文物》2000 年第 8 期，第 27 頁，圖一三：7）

10. 釜甑

根據鑄造結構的不同，可分為兩型。

A 型：釜、甑連體鑄造。根據釜、甑連接處的變化，可分為兩式。

I 式：釜甑相接處連接緊密，釜的頸部不明顯。標本成都羅家碾 M1：11，口徑 18、高 24.5 釐米（圖 2-11，1）。

II 式：釜甑相接處略顯分離，釜有短頸。標本成都文廟西街 M2：12，口徑 20.2 釐米（圖 2-11，2）。

B 型：釜、甑為分體鑄造後再連接。根據釜、甑形態的變化，可分為三式。

I 式：甑腹部較深，釜為短頸。標本綿竹清道 M1：153，口徑 20 釐米（圖 2-11，3）。

II 式：甑腹部變淺、腹部微鼓，釜為侈口、長頸，釜下有三足。標本大邑五龍 M2：1+2〔註1〕，口徑 26、高 33.2 釐米（圖 2-11，4）。

III 式：甑淺腹、鼓腹，釜侈口、細長頸，釜下有三足。標本成都龍泉驛北幹道 M33：4，口徑 30.5 釐米（圖 2-11，5）。

A 型釜甑的演變趨勢為：甑腹部變淺，腹部漸鼓；釜頸部逐漸變長。

B 型釜甑的演變趨勢為：甑腹部變淺，腹部漸鼓；釜頸部逐漸變長，釜底部逐漸緩平，加裝三足。

11. 鍪

根據耳或鋬的不同，可分為三型。

A 型：大單橢圓形鋬。根據口部及腹部的變化，可分為兩式。

I 式：口外侈較大，垂鼓腹明顯，最大腹徑在中部。標本成都京川飯店 M1 大單耳鍪，口徑 10.4、腹徑 19.8、高 19.9 釐米（圖 2-12，1）。標本成都中醫學院 M1：7，口徑 7、腹徑 10、高 10.4 釐米（圖 2-12，2）。

II 式：口外侈較小，腹部下垂更加明顯，底部趨於平緩，最大徑下移。標本成都百花潭 M10 大單耳鍪，口徑 8、腹徑 11.2、高 11 釐米（圖 2-12，3）。

B 型：小單圓形鋬。根據口、頸及腹部、耳的變化，可分為四式。

I 式：頸部和腹部過渡平滑，肩部不明顯，底部較為平緩，耳近口部。標本成都青羊宮 M1：4，腹徑 17.8、高 16 釐米（圖 2-12，4）。

II 式：頸部和腹部交界較為明顯，腹部圓鼓，耳位於頸部。標本成都百花潭 M10 小單耳鍪，口徑 12、腹徑 18.2、高 19 釐米（圖 2-12，5）。

〔註1〕 簡報將釜和甑分開編號，分別為 1 和 2 號，故釜甑為 M2：1+2 號，特此說明。

圖 2-12 銅鍪

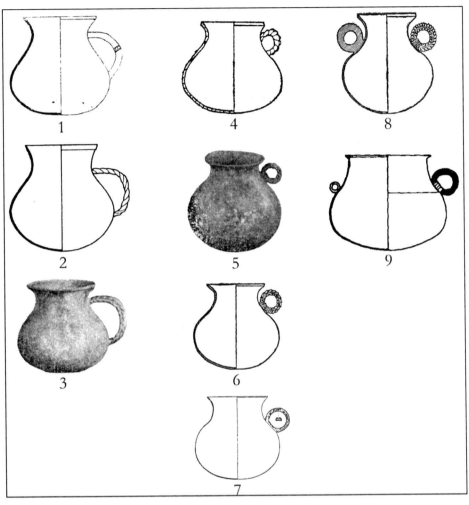

1、2.A 型 I 式（成都京川飯店 M1 出土、成都中醫學院 M1：7） 3.A 型 II 式
（成都百花潭 M10 出土） 4.B 型 I 式（成都青羊宮 M1：4） 5.B 型 II 式（成
都百花潭 M10 出土） 6.B 型 III 式（新都馬家 M1 出土） 7.B 型 IV 式（大邑
五龍 M18：9） 8.C 型 I 式（新都馬家 M1 出土） 9.C 型 II 式（成都龍泉驛北
幹道 M24：8）

（圖片採自：1.《文物》1989 年第 2 期，第 65 頁，圖九：3；2.《文物》1992 年
第 1 期，第 72 頁，圖二：4；3.《文物》1976 年第 3 期，第 42 頁，圖一〇；4.
《考古》1983 年第 7 期，第 598 頁，圖二：3；5.《文物》1976 年第 3 期，第 42
頁，圖一〇；6.《文物》1981 年第 6 期，第 8 頁，圖一五：3；7.《考古》1987 年
第 7 期，第 608 頁，圖六：2；8.《文物》1981 年第 6 期，第 8 頁，圖一五：2；
9.《文物》2000 年第 8 期，第 27 頁，圖一三：2）

III 式：頸部和腹部交界明顯，肩部明顯，腹部圓鼓，耳近肩部。標本新

都馬家 M1 單耳鍪（圖 2-12，6）〔註2〕。

IV 式：肩部明顯，部分略有折痕，耳位於肩部。標本大邑五龍 M18：9，口徑 12.2、高 16.6 釐米（圖 2-12，7）。

C 型：雙耳鍪，一大一小。根據頸部、腹部及耳的變化，可分為兩式。

I 式：頸部和腹部過渡較為平滑，雙耳對稱，基本同大。標本新都馬家 M1 雙耳鍪（圖 2-12，8）。

II 式：肩部略折，雙耳一大一小。標本成都龍泉驛北幹道 M24：8，口徑 12.4、高 14.6 釐米（圖 2-12，9）。

A、B、C 型鍪的演變趨勢均為：耳的位置由頸部向肩部移動，肩部逐漸明顯。

12. 尖底盒

根據整體造型的不同，可分為兩型。

A 型：較高。標本綿竹清道 M1：9，口徑 10.6、高 8.5 釐米（圖 2-13，1）。

B 型：腹部較扁，較矮。標本成都文廟西街 M1：9，口徑 10.2、高 5.2 釐米（圖 2-13，2）。

圖 2-13　銅尖底盒

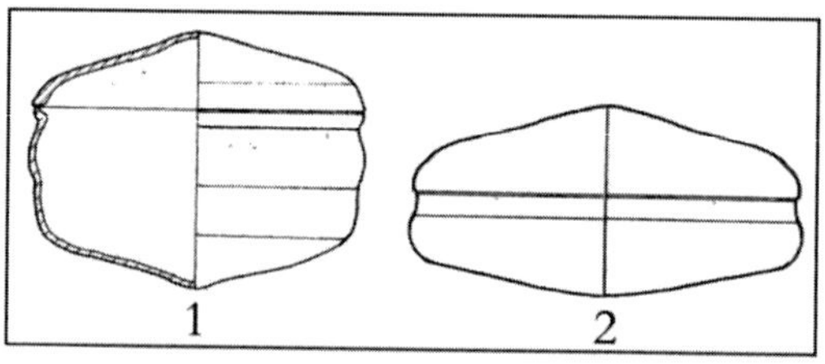

1. A 型（綿竹清道 M1：9）　2. B 型（成都文廟西街 M1：9）
（圖片採自：1.《文物》1987 年第 10 期，第 23 頁，圖二：5；2.《成都考古發現》（2003），第 249 頁，圖五：4）

13. 戈

根據胡的有無，可分為有胡戈與無胡戈兩類。

甲類：無胡戈。根據援形狀的不同，可分為三型。

A 型：長條形直援。根據援的變化，可分為三式。

〔註2〕 馬家 M1 共出土 5 件鍪，其中 2 件為雙耳，3 件為單耳，但未給出每件器物的尺寸，故此處省略。

　　I 式：援身平直，戈鋒圓弧。標本新都水觀音 M1 出土戈（圖 2-14，1）
〔註 3〕。

　　II 式：援身兩側較為圓弧，戈鋒較為圓潤。標本成都金沙巷 M1：7，近援
本處有虎紋，闌上下各有一長方形穿。長 28.8 釐米（圖 2-14，2）。

　　III 式：援身兩側較為平直，戈鋒較為尖銳。標本綿竹清道 M1：118，內
上有魚紋等，闌上有一長方形穿。長 26.5 釐米（圖 2-14，3）。

　　B 型：長條形援，近援本處向上下兩翼展開，整體略呈十字形。根據內和
援本形態的變化，可分為三式。

　　I 式：內的位置偏向一側不居中，援本張開的雙翼較窄，援本夾角尖銳。
標本成都金魚村 M1：2，長 21.4 釐米（圖 2-14，4）。

　　II 式：內的位置向中部移，援本雙翼變寬，援本夾角略圓弧。標本成都青
羊宮 M1：22，長 21.4 釐米（圖 2-14，5）。

　　III 式：內位於戈的中部，援本雙翼較寬，援本夾角圓滑。標本什邡城關
M1：6，長 25.2 釐米（圖 2-14，6）。

　　C 型：三角形援。根據援身比例的不同，可分為兩亞型。

　　Ca 型：援較為瘦長，援本上下多無穿。標本成都石人小區 M8：19，內尾
部平直，援本處飾一浮雕式的虎頭，虎口處正好有一圓穿，援下刃飾帶狀的雲
紋。長 25.7 釐米（圖 2-14，7）。

　　Cb 型：援身較為短胖，援本上下各有一穿。根據援身及內的變化，可分
為三式。

　　I 式：援身為三角形，刃兩側平直，刃鋒圓滑。標本成都青羊宮 M1：18，
內尾部呈「W」形，援身飾獸面紋和雲雷紋，內上飾卷雲紋。長 25 釐米（圖
2-14，8）。

　　II 式：援刃兩側內凹，鋒尖變得尖銳。標本什邡城關 M1：5，援上有半圓
形斑，長 26.5 釐米（圖 2-14，9）。

　　III 式：援刃兩側內凹，鋒尖銳利。標本什邡城關 M76：1，內尾部平直，
援中脊兩側展開浮雕式的蟬紋。長 18.5 釐米（圖 2-14，10）。標本新都馬家
M1 出土，內尾部呈「W」形，援身飾獸面紋，內上有方形紋飾。長 29.5 釐
米（圖 2-14，11）。

〔註 3〕 該墓原簡報未發表銅戈的圖片資料，圖片引自沈仲常、黃家祥：《從新繁水觀
　　　　音遺址談早期蜀文化的有關問題》，《四川文物》1984 年第 2 期。

圖 2-14 甲類銅戈

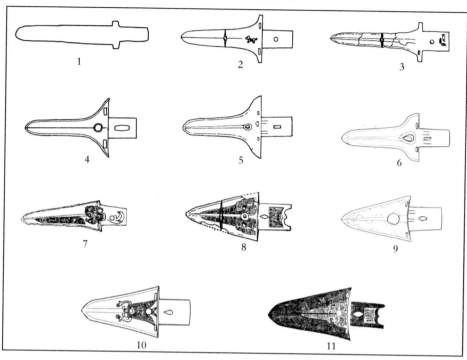

1.A 型 I 式（新都水觀音 M1 出土）　2.A 型 II 式（成都金沙巷 M1：7）　3.A 型
III 式（綿竹清道 M1：118）　4.B 型 I 式（成都金魚村 M1：2）　5.B 型 II 式（成
都青羊宮 M1：22）　6.B 型 III 式（什邡城關 M1：6）　7.Ca 型（成都石人小區
M8：19）　8.Cb 型 I 式（成都青羊宮 M1：18）　9.Cb 型 II 式（什邡城關 M1：5）
10、11.Cb 型 III 式（什邡城關 M76：1、新都馬家 M1 出土）

（圖片採自：1.《四川文物》1984 年第 2 期，第 7 頁，圖四；2.《文物》1997 年第
3 期，第 16 頁，圖一：3；3.《文物》1987 年第 10 期，第 28 頁，圖一一：7；4.《文
物》1997 年第 3 期，第 9 頁，圖一九：3；5.《考古》1983 年第 7 期，第 599 頁，
圖四：3；6.《什邡城關戰國秦漢墓地》，第 31 頁，圖八：1；7.《文物》2002 年第
4 期，第 35 頁，圖四：1；8.《考古》1983 年第 7 期，第 599 頁，圖四：1；9.《什
邡城關戰國秦漢墓地》，第 31 頁，圖八：2；10.《什邡城關戰國秦漢墓地》，第 55
頁，圖三四：2；11.《文物》1981 年第 6 期，第 9 頁，圖一八）

圖 2-15　乙類銅戈

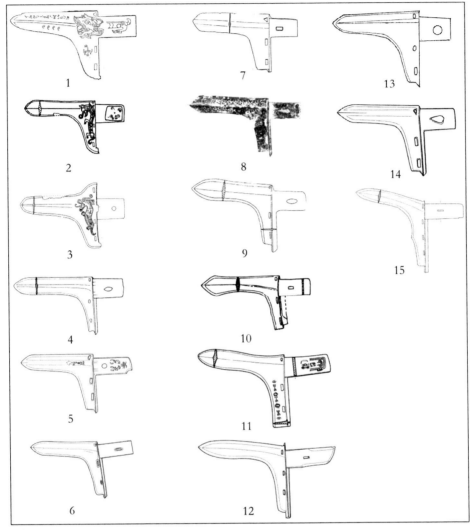

1.Aa 型（郫縣紅光公社採集）　2.Ab 型（成都金魚村 M1：3）　3.B 型（成都中醫學院 M1：14）　4.Ca 型 I 式（金沙星河路 M2727：2）　5.Ca 型 II 式（什邡城關M100：3）　6.Ca 型 III 式（什邡城關 M10：6）　7.Cb 型 I 式（成都金沙巷 M1：1）　8.Cb 型 II 式（成都無線電學校 M2 出土）　9.Cc 型 I 式（成都京川飯店 M1出土）　10.Cc 型 II 式（綿竹清道 M1：106）　11、12.Cc 型 III 式（蒲江飛龍村06M3：5、什邡城關 M50：24）　13.D 型 I 式（成都羅家碾 M1：2）　14.D 型 II式（什邡城關 M74：31）　15.D 型 III 式（新都清鎮村 M1：5）

（圖片採自：1.《文物》1976 年第 10 期，第 91 頁，圖一；2.《文物》1997 年第 3期，第 9 頁，圖一九：5；3.《文物》1992 年第 1 期，第 73 頁，圖七：4；4.《成都考古發現》（2008），第 129 頁，圖五四：3；5.《什邡城關戰國秦漢墓地》，第 188頁，圖二〇〇：4；6.《什邡城關戰國秦漢墓地》，第 245 頁，圖二六四：3；7.《文

物》1997 年第 3 期，第 16 頁，圖二：1；8.《文物》1990 年第 11 期，第 71 頁，圖一〇；9.《文物》1989 年第 2 期，第 63 頁，圖二：17；10.《文物》1987 年第 10 期，第 28 頁，圖一一：14；11.《成都考古發現》（2011），第 361 頁，圖二五：1；12.《什邡城關戰國秦漢墓地》，第 130 頁，圖一三二：3；13.《考古》1993 年第 2 期，第 191 頁，圖一：2；14.《什邡城關戰國秦漢墓地》，第 196 頁，圖二〇九：3；15.《成都考古發現》（2005），第 296 頁，圖七：2）

乙類：有胡戈。根據胡、援及內形態的不同，可分為四型。

A 型：中胡，胡下端彎曲延展，直內彎曲延展，長條形援。根據援刃部的差異，可分為兩亞型。

Aa 型：援刃兩側平直，刃尖圓滑。標本郫縣紅光公社採集戈，在兩面的闌兩側，飾浮雕式的虎紋，兩面有不同的符號。一面有十餘字的銘文。長 25.3、胡長 8 釐米（圖 2-15，1）。

Ab 型：援刃兩側微內凹，刃首略呈圭形。標本成都金魚村 M1：3，援本飾豎向的爬行虎紋。長 18.6、胡長 9.4 釐米（圖 2-15，2）。

B 型：中胡，胡下端彎曲延展，援上刃近闌處向上彎曲，整體近「十」字形。標本成都中醫學院 M1：14，援本飾淺浮雕式的虎紋。長 20.1 釐米（圖 2-15，3）。

C 型：中長胡，長條形援，方形直內。根據援形態的差異，可分為三亞型。

Ca 型：援兩側較為平直，刃尖較圓滑。根據援刃及內的變化，可分為三式。

I 式：援身較為平直，內較短。標本金沙星河路 M2727：2，長 17.4、內長 4.8 釐米（圖 2-15，4）。

II 式：援身略斜直，刃尖較鋒利，內變長。標本什邡城關 M100：3，援身兩面均飾虎紋，內上有巴蜀符號。長 20.9、內長 7.1 釐米（圖 2-15，5）。

III 式：援身斜直，刃尖鋒利，內較長且略向上翹。標本什邡城關 M10：16，長 20、內長 6.5 釐米（圖 2-15，6）。

Cb 型：援刃兩側內凹，刃首呈圭形。根據援首及內的變化，可分為兩式。

I 式：援身平直，援首較為圓滑，內較短。標本什邡金沙巷 M1：1，長 22、內長 5 釐米（圖 2-15，7）。

II 式：援身略上揚，援首鋒利，內較長。標本成都無線電學校 M2 出土戈，援上飾斑狀紋飾。長 23.1 釐米（圖 2-15，8）。

Cc 型：援身上揚，援本與胡交界處呈大鈍角。根據援上揚幅度及內的變化，可分為三式。

I式：援身微上揚，內較平直。標本成都京川飯店 M1 出土戈，長 17.9、內長 5.3 釐米（圖 2-15，9）。

II式：援身上揚較大，內略顯瘦長、仍較平直。標本綿竹清道 M1：106，長 20.2 釐米（圖 2-15，10）。

III式：援身上揚且更顯瘦長，內瘦長且微上揚。標本蒲江飛龍村 06M3：5，胡兩面均有符號。長 20.6 釐米（圖 2-15，11）。標本什邡城關 M50：24，長 22.5、內長 8.2 釐米（圖 2-15，12）。

D 型：援身略呈三角形，較為圓潤。根據援首及內的變化，可分為三式。

I式：援身與胡之間過渡圓滑，援首較圓鈍，內較短。標本成都羅家碾 M1：2，長 18.7、內長 2.2 釐米（圖 2-15，13）。

II式：援身與胡之間角度變大，援首尖銳，內較長。標本什邡城關 M74：31，長 17、內長 5 釐米（圖 2-15，14）。

III式：援身上揚，與胡之間角度變大，內瘦長。標本新都清鎮村 M1：5，長 22.5、內長 8 釐米（圖 2-15，15）。

甲類 A 型戈的演變趨勢為：戈鋒由圓潤變得尖銳。

甲類 B 型戈的演變趨勢為：內由一側移向中部，援本夾角逐漸圓潤。

甲類 Cb 型戈的演變趨勢為：刃兩側漸微內凹，援鋒由圓潤變得銳利。

乙類 C 型戈的演變趨勢為：戈鋒逐漸鋒利，內漸變長上翹。

乙類 D 型戈的演變趨勢為：援本處夾角變大，內漸長。

14. 矛

根據葉形態的不同，可分為三型。

A 型：葉最寬處在肩部，雙半環耳。根據骹的不同，可分為兩亞型。

Aa 型：骹口平直。根據葉和骹形態的變化，可分為三式。

I式：葉身較為圓弧，鋒較圓鈍，骹僅及葉的肩部。標本新都水觀音 M1：5，長 18.2 釐米（圖 2-16，1）〔註4〕。

II式：葉身更為細長，鋒漸銳利，骹已深入葉的中部。標本成都羅家碾 M1：6，長 21.8、葉寬 2.7 釐米（圖 2-16，2）。

〔註4〕原簡報中無矛的線圖，線圖引自李健民：《論四川出土的青銅矛》，《考古》1996 年第 2 期。

III 式：葉鋒尖銳，骹直達鋒尖。標本新都馬家 M1 出土矛，長 21 釐米（圖 2-16，3）。

Ab 型：骹口內凹。根據葉的變化，可分為兩式。

I 式：葉刃較為圓滑，鋒較尖銳。標本成都石人小區 M9：33，長 25.3 釐米（圖 2-16，4）。

II 式：葉較為平直，肩部微折，鋒銳利。標本成都羊子山 M172：69，長 17.5 釐米（圖 2-16，5）。

B 型：柳葉形葉，最寬處在葉中部。根據葉兩側弧度的不同，可分為兩亞型。

Ba 型：葉兩側弧度平滑，整體較為圓潤，短骹。根據葉和骹的變化，可分為四式。

I 式：葉略寬，骹較粗。標本成都涼水井街 M1：16，骹脊上飾方格紋。長 21、葉寬 4.4 釐米（圖 2-16，6）。標本什邡城關 M1：16，骹口飾雲紋，骹上有符號類紋飾。長 22.6、葉寬 3 釐米（圖 2-16，7）。

II 式：葉較細長，骹也更細。標本什邡城關 M2：3，骹口部飾雲紋，骹上有紋飾符號。長 22.8、葉寬 3.5 釐米（圖 2-16，8）。

III 式：葉更窄長。標本什邡城關 M100：2，長 22.6、葉寬 2.9 釐米（圖 2-16，9）。

IV 式：鋒更加尖銳，骹細長。標本什邡城關 M90-1：31，骹上飾虎紋，長 22.5、葉寬 4 釐米（圖 2-16，10）。

Bb 型：葉中部有明顯的轉折，整體略呈菱形。標本什邡城關 M38：17，骹部有羊首紋。長 29.2、葉寬 5.7 釐米（圖 2-16，11）。

C 型：桃葉形葉，較寬短，最寬處在葉中部。標本成都京川飯店 M1 出土矛，長 12.8 釐米（圖 2-16，12）。

A 型矛的演變趨勢為：葉逐漸變得瘦長，葉鋒逐漸銳利，骹由葉根部向鋒延伸。

Ba 型矛的演變趨勢為：葉逐漸細長，葉鋒逐漸銳利。

圖 2-16　銅矛

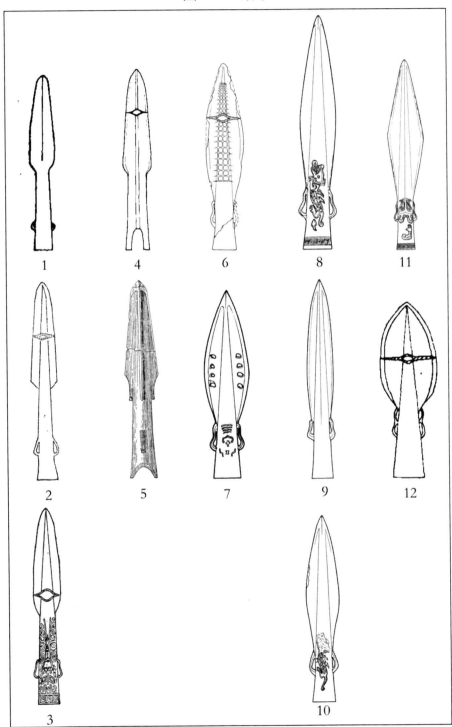

1.Aa 型 I 式（新都水觀音 M1：5）　2.Aa 型 II 式（成都羅家碾 M1：6）　3.Aa 型 III 式（新都馬家 M1 出土）　4.Ab 型 I 式（成都石人小區 M9：33）　5.Ab 型 II 式（成都羊子山 M172：69）　6、7.Ba 型 I 式（成都涼水井街 M1：16、什邡城關 M1：16）　8.Ba 型 II 式（什邡城關 M2：3）　9.Ba 型 III 式（什邡城關 M100：2）　10.Ba 型 IV 式（什邡城關 M90-1：31）　11.Bb 型（什邡城關 M38：17）　12.C 型（成都京川飯店 M1 出土）

（圖片採自：1.《考古》1996 年第 2 期，第 79 頁，圖二：1；2.《考古》1993 年第 2 期，第 191 頁，圖一：8；3.《文物》1981 年第 6 期，第 9 頁，圖二〇；4.《文物》2002 年第 4 期，第 37 頁，圖一二：4；5.《考古學報》1956 年第 4 期，第 6 頁，圖五；6.《成都考古發現》（2004），第 310 頁，圖四：1；7.《什邡城關戰國秦漢墓地》，第 28 頁，圖六：2；8.《什邡城關戰國秦漢墓地》，第 77 頁，圖六六：4；9.《什邡城關戰國秦漢墓地》，第 188 頁，圖二〇〇：1；10.《什邡城關戰國秦漢墓地》，第 116 頁，圖一一五：3；11.《什邡城關戰國秦漢墓地》，第 157 頁，圖一六〇：2；12.《文物》1989 年第 2 期，第 63 頁，圖二：4）

15. 劍

根據劍莖及劍格的不同，可分為兩型。

A 型：扁莖，無格，無首，劍身呈柳葉形。即本地區常見的柳葉形劍。根據劍身、莖與格的交界及穿孔的位置的變化，可分為三式。

I 式：劍身較短，脊不凸出，首與格交界處較圓滑，一般為一圓穿，也有兩圓穿者，穿位於脊正中位置。標本金沙黃河 M592：1，長 22.3、寬 2.8 釐米（圖 2-17，1）。標本金沙國際花園 M943：6，長 25.5、寬 3.2 釐米（圖 2-17，2）。

II 式：劍身較長，中脊凸出，首與格交界明顯，一般為兩穿，分別位於脊中間及一側。標本什邡城關 M74：2，殘長 27、寬 2.4 釐米（圖 2-17，3）。

III 式：長劍身，中脊凸出，首與格交界處硬折，或無穿，穿也不同在中脊上。常見虎斑狀紋飾。標本什邡城關 M103：4，有虎斑紋，殘長 41.4、寬 4.2 釐米（圖 2-17，4）。

上述 II、III 式兩從或有血槽。

B 型：圓莖，有格，圓首。標本新都馬家 M1 出土帶格劍（共 4 件），格較厚，莖上有兩道箍，長 36～48、寬 4.5～5 釐米（圖 2-17，5）。

A 型劍的演變趨勢為：劍身逐漸細長，鋒逐漸銳利，穿孔由一穿變為兩穿，莖與格交界逐漸明顯。

圖 2-17 銅劍

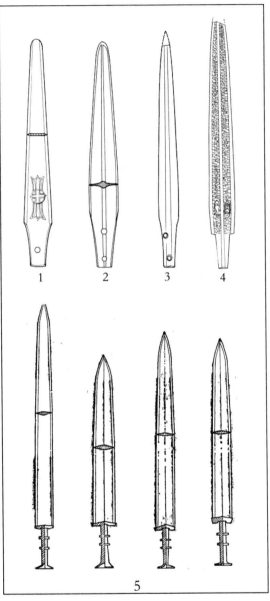

1.A 型 I 式（金沙黃河 M592：1） 2.A 型 II 式（金沙國際花園 M943：6） 3.A 型 III 式（什邡城關 M74：2） 4.A 型 IV 式（什邡城關 M103：4） 5.B 型（新都馬家 M1 出土）

（圖片採自：1.《成都考古發現》（2012），第 192 頁，圖一八：5；2.《成都考古發現》（2004），第 145 頁，圖二五：1；3.《什邡城關戰國秦漢墓地》，第 192 頁，圖二○五：1；4.《什邡城關戰國秦漢墓地》，第 239 頁，圖二五八；5.《文物》1981 年第 6 期，第 15 頁，圖三六）

16. 劍鞘

根據劍鞘的數量不同，可分為兩型。

A 型：單劍鞘。標本金沙星河路 M2712：1，長 20.5 釐米（圖 2-18，1）。

B 型：雙劍鞘。根據劍鞘中間是否隔離可分為兩式。

I 式：雙劍鞘中間未隔離。標本金沙星河路 M2725 東：13，長 23.2 釐米（圖 2-18，2）。

II 式：雙劍鞘中間隔離。標本金沙黃河 M535：7，長 26.1 釐米（圖 2-18，3）。

B 型劍鞘的演變趨勢為：劍鞘中間從不隔離到隔離。

圖 2-18　銅劍鞘

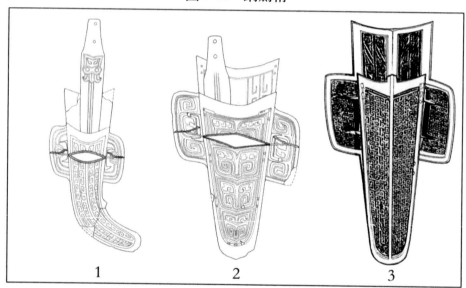

1.A 型（金沙星河路 M2712：1）　2.B 型 I 式（金沙星河路 M2725 東：13）　3.B 型 II 式（金沙黃河 M535：7）

（圖片採自：1.《成都考古發現（2008）》，第 112 頁，圖三五；2.《成都考古發現》（2008），第 117 頁，圖四一；3.《成都考古發現》（2012），第 212 頁，圖四四）

17. 鉞

根據器身造型的不同，可分為兩型。

A 型：無肩或肩部不明顯。根據刃部形態的不同，可分為兩亞型。

Aa 型：圓弧刃，近橢圓形。標本金沙蘭苑 M33：4，長 6.3 釐米（圖 2-19，1）。

Ab 型：寬弧刃，近扇形。標本什邡城關 M25：31，近銎一側有半環耳，

飾三角形紋，長 11、寬 7.6、銎長徑 3.4 釐米（圖 2-19，2）。

B 型：高折肩。根據刃及腰部的變化，可分為四式。

I 式：器身兩側平直，刃部圓弧。標本金沙黃河 M535：4，圓形銎，長 15.7、寬 6.9 釐米（圖 2-19，3）。

II 式：刃部較寬，呈扇形，器身兩側呈亞腰形。標本成都金沙巷 M1：2，橢圓形銎近銎處刻銘文。長 14.4、寬 6 釐米（圖 2-19，4）。

III 式：刃部進一步圓弧，器身腰部內收。標本什邡城關 M36：1，橢圓形銎，長 11.2、寬 6、銎長徑 3.2 釐米（圖 2-19，5）。

IV 式：刃下半部幾乎成圓形，腰部內收。標本新都清鎮村 M1：18，長 13、寬 7.5 釐米（圖 2-19，6）。

B 型鉞的演變趨勢為：腰部平直變為亞腰，刃部弧形變為圓形。

圖 2-19　銅鉞

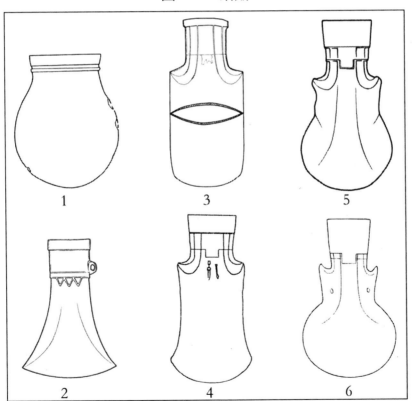

1.Aa 型（金沙蘭苑 M33：4）　2.Ab 型（什邡城關 M25：31）　3.B 型 I 式（金沙黃河 M535：4）　4.B 型 II 式（成都金沙巷 M1：2）　5.B 型 III 式（什邡城關 M36：1）　6.B 型 IV 式（新都清鎮村 M1：18）

（圖片採自：1.《成都考古發現》（2001），第 29 頁，圖二三：3；2.《什邡城關戰國秦漢墓地》，第 261 頁，圖二八三：3；3.《成都考古發現》（2012），第 211 頁，圖四三：1；4.《文物》1997 年第 3 期，第 16 頁，圖二：2；5.《什邡城關戰國秦漢墓地》，第 90 頁，圖八三：1；6.《成都考古發現》（2005），第 295 頁，圖六：1）

18. 斧

在多數考古報告中，斧和斤不易區分，一般將有銎冠的稱為「斤」，此處均稱為斧。

根據銎冠形態的不同，可分為兩型。

A 型：有銎冠，根據刃部的變化，可分為兩亞型。

Aa 型：刃部較寬。標本成都新一村 M1：12，長 17.8 釐米（圖 2-20，1）。

Ab 型：刃部較窄。標本成都水利設計院 M5：25，長 15、寬 7.7 釐米（圖 2-20，2）。

B 型：無銎冠，銎直接與器身相連。標本大邑五龍 M3：20，長 11 釐米（圖 2-20，3）。

圖 2-20　銅斧

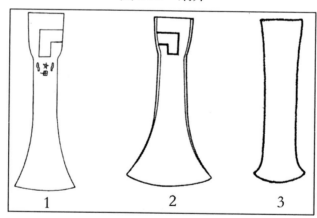

1.Aa 型（成都新一村 M1：12）　2.Ab 型（成都水利設計院 M5：25）　3.B 型（大邑五龍 M3：20）

（圖片採自：1.《成都考古發現》（2002），第 206 頁，圖三四：8；2.《考古與文物》2000 年第 4 期，第 10 頁，圖二：5；3.《文物》1985 年第 5 期，第 37 頁，圖二二：17）

19. 鏃

根據翼數量的不同，可分為兩型。

A 型：雙翼。根據兩翼長度的變化，可分為兩式。

I 式：雙翼較短，較窄。標本新都馬家 M1 出土，長 6.2、翼長 1.2 釐米

（圖2-21，1）。

　　II式：雙翼延展較長，較寬。標本什邡城關M100：7，長5.1、翼長2釐米（圖2-21，2）。

　　B型：三翼。標本新都馬家M1出土鏃，計46件，尺寸不詳（圖2-21，3）。

　　A型鏃的演變趨勢為：雙翼延展變長。

圖2-21　銅鏃

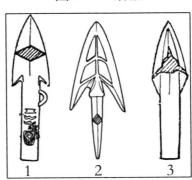

1.A型I式（新都馬家M1出土）　2.A型II式（什邡城關M100：7）
3.B型（新都馬家M1出土）

（圖片採自：1.《文物》1981年第6期，第13頁，圖二七：13；2.《什邡城關戰國秦漢墓地》，第187頁，圖一九九：5；3.《文物》1981年第6期，第13頁，圖二七：11）

20. 印章

　　根據平面形狀的不同，可分為三型。

　　A型：方形，包括長方形在內。標本成都商業街墓G1：31，橋形鈕，印文符號為：▨。邊長4.5、高0.9釐米（圖2-22，1）。標本蒲江飛龍村98M1：27，橋形鈕，印文符號為：王◠。邊長1.35、高1釐米（圖2-22，2）。

　　B型：圓形或橢圓形。標本什邡城關M10：6，橋形鈕，印文符號為：⇃▨▼▼◡⇂⌐■⇃。直徑3.2、高1釐米（圖2-22，3）。

　　C型：不規則形。標本新都馬家M1出土，呈雙月牙形。直徑2.7、高1.2釐米（圖2-22，4）。

圖 2-22　銅印章

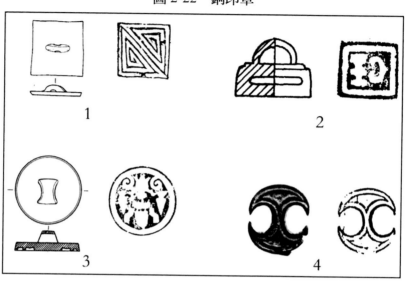

1、2.A 型（成都商業街墓 G1：31、蒲江飛龍村 98M1：27）　3.B 型（什
邡城關 M10：6）　4.C 型（新都馬家 M1 出土）

（圖片採自：1.《成都商業街船棺葬》，第 48 頁，圖四一：1；2.《文物》
2002 年第 4 期，第 30 頁，圖九：2；3.《什邡城關戰國秦漢墓地》，第 246
頁，圖二六七：1；4.《文物》1981 年第 6 期，第 4 頁，圖七）

二、陶器

陶器包括日用陶器和仿銅陶器兩大類。

（一）日用陶器

日用陶器的種類非常豐富，包括尖底器、平底器、圜底器、三足器、圈
足器等大類，具體而言有尖底盞、尖底杯、尖底罐、小平底罐、矮領罐、高
領罐、束頸罐、高領斂口罐、壺、甕、缽、盆、高領圜底罐、釜、釜甑、鼎、
豆等。其中高領罐、小平底罐、束頸罐等器物數量不多且完整器較少，不做
型式分析。

1. 尖底盞

根據頸部的不同，可分為兩型。

A 型：無頸，侈口或斂口，亦可稱為「缽形盞」。根據腹部的不同，可分
為三亞型。

Aa 型：斜弧腹，侈口狀。根據腹部和底部的變化，可分為三式。

I 式：腹部較為平直，底部不明顯，接近圜底。標本金沙蘭苑 M33：1，

口徑 10.5、高 2.7 釐米（圖 2-23，1）。

II 式：腹部向上斜收，底部呈乳突狀。標本金沙星河路 M2711：1，口徑 9.8、高 4.7 釐米（圖 2-23，2）。

III 式：腹部略弧，底部呈尖狀。標本金沙黃河 M592：8，口徑 13.2、高 4.2 釐米（圖 2-23，3）。

IV 式：腹部較淺，底部呈尖狀。標本什邡城關 M83：11，口徑 11.5、高 3.6 釐米（圖 2-23，4）。

Ab 型：圓鼓腹，斂口狀。根據腹部的變化，可分為三式。

I 式：腹部較深，下腹斜收，底部較突出。標本金沙蜀風花園城 M26：2，口徑 12.6、高 5.6 釐米（圖 2-23，5）。

II 式：腹部較深，下腹微內凹，底部較突出。標本金沙黃河 M676：1，口徑 12、高 4.8 釐米（圖 2-23，6）。

III 式：腹部變淺，下腹微內凹，底部尖狀明顯。標本金沙萬博 M207：2，口徑 11.4、高 4 釐米（圖 2-23，7）。

Ac 型：折腹，直口或斂口狀，腹部均較淺。根據腹部的變化，可分為四式。

I 式：下腹平直，器壁較薄。標本金沙黃河 M350：4，口徑 12.4、高 3.4 釐米（圖 2-23，8）。

II 式：下腹微內凹，器壁較厚。標本金沙黃河 M535：12，口徑 11.6、高 4 釐米（圖 2-23，9）。

III 式：下腹內凹，壁較厚。標本成都商業街 G4：6，口徑 10.4、高 2.9 釐米（圖 2-23，10）。

IV 式：腹部很淺，壁較厚。標本什邡城關 M90-1：34，口徑 12、高 3.7 釐米（圖 2-23，11）。

B 型：微束頸，卷沿外撇，可稱為「罐形盞」。根據腹部的變化可分為兩式。

I 式：腹部較深，壁較薄。標本金沙萬博 M200：3，口徑 12.6、高 5.8 釐米（圖 2-23，12）。

II 式：腹部較淺，壁較厚。標本金沙萬博 M193：2，口徑 12.2、高 5.4 釐米（圖 2-23，13）。

A、B 型尖底盞的演變趨勢為：下腹內收更甚，內壁逐漸變厚。

圖 2-23　陶尖底盞

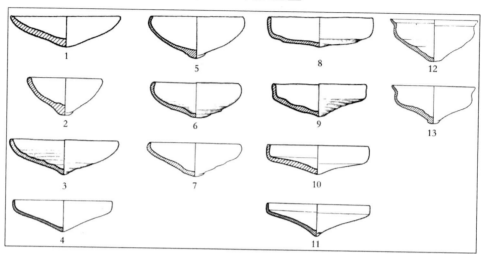

1.Aa 型 I 式（金沙蘭苑 M33：1）　2.Aa 型 II 式（金沙星河路 M2711：1）　3.Aa 型 III 式（金沙黃河 M592：8）　4.Aa 型 IV 式（什邡城關 M83：11）　5.Ab 型 I 式（金沙蜀風花園城 M26：2）　6.Ab 型 II 式（金沙黃河 M676：1）　7.Ab 型 III 式（金沙萬博 M207：2）　8.Ac 型 I 式（金沙黃河 M350：4）　9.Ac 型 II 式（金沙黃河 M535：12）　10.Ac 型 III 式（成都商業街 G4：6）　11.Ac 型 IV 式（什邡城關 M90-1：34）　12.B 型 I 式（金沙萬博 M200：3）　13.B 型 II 式（金沙萬博 M193：2）

（圖片採自：1.《成都考古發現》（2001），第 23 頁，圖二〇：8；2.《成都考古發現》（2008），第 110 頁，圖三三：2；3.《成都考古發現》（2012），第 193 頁，圖一九：3；4.《什邡城關戰國秦漢墓地》，第 265 頁，圖二八七：2；5.《成都考古發現》（2001），第 50 頁，圖一七：6；6.《成都考古發現》（2012），第 207 頁，圖三八；7.《成都考古發現》（2002），第 79 頁，圖二二：2；8.《成都考古發現》（2012），第 183 頁，圖六：2；9.《成都考古發現》（2012），第 214 頁，圖四六：2；10.《成都商業街船棺葬》，第 99 頁，圖九四：6；11.《什邡城關戰國秦漢墓地》，第 114 頁，圖一一三：5；12.《成都考古發現》（2002），第 78 頁，圖二〇：1；13.《成都考古發現》（2002），第 80 頁，圖二五：2）

2. 尖底杯

根據整體造型的不同，可分為兩型。

A 型：侈口，束頸，可稱為「罐形杯」。根據腹部的變化，可分為兩式。

I 式：腹部較鼓、較胖，口部外侈。標本金沙萬博 M195：1，口徑 12、高 10 釐米（圖 2-24，1）。

II 式：腹部略瘦，口部變直。標本金沙陽光地帶 M419：1，口徑 12、殘高 5.6 釐米（圖 2-24，2）。

B 型：斂口，無頸，呈炮彈形。根據腹部的變化，可分為兩式。

I式：下腹部有明顯的凸棱，不甚平滑，體形微胖。標本金沙萬博M189：1，口徑9、高16.2釐米（圖2-24，3）。

II式：下腹平緩斜收，無凸棱，體形較瘦。標本金沙萬博M452：1，口徑8.4、高13釐米（圖2-24，4）。

A型尖底杯的演變趨勢為：器身逐漸瘦長。

B型尖底杯的演變趨勢為：器身逐漸瘦長，器表凸棱逐漸平滑。

圖2-24 陶尖底杯

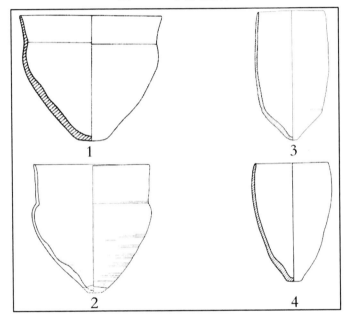

1.A型I式（金沙萬博M195：1） 2.A型II式（金沙陽光地帶M419：1）
3.B型I式（金沙萬博M189：1） 4.B型II式（金沙萬博M452：1）

（圖片採自：1.《成都考古發現》（2002），第81頁，圖二七：1；2.《金沙遺址——陽光地帶二期地點發掘報告》，第343頁，圖三九二：1；3.《成都考古發現》（2002），第79頁，圖二一：1；4.《成都考古發現》（2002），第84頁，圖三一：12）

3. 尖底罐

根據頸部和腹部的不同，可分為兩型。

A型：長頸，弧腹。標本金沙蜀風花園城M27：2，口徑6.4、高9.2釐米（圖2-25，1）。

B型：短束頸，球腹。標本金沙陽光地帶M376：2，口徑12.5、腹徑15、高 12.7 釐米（圖2-25，2）。

圖 2-25　陶尖底罐

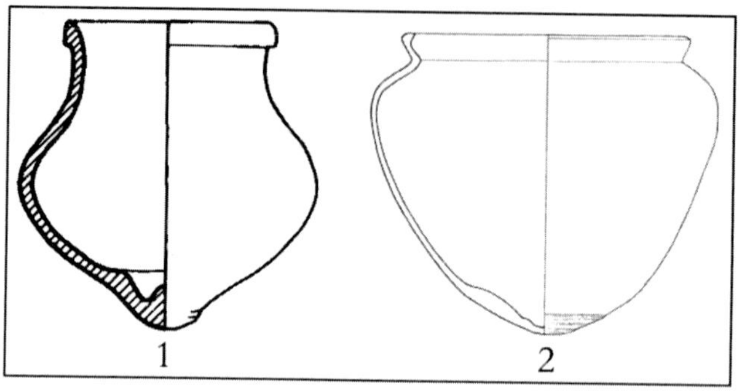

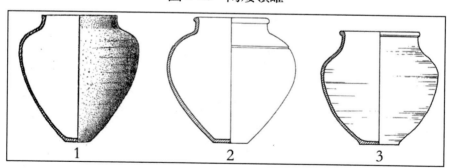

1.A 型（金沙蜀風花園城 M27：2）　　2.B 型（金沙陽光地帶 M376：2）

（圖片採自：1.《成都考古發現》（2001），第 46 頁，圖一三：2；2.《金沙遺址
——陽光地帶二期地點發掘報告》，第 368 頁，圖四三二：2）

4. 矮領罐

根據口部和肩部的變化，可分為兩式。

I 式：直口，口部較短，肩部凸出。標本新都水觀音 M1：23（圖 2-26，
1）。

II 式：口部變長，沿外侈，肩部圓鼓。標本金沙國際花園 M928：2，口徑
23.2、高 40 釐米。標本郫縣宋家河壩 M1：3，口徑 11.5、高 16 釐米（圖 2-
26，2）。

矮領罐的演變趨勢為：領部逐漸變高，口沿逐漸外侈，肩部逐漸圓鼓。

圖 2-26　陶矮領罐

1.I 式（新都水觀音 M1：23）　　2、3.II 式（金沙國際花園 M928：2、郫縣宋家
河壩 M1：3）

（圖片採自：1.《考古》1959 年第 8 期，第 409 頁，圖七：1；2.《成都考古發
現》（2004），第 140 頁，圖二〇：1；3.《成都考古發現》（2007），第 130 頁，
圖一九：2）

5. 壺

根據腹部形態的變化，可分為兩式。

I 式：腹部近似圓形，腹部一般有對稱的凸起。標本新都水觀音 M1：38（圖 2-27，1）。

II 式：腹部近似扁圓形，腹部或有對稱的凸起。標本郫縣宋家河壩 M1：4，口徑 11.4、高 17 釐米（圖 2-27，2）。

壺的演變趨勢為：腹部逐漸變得扁圓，頸部變長。

圖 2-27　陶壺

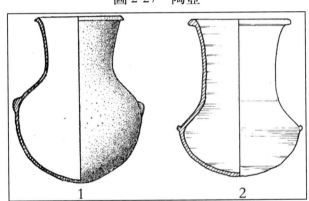

1.I 式（新都水觀音 M1：38）　2.II 式（郫縣宋家河壩 M1：4）

（圖片採自：1.《考古》1959 年第 8 期，第 409 頁，圖七：4；2.《成都考古發現》（2007），第 131 頁，圖二〇：1）

6. 高領敞口罐

根據口部形態的不同，可分為兩型。

A 型：大敞口，呈喇叭狀，俗稱「喇叭口罐」。標本金沙黃河 M350：2，口徑 12.2、底徑 8.9、高 14 釐米（圖 2-28，1）。標本金沙黃河 M577：3，口徑 20.2、底徑 9.3、高 16、蓋口徑 20.2、殘高 5.2 釐米（圖 2-28，2）。

B 型：敞口幅度較小。根據腹部形態的不同，可分為兩亞型。

Ba 型：上腹部微折。根據口部的變化，可分為三式。

I 式：侈口。標本金沙黃河 M597：1，口徑 11.6、底徑 10.4、通高 13 釐米（圖 2-28，3）。

II 式：侈口外撇較甚。標本什邡城關 M74：9，口徑 15、底徑 12、高 18.8 釐米（圖 2-28，4）。

III 式：敞口，口徑約等於腹徑。標本成都新一村 M1：86，口徑 13.2、腹

徑 18、底徑 9.6、高 16.4 釐米（圖 2-28，5）。

Bb 型：腹部較為圓鼓。根據口部的變化，分為兩式。

I 式：侈口。標本什邡城關 M89：1，口徑 11、底徑 10.8、腹徑 16.4、高 16.8 釐米（圖 2-28，6）。

II 式：敞口。標本成都文廟西街 M2：14，口徑 13.6、腹徑 16.8、底徑 10、通高 16 釐米（圖 2-28，7）。

B 型高領敞口罐的演變趨勢為：敞口逐漸變為盤口，口外侈幅度變大。

圖 2-28　陶高領敞口罐

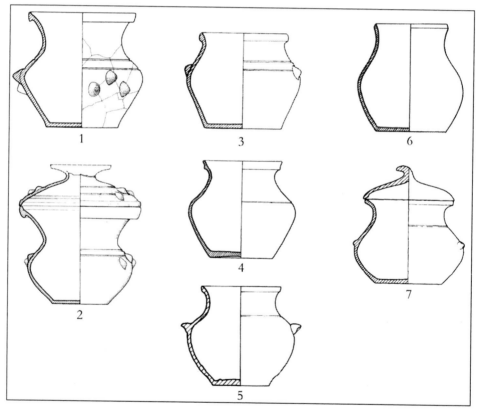

1、2.A 型（金沙黃河 M350：2、金沙黃河 M577：3）　3.Ba 型 I 式（金沙黃河 M597：1）　4.Ba 型 II 式（什邡城關 M74：9）　5.Ba 型 III 式（成都新一村 M1：86）　6.Bb 型 I 式（什邡城關 M89：1）　7.Bb 型 II 式（成都文廟西街 M2：14）

（圖片採自：1.《成都考古發現》（2012），第 182 頁，圖五：1；2.《成都考古發現》（2012），第 185 頁，圖九：2；3.《成都考古發現》（2012），第 208 頁，圖四〇：3；4.《什邡城關戰國秦漢墓地》，第 191 頁，圖二〇四：6；5.《成都考古發現》（2002），第 203 頁，圖三一：5；6.《什邡城關戰國秦漢墓地》，第 182 頁，圖一九三：6；7.《成都考古發現》（2003），第 255 頁，圖一二：2）

7. 甕

根據口部形態的不同，可分為兩型。

A 型：敞口。根據肩部、腹部形態的變化，可分為三式。

I 式：肩部較鼓，下腹斜收。標本成都商業街 G11：13，口徑 17.3、底徑 11.7、腹徑 35、通高 43.2 釐米（圖 2-29，1）。

II 式：肩部進一步鼓出，下腹斜收幅度較大。標本大邑五龍 M3：14，口徑 31、高 43.6 釐米（圖 2-29，2）。

III 式：肩部鼓出，下腹急收。標本蒲江飛龍村 98M1：1，口徑 19.8、腹徑 28.4、高 27.7 釐米（圖 2-29，3）。

B 型：口近直。根據整體形態的不同，可分為兩亞型。

Ba 型：整體較為瘦高。根據腹部的變化，可分為三式。

I 式：圓鼓腹。標本金沙黃河 M597：3，口徑 15.2、底徑 6.3、高 20.7 釐米（圖 2-29，4）。

II 式：鼓腹，下腹微內收。標本什邡城關 M50：15，口徑 26、底徑 11.4、腹徑 37.2、高 36 釐米（圖 2-29，5）。

III 式：鼓腹，下腹斜收較甚。標本成都龍泉驛北幹道 M24：21，口徑 23、底徑 10.4、高 38.9 釐米（圖 2-29，6）。

Bb 型：整體略顯矮胖。根據腹部的變化，可分為兩式。

I 式：鼓腹。標本什邡城關 M84：6，口徑 14、腹徑 22.4、底徑 8.8、高 20.6 釐米（圖 2-29，7）。

II 式：鼓腹，近底部內收明顯。標本什邡城關 M67：25，口徑 14.8、腹徑 26.2、底徑 9.4、通高 22.6 釐米（圖 2-29，8）。

A、B 型甕的演變趨勢均為：腹部（肩部）逐漸鼓出，下腹內收更甚。

圖 2-29　陶甕

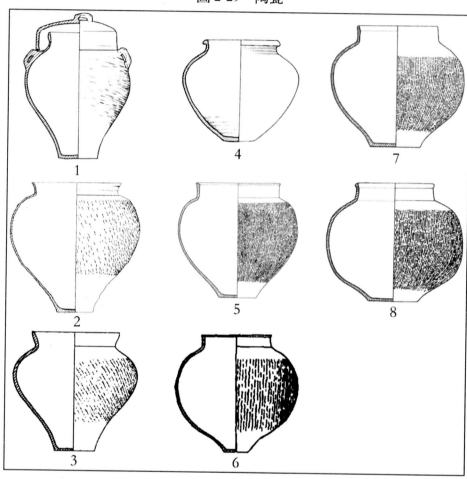

1.A 型 I 式（成都商業街 G11：13）　2.A 型 II 式（大邑五龍 M3：14）　3.A 型 III
式（蒲江飛龍村 98M1：1）　4.Ba 型 I 式（金沙黃河 M597：3）　5.Ba 型 II 式（什
邡城關 M50：15）　6.Ba 型 III 式（成都龍泉驛北幹道 M24：21）　7.Bb 型 I 式（什
邡城關 M84：6）　8.Bb 型 II 式（什邡城關 M67：25）

（圖片採自：1.《成都商業街船棺葬》，第 113 頁，圖一一七：2；2.《文物》1985 年
第 5 期，第 31 頁，圖七；3.《文物》2002 年第 4 期，第 28 頁，圖二：3；4.《成都
考古發現》（2012），第 208 頁，圖四〇：2；5.《什邡城關戰國秦漢墓地》，第 128
頁，圖一三〇：2；6.《文物》2000 年第 8 期，第 25 頁，圖五：4；7.《什邡城關戰
國秦漢墓地》，第 255 頁，圖二七五：2；8.《什邡城關戰國秦漢墓地》，第 142，圖
一四四：4）

8. 鉢

根據腹部形態的不同，可分為兩型。

A 型：弧腹。根據腹部的變化，可分為兩式。

　　I 式：腹部圓鼓。標本成都新一村 M1：83，口徑 16、高 8.4 釐米（圖 2-30，1）。

　　II 式：下腹部內收較甚。標本大邑五龍 M4：8，口徑 14.8、高 6 釐米（圖 2-30，2）。

　　B 型：折腹。根據腹部的變化，可分為兩式。

　　I 式：折痕位於上腹部。標本什邡城關 M14：21，口徑 23.6、高 12.8 釐米（圖 2-30，3）。

　　II 式：折痕位於腹中部且明顯。標本郫縣風情園 FM5：24，口徑 20、高 7.9 釐米（圖 2-30，4）。

　　A 型缽的演變趨勢為：下腹內收更甚。

　　B 型缽的演變趨勢為：折痕位置下移至腹中部且更加明顯。

图 2-30　陶缽

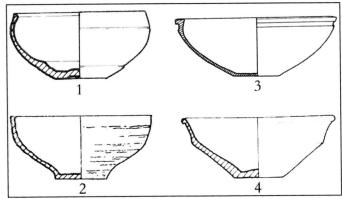

1.A 型 I 式（成都新一村 M1：83）　2.A 型 II 式（大邑五龍 M4：8）　3.B 型 I 式（什邡城關 M14：21）　4.B 型 II 式（郫縣風情園 FM5：24）

（圖片採自：1.《成都考古發現》（2002），第 204 頁，圖三二：16；2.《文物》1985 年第 5 期，第 35 頁，圖二〇：4；3.《什邡城關戰國秦漢墓地》，第 83 頁，圖七六：6；4.《成都考古發現》（2002），第 301 頁，圖二五：1）

9. 盆

　　根據腹部形態的變化，可分為三式。

　　I 式：腹部微折，腹部較淺。標本金沙星河路 M2720：9，口徑 20、高 7.5 釐米（圖 2-31，1）。

　　II 式：折腹明顯，腹部變深。標本大邑五龍 M19：26，口徑 40、高 22.3 釐米（圖 2-31，2）。

III 式：折腹更甚，下腹內收較甚，腹部較深。標本郫縣風情園 FM5：10，口徑 26.8、高 14.2 釐米（圖 2-31，3）。

盆的演變趨勢為：折腹愈加明顯，腹部變深。

圖 2-31　陶盆

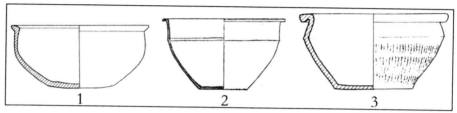

1.I 式（金沙星河路 M2720：9）　2.II 式（大邑五龍 M19：26）　3.III 式（郫縣風情園 FM5：10）

（圖片採自：1.《成都考古發現》（2008），第 124 頁，圖四九：3；2.《考古》1987 年第 7 期，第 605 頁，圖三：3；3.《成都考古發現》（2002），第 302 頁，圖二六：1）

10. 高領圜底罐

根據腹部形態的不同，可分為三型。

A 型：垂腹，腹部最大徑在下腹部。根據頸部和腹部的變化，可分為兩式。

I 式：頸部較長，垂腹外鼓不凸出。標本金沙星河路 M2705：1，口徑 12.5、高 17.5 釐米（圖 2-32，1）。

II 式：頸部較短，垂腹外凸明顯，底部更加緩平。標本郫縣花園別墅 HM10：1，口徑 10.4、腹徑 21、高 13.3 釐米（圖 2-32，2）。

B 型：垂橢腹，最大徑在下腹部，腹部外凸較為誇張，體型較大。根據口、頸部的變化，可分為兩式。

I 式：頸部略長，侈口。標本蒲江飛龍村 98M1：9，口徑 14.8、腹徑 24.5、高 21.2 釐米（圖 2-32，3）。

II 式：頸部略短，微盤口。標本什邡城關 M65：3，口徑 12.8、腹徑 26、高 22.2 釐米（圖 2-32，4）。

C 型：鼓腹，腹部外凸，最大徑在腹中部。根據頸部和腹部的變化，可分為四式。

I 式：口沿外侈較甚，頸部較長，腹部中間外凸，圜底。標本金沙黃河 M350：9，口徑 12、高 19 釐米（圖 2-32，5）。

II 式：頸部較長，圜底趨於平緩。標本什邡城關 M25：13，口徑 12、腹徑 17.8、高 18.4 釐米（圖 2-32，6）。

III 式：頸部較短，圜底近平。標本什邡城關 M10：23，口徑 14、腹徑 18.4、高 15.2 釐米（圖 2-32，7）。

IV 式：頸部較短，腹部整體凸出，底部較平。標本什邡城關 M20：6，口徑 12.6、腹徑 19.6、高 16.4 釐米（圖 2-32，8）。

D 型：上腹部有較明顯的折棱，形成折肩的形態。根據腹部的變化，可分為兩式。

I 式：腹部整體略扁，腹中部鼓出。標本成都商業街 G11：17，口徑 12.8、腹徑 18.5、高 15.7 釐米（圖 2-32，9）。

II 式：腹部整體稍高，腹整體鼓出。標本廣漢三星堆青關山 M33：4，口徑 13.2、腹徑 19.1、高 15.8 釐米（圖 2-32，10）。

A、B、C、D 型高領圜底罐的演變趨勢為：整體由瘦長逐漸變矮，圜底逐漸緩平。

圖 2-32　陶高領圜底罐

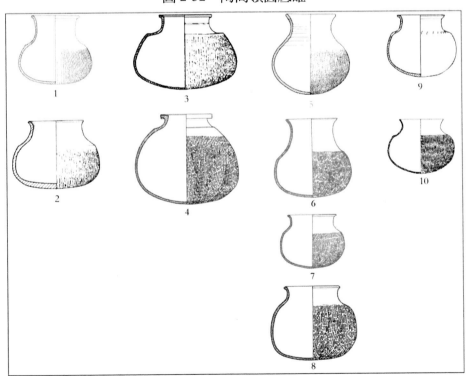

1.A 型 I 式（金沙星河路 M2705：1）　　2.A 型 II 式（郫縣花園別墅 HM10：1）

3.B 型 I 式（蒲江飛龍村 98M1：9） 4.B 型 II 式（什邡城關 M65：3） 5.C 型 I 式（金沙黃河 M350：9） 6.C 型 II 式（什邡城關 M25：13） 7.C 型 III 式（什 邡城關 M10：23） 8.C 型 IV 式（什邡城關 M20：6） 9.D 型 I 式（成都商業街 G11：17） 10.D 型 II 式（廣漢三星堆青關山 M33：4）

（圖片採自：1.《成都考古發現》（2008），第 120 頁，圖四四：8；2.《成都考古發現》（2002），第 295 頁，圖一九：1；3.《文物》2002 年第 4 期，第 28 頁，圖二：6；4.《什邡城關戰國秦漢墓地》，第 252 頁，圖二七三：5；5.《成都考古發現》（2012），第 182 頁，圖五：7；6.《什邡城關戰國秦漢墓地》，第 257 頁，圖二七八：2；7.《什邡城關戰國秦漢墓地》，第 243 頁，圖二六二：7；8.《什邡城關戰國秦漢墓地》，第 199 頁，圖二一二：5；9.《成都商業街船棺葬》，第 114 頁，圖一一八：5；10.《四川文物》2015 年第 4 期，第 8 頁，圖一〇：3）

11. 釜

本文將矮領或無領的一類圓底器稱為釜，另一類領較高的稱為圓底罐。

根據頸部、腹部形態的不同，可分為三型。

A 型：口沿外侈，頸部不明顯，垂腹，最大徑位於下腹部。根據腹部形態的變化，可分為兩式。

I 式：腹部外凸不明顯，底部較圓弧。標本成都商業街 G5：9，口徑 9.7、腹徑 11.6、高 6 釐米（圖 2-33，1）。

II 式：腹部外凸明顯，底部略緩平。標本什邡城關 M69：6，口徑 12.5、腹徑 15.4、高 7.4 釐米（圖 2-33，2）。

B 型：口沿外侈，微束頸，鼓腹，最大徑位於腹中部。根據頸部和腹部的變化，可分為四式。

I 式：頸部基本不內凹，腹部外凸不明顯，腹部較淺。標本金沙星河路 M2705：2，口徑 14.5、高 5.5 釐米（圖 2-33，3）。

II 式：頸部內凹不明顯，腹部外凸不明顯。標本金沙黃河 M549：6，口徑 15.4、高 5.8 釐米（圖 2-33，4）。

III 式：頸部內凹略明顯，腹部外鼓。標本什邡城關 M69：8，口徑 12.4、腹徑 16.6、高 9.6 釐米（圖 2-33，5）。

IV 式：頸部內凹明顯，腹部外鼓、較深。標本什邡城關 M10：26，口徑 14、腹徑 19.2、高 12 釐米（圖，6）。

C 型：口沿外侈，束頸，腹部微折。根據頸部長短的不同，可分為兩亞型。

Ca 型：頸部較短。根據口沿、頸部和腹部的變化，可分為三式。

I 式：口沿較短，腹部較淺。標本成都中醫學院 M1：1，口徑 11.8、腹徑 12.6、高 5.2 釐米（圖 2-33，7）。

　　II 式：折沿略寬，腹部較深且外鼓。標本成都水利設計院 M9：9，口徑 14.8、高 6.9 釐米（圖 2-33，8）。

　　III 式：折沿較寬，頸部內凹明顯，腹部較深，底部較平。標本新都清鎮村 M1：46，口徑 15、腹徑 16、高 6.7 釐米（圖 2-33，9）。標本蒲江飛龍村 06M1：33，肩部有雙環耳。口徑 20、腹徑 22.4、高 12.5 釐米（圖 2-33，10）。

　　Cb 型：寬沿外侈，頸部較長。標本什邡城關 M14：11，口徑 23.6、腹徑 26.4、高 12.8 釐米（圖 2-33，11）。

　　A 型釜的演變趨勢為：下腹外鼓逐漸明顯，底部逐漸緩平。

　　B 型釜的演變趨勢為：頸部逐漸變長，腹部逐漸外鼓明顯。

　　Ca 型釜的演變趨勢為：頸部逐漸變長，腹部逐漸變深。

圖 2-33　陶釜

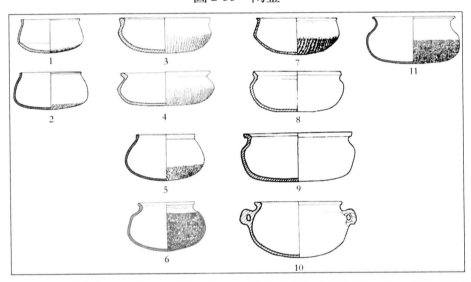

1.A 型 I 式（成都商業墓 G5：9）　2.A 型 II 式（什邡城關 M69：6）　3.B 型 I 式（金沙星河路 M2705：2）　4.B 型 II 式（金沙黃河 M549：6）　5.B 型 III 式（什邡城關 M69：8）　6.B 型 IV 式（什邡城關 M10：26）　7.Ca 型 I 式（成都中醫學院 M1：1）　8.Ca 型 II 式（成都水利設計院 M9：9）　9、10.Ca 型 III 式（新都清鎮村 M1：46、蒲江飛龍村 06M1：33）　11.Cb 型（什邡城關 M14：11）

（圖片採自：1.《成都商業街船棺葬》，第 100 頁，圖九六：6；2.《什邡城關戰國秦漢墓地》，第 94 頁，圖九〇：6；3.《成都考古發現》（2008），第 120 頁，圖四四：6；4.《成都考古發現》（2012），第 203 頁，圖三二：2；5.《什邡城關戰國秦漢墓地》，第 94 頁，圖九〇：4；6.《什邡城關戰國秦漢墓地》，第 243 頁，圖二六二：8；7.《文物》1992 年第 1 期，第 72 頁，圖二：1；8.《考古與文物》2000 年第 4 期，第 11 頁，圖四：3；9.《成都考古發現》（2005），第 293 頁，圖四：3；10.《成都考古發現》（2011），第 342，圖五：2；11.《什邡城關戰國秦漢墓地》，第 83 頁，圖七六：5）

12. 釜甑

本文涉及的釜甑均為釜、甑聯體。根據底部形態的不同，可分為兩型。

A 型：圓底。根據腹部、底部的變化，可分為三式。

I 式：釜腹部外鼓不明顯，圓底。標本什邡城關 M39：1，口徑 17.6、甑腹徑 21.2、釜腹徑 22.4、通高 30 釐米（圖 2-34，1）。

II 式：釜腹部外鼓明顯，圓底較緩平。標本什邡城關 M81：1，口徑 23.2、甑腹徑 24、釜腹徑 26、通高 32.8 釐米（圖 2-34，2）。

III 式：釜圓底近平。標本什邡城關 M21：11，甑上有雙環耳。口徑 22.8、甑腹徑 24、釜腹徑 26、通高 32 釐米（圖 2-34，3）。

B 型：平底。標本郫縣花園別墅 HM10：5，口徑 18、底徑 10.5、通高 24.5 釐米（圖 2-34，4）。

A 型釜甑的演變趨勢為：釜變矮胖，圓底逐漸緩平。

圖 2-34　陶釜甑

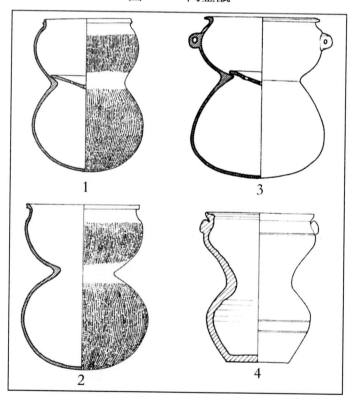

1.A 型 I 式（什邡城關 M39：1）　2.A 型 II 式（什邡城關 M81：1）　3.A 型 III 式（什邡城關 M21：11）　4.B 型（郫縣花園別墅 HM10：5）

（圖片採自：1.《什邡城關戰國秦漢墓地》，第 161 頁，圖一六六：1；2.《什邡城關戰國秦漢墓地》，第 134 頁，圖一三七：1；3.《什邡城關戰國秦漢墓地》，第 203 頁，圖二一五：1；4.《成都考古發現》（2002），第 297，圖二一：4）

13. 鼎

根據鼎上部形態的不同，可分為兩型。

A 型：釜形鼎，無蓋。根據腹部和足的變化，可分為三式。

I 式：圜底較明顯，三足直立。標本大邑五龍 M2：7，口徑 22.6、高 27 釐米（圖 2-35，1）。

II 式：圜底近平，三足微外撇。標本成都北郊 M4：5，口徑 25.5、高 29.6 釐米（圖 2-35，2）。

III 式：圜底近平，腹部外鼓，三足外撇較甚。標本郫縣花園別墅 HM13：9，口徑 15.5、高 19.5 釐米（圖 2-35，3）。

B 型：子母口鼎，帶蓋。標本廣漢二龍崗 M37：10，口徑 15.4、高 20.5 釐米（圖 2-35，4）。

A 型鼎的演變趨勢為：三足逐漸外撇。

圖 2-35　陶鼎

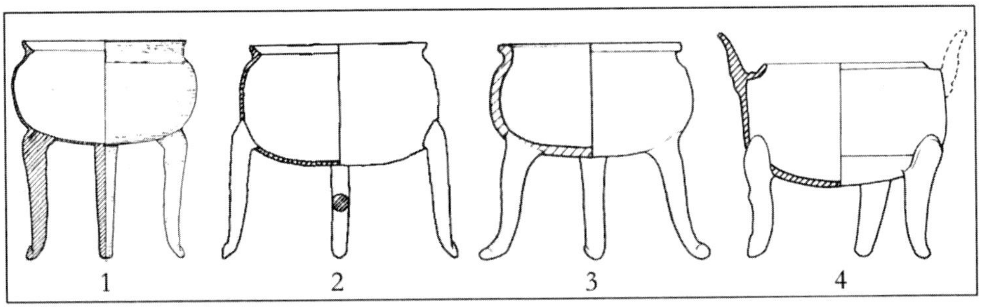

1.A 型 I 式（大邑五龍 M2：7）　2.A 型 II 式（成都北郊 M4：5）　3.A 型 III 式（郫縣花園別墅 HM13：9）　4.B 型（廣漢二龍崗 M37：10）

（圖片採自：1.《文物》1985 年第 5 期，第 31 頁，圖八：1；2.《考古》2001 年第 5 期，第 29 頁，圖三：2；3.《成都考古發現》（2002），第 292 頁，圖一六：3；4.《廣漢二龍崗》，第 72 頁，圖三八：2）

14. 豆

根據豆盤形態的不同，可分為三型。

A 型：豆盤較淺，可稱為盤形豆。根據豆盤和柄的形態不同，可分為三亞型。

Aa 型：豆盤呈弧形，矮柄。根據豆盤的變化，可分為三式。

I 式：豆盤較深。標本什邡城關 M49：12，口徑 14.4、足徑 6.4、高 6.8 釐米（圖 2-36，1）。

II 式：豆盤變淺且變寬。標本什邡城關 M97：1，口徑 15.6、足徑 6.2、高 6.1 釐米（圖 2-36，2）。

III 式：豆盤更淺且非常寬。標本什邡城關 M85：8，口徑 14.4、足徑 5.2、高 6 釐米（圖 2-36，3）。

Ab 型：豆盤折腹明顯，中柄。根據豆盤和豆柄的變化，可分為四式。

I 式：豆盤略深，豆柄較細。標本什邡城關 M25：6，口徑 12.2、殘高 3.8 釐米（圖 2-36，4）。

II 式：豆盤較淺，豆柄較細。標本成都文廟西街 M2：40，口徑 11、足徑 6.6、通高 5 釐米（圖 2-36，5）。

III 式：豆盤較淺，豆柄略粗。標本新都馬家 M1 出土，口徑 10.5、足徑 6.2、高 4.8 釐米（圖 2-36，6）。

IV 式：豆盤較淺，豆柄粗。標本什邡城關 M79：17，口徑 10.8、足徑 7.9、高 4.6 釐米（圖 2-36，7）。

Ac 型：豆盤呈弧形或微折，高柄。根據豆盤和豆柄的變化，可分為三式。

I 式：豆盤略深，中間下凹，柄較粗。標本成都金魚村 M7：4，口徑 10.6、高 6.2 釐米（圖 2-36，8）。

II 式：豆盤較淺，柄更高。標本什邡城關 M54：10，口徑 11、足徑 7.6、高 8.5 釐米（圖 2-36，9）。

III 式：豆盤較淺且寬，豆柄細且高。標本蒲江飛龍村 98M1：2，口徑 11.2、圈足徑 8.9、高 11 釐米（圖 2-36，10）。

B 型：豆盤較深且弧，可稱為碗形豆。根據口部形態的不同，可分為兩亞型。

Ba 型：侈口，弧腹。根據豆盤的變化，可分為三式。

I 式：深盤。標本什邡城關 M52：21，口徑 14.6、足徑 6.4、高 8.2 釐米（圖 2-36，11）。

II 式：豆盤較淺。標本大邑五龍 M18：8，口徑 12.6、足徑 5.6、高 6.8 釐米（圖 2-36，12）。

III 式：豆盤較淺，內壁平緩。標本什邡城關 M98：14，口徑 13.2、足徑 5.7、高 6.1 釐米（圖 2-36，13）。

Bb 型：斂口，腹部微鼓。根據豆盤和柄的變化，可分為三式。

I式：深盤。標本成都商業街 G5：2，口徑 10.5、足徑 8.3、通高 6.1 釐米（圖 2-36，14）。

II式：盤變淺。標本成都文廟西街 M2：26，口徑 10.6、足徑 7.2、通高 6.4 釐米（圖 2-36，15）。

III式：盤較淺且折腹明顯，柄極矮。標本什邡城關 M22：8，口徑 14、足徑 7.5、高 6.2 釐米（圖 2-36，16）。

C 型：豆盤極深且弧，似簋，可稱為簋形豆。標本成都金魚村 M14：28，口徑 11、足徑 7.4、高 7.6 釐米（圖 2-36，17）。

A 型豆的演變趨勢為：豆盤變淺、變寬。

B 型豆的演變趨勢為：豆盤變淺、變寬，豆柄變粗。

圖 2-36　陶豆

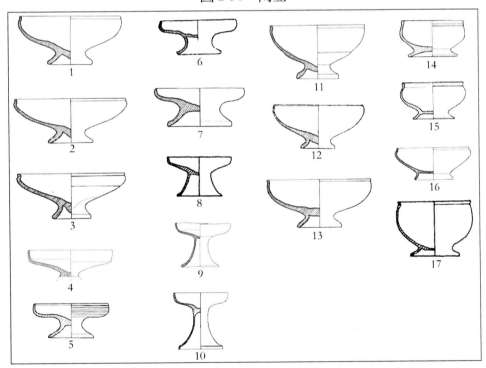

1.Aa 型 I 式（什邡城關 M49：12）　2.Aa 型 II 式（什邡城關 M97：1）　3.Aa 型 III 式（什邡城關 M85：8）　4.Ab 型 I 式（什邡城關 M25：6）　5.Ab 型 II 式（成都文廟西街 M2：40）　6.Ab 型 III 式（新都馬家 M1 出土）　7.Ab 型 IV 式（什邡城關 M79：17）　8.Ac 型 I 式（成都金魚村 M7：4）　9.Ac 型 II 式（什邡城關 M54：10）　10.Ac 型 III 式（蒲江飛龍村 98M1：2）　11.Ba 型 I 式（什邡城關 M52：21）　12.Ba

型 II 式（大邑五龍 M18：8）　13.Ba 型 III 式（什邡城關 M98：14）　14.Bb 型 I 式
（成都商業街 G5：2）　15.Bb 型 II 式（成都文廟西街 M2：26）　16.Bb 型 III 式（什
邡城關 M22：8）　17.C 型（成都金魚村 M14：28）

（圖片採自：1.《什邡城關戰國秦漢墓地》，第 163 頁，圖一六九：12；2.《什邡城關
戰國秦漢墓地》，第 230 頁，圖二四七：1；3.《什邡城關戰國秦漢墓地》，第 145 頁，
圖一四九：6；4.《什邡城關戰國秦漢墓地》，第 257 頁，圖二七八：5；5.《成都考古
發現》（2003），第 259 頁，圖一六：1；6.《文物》1981 年第 6 期，第 4 頁，圖五；7.
《什邡城關戰國秦漢墓地》，第 99 頁，圖九六：3；8.《文物》1997 年第 3 期，第 6
頁，圖五：1；9.《什邡城關戰國秦漢墓地》，第 172 頁，圖一七九：1；10.《文物》2002
年第 4 期，第 28 頁，圖二：9；11.《什邡城關戰國秦漢墓地》，第 167 頁，圖一七四：
1；12.《考古》1987 年第 7 期，第 605 頁，圖三：4；13.《什邡城關戰國秦漢墓地》，
第 232 頁，圖二四九：3；14.《成都商業街船棺葬》，第 100 頁，圖九六：5；15.《成
都考古發現》（2003），第 257 頁，圖一四：3；16.《什邡城關戰國秦漢墓地》，第 206
頁，圖二一八：2；17.《文物》1997 年第 3 期，第 6 頁，圖五：5）

（二）仿銅陶器

仿銅陶器種類較少，主要包括盞、尊缶、浴缶、蓋豆及罍等，其中罍的數
量極少，不做類型劃分。

1. 盞

根據蓋上裝飾的差異，可分為兩式。

I 式：器蓋上無環鈕裝飾。標本金沙黃河 M577：5，器身口徑 12.6、高 8.2
釐米，器蓋口徑 12.6、殘高 3.6 釐米（圖 2-37，1）。

II 式：器蓋上有等距分布的四個環鈕裝飾，與器身環鈕形成呼應。標本金
沙黃河 M600：1，器身殘高 7 釐米，器蓋口徑 13.9、高 6 釐米（圖 2-37，2）。

盞的演變趨勢為：裝飾逐漸複雜。

圖 2-37　仿銅陶盞

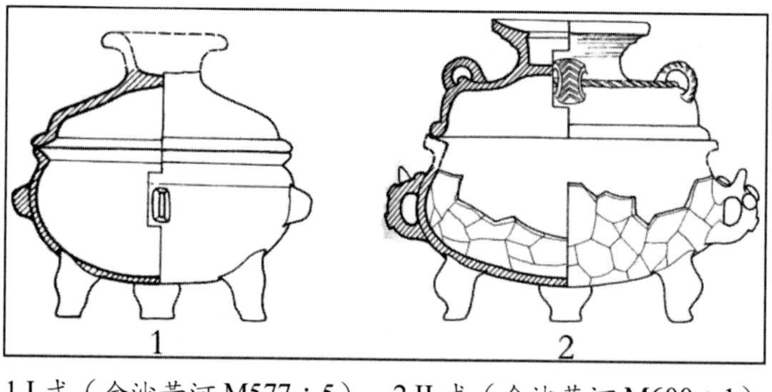

1.I 式（金沙黃河 M577：5）　2.II 式（金沙黃河 M600：1）

（圖片均採自《成都考古發現》（2012），分別為：1.第 184 頁，圖八：1；
2.第 189 頁，圖一四：1）

2. 尊缶

根據腹部的變化，可分為兩式。

I 式：圓腹。標本金沙星河路 M2705：3，口徑 12.5、足徑 12.2、高 24.2 釐米（圖 2-38，1）。

II 式：鼓腹略下垂。標本成都北郊 M3：9，口徑 10、足徑 14.5、高 23 釐米（圖 2-38，2）。

尊缶的演變趨勢為：腹部逐漸外鼓。

圖 2-38　仿銅陶尊缶

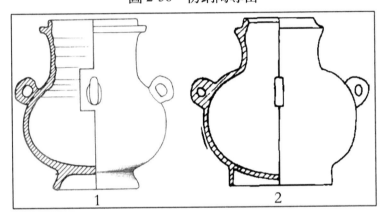

1.I 式（金沙星河路 M2705：3）　　2.II 式（成都北郊 M3：9）

（圖片採自：1.《成都考古發現》（2008），第 121 頁，圖四五：2；2.《考古》2001 年第 5 期，第 29 頁，圖三：5）

3. 浴缶

根據肩部的不同，可分為兩型。

A 型：折肩。標本金沙黃河 M577：4，肩部飾兩組各三乳釘，器身和蓋上均飾壓印紋。口徑 12.8、底徑 10.6、高 12.4 釐米（圖 2-39，1）。

B 型：鼓肩。標本什邡城關 M2：4，肩部等距分布四個環耳。口徑 20、圈足腹徑 35.2、底徑 20.8、高 28.8 釐米（圖 2-39，2）。

圖 2-39　仿銅陶浴缶

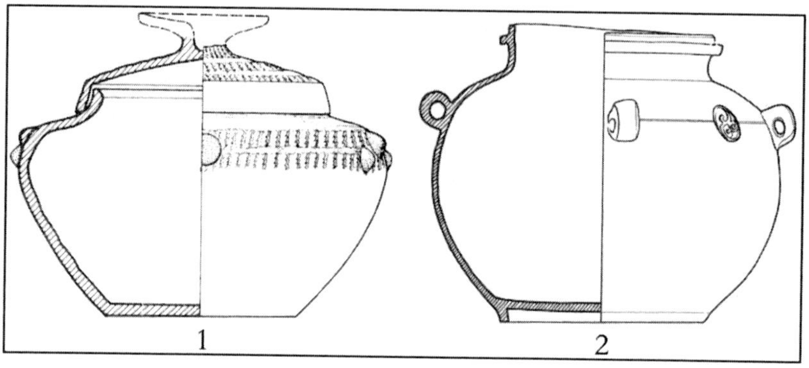

1.A 型（金沙黃河 M577：4）　2.B 型（什邡城關 M2：4）

（圖片採自：1.《成都考古發現》（2012），第 186 頁，圖一〇：2；2.《什邡城關戰國秦漢墓地》，第 78 頁，圖六七：1）

4. 蓋豆

根據豆盤和柄的變化，可分為兩式。

I 式：腹部圓弧，柄較高。標本金沙星河路 M2705：4，口徑 11.5、足徑 14、高 17 釐米（圖 2-40，1）。

II 式：腹部略鼓，柄較矮。標本蒲江東北公社 M2：8，腹部飾花蒂紋及圓圈紋等。口徑 25.6、足徑 29.6、高 43.2 釐米（圖 2-40，2）。

蓋豆的演變趨勢為：腹部外鼓，柄變矮。

圖 2-40　仿銅陶豆

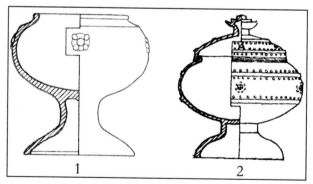

1.I 式（金沙星河路 M2705：4）　2.II 式（蒲江東北公社 M2：8）

（圖片採自 1.《成都考古發現》（2008），第 121 頁，圖四五：3；2.《文物》1985 年第 5 期，第 21 頁，圖二二：4）

第三章　分期與年代

　　墓葬的分期主要依據是隨葬器物的組合及型式，其次是墓葬形制等其他
因素。根據第二章對主要隨葬器物的類型學分析，結合以往學者的研究，可大
致歸納總結出成都平商周墓葬隨葬器物的特點：

　　（1）絕大部分器物的器形變化不明顯。上述器物中，大部分的類型僅能
分出二至三式，少數能分出四式，暗示這些器物演變的階段性並不突出，可能
在某一些大的期別中，器物形態並無明顯差別；

　　（2）具備較強的時代變化特徵的器類較少，第二章雖然分析了數十種器
物，但實際中有著較清晰的演變關係的僅十餘種而已；

　　（3）器物的使用呈現出明顯的階段性特徵，如尖底盞主要出現在較早階
段的墓葬中，而釜等圓底器又僅出現在較晚的墓葬中，如此就很難依靠某一類
或幾類器物來準確地對墓葬進行分期；

　　（4）少數器物的流行時間非常長，但類型變化不太明顯，使用這部分器
物來斷代比較困難。

　　基於上述隨葬器物的特點，在對墓葬進行分期時，主要依據是器物組合，
其次是單個器物的特徵。基於這樣的原則，選取若干隨葬器物較豐富且保存較
完好的墓葬，按照器物組合及型式進行分組，再進行分期。

第一節　分組與分期

　　分組主要以隨葬陶器和銅器的代表性墓葬為主，首先對主要隨葬陶器或
銅器的墓葬進行排序分組，再對陶器和銅器共出的墓葬進行分組，並由此串聯

單獨隨葬陶器或銅器的墓葬（表 3-1）。

一、以隨葬陶器為主的墓葬

該類墓葬有 14 座墓參與排序，按照共存器物的組合可大致歸納為 5 組：

第 1 組：有 Aa 型 I 式陶尖底盞、陶小平底罐、I 式陶壺等器物，還伴出有玉石器，包括金沙蘭苑 M33、M61，新都水觀音 M1、M2 等 4 座墓；

第 2 組：有 Ab 型 I 式陶尖底盞、II 式陶壺、II 式陶矮領罐、B 型 I 式陶尖底杯等器物，包括郫縣宋家河壩 M1、M2，新都同盟村 M7，金沙陽光地帶 M372 等 4 座墓；

第 3 組：有 Ab 型 I 式陶尖底盞、陶束頸罐等器物，包括金沙國際花園 M849 和金沙蜀風花園 M26 等 2 座墓；

第 4 組：有 Ab 型 II 式陶尖底盞、II 式陶矮領罐等器物，包括金沙國際花園 M928 和金沙黃河 M543 等 2 座墓；

第 5 組：有 A 型 II 式、B 型 II 式陶高領圜底罐，包括郫縣花園別墅 HM13 和郫縣風情園 FM5 等 2 座墓。

二、以隨葬銅器為主的墓葬

該類墓葬有 9 座墓參與排序，按照共存器物的組合，可歸納為 3 組：

第 1 組：有甲類 Cb 型 I 式銅戈、A 型 I 式銅劍、銅兵器模型、磨石等器物，包括金沙國際花園 M940、金沙國際花園 M943、成都棗子巷 M1 和金沙星河路 M2722 等 4 座墓；

第 2 組：有 Bb 型銅鼎，A 型銅尖底盒，B 型 II 式銅鍪，甲類 B 型 II 式、甲類 Ca 型、甲類 Cb 型 II 式、乙類 Aa 型戈，Aa 型 II 式矛，A 型 II 式劍，Aa 型銅斧、銅刀、銅鑿、銅勺等器物，包括成都百花潭 M10、成都文廟西街 M1、綿竹清道 M1 等 3 座墓；

第 3 組：有 II 式銅釜、A 型 II 式銅釜甑、B 型 III 式銅鍪、B 型 II 式銅鉞、銅刀等器物，包括新都馬家 M1、成都文廟西街 M2 等 2 座墓。

三、陶器和銅器共出的墓葬

該類墓葬有 15 座墓參與排序，按照共存器物的組合，可歸納為 6 組：

第 1 組：有 A 型 I 式銅劍、A 型陶高領敞口罐、I 式仿銅陶盞、A 型陶浴缶等器物，包括金沙黃河 M577 一座墓；

　　第 2 組：有 Aa 型 II 式銅矛、Ac 型陶盞等器物，包括金沙黃河 M350、金沙星河路 M2725 等 2 座墓。

　　第 3 組：有甲類 Cb 型 II 式銅戈、B 型 II 式銅鉞、銅刀、銅帶鉤、Ac 型 III 式陶尖底盞、C 型 II 式陶高領圜底罐、B 型陶高領敞口罐等器物，包括青白江雙元村 M154，什邡城關 M25，成都商業街 G1、G2 等 4 座墓；

　　第 4 組：有 Aa 型 III 式銅矛、B 型 II 式銅鉞、Ac 型 II 式陶豆等器物，包括成都新一村 M1、什邡城關 M10 等 2 座墓；

　　第 5 組：有 B 型 II 式銅釜甑、B 型銅劍、Ca 型 III 式陶釜、Ac 型 III 式陶豆等器物，包括成都羊子山 M172、大邑五龍 M2、蒲江飛龍村 98M1、蒲江東北公社 PDM2 等 4 座墓；

　　第 6 組：有 B 型 III 式銅釜甑、乙類 D 型 III 式銅戈、Aa 型 III 式陶豆、Ba 型 III 式陶甕等器物，包括新都清鎮村 M1、大邑五龍 M19 等 2 座墓。

四、三類墓葬之間的橫向對應關係

　　陶器墓的第 1 至 4 組幾乎不見銅器，以陶器為主，無法與其他銅器墓葬進行合併。可分別為第一至四組。

　　銅器墓第 1 組與陶器、銅器共出墓第 1 組共出有 A 型 I 式銅劍，可並為一組，為第五組。

　　陶器、銅器共出墓第 2 組與其他各組器物組合差異較大，單獨歸為第六組。

　　銅器墓第 2 組與陶器、銅器共出墓第 3 組共出有甲類 Cb 型 II 式銅戈、Aa 型 II 式銅矛、A 型 II 式銅劍等器物，可並為一組，為第七組。

　　銅器墓第 3 組與陶器、銅器共出墓第 4 組共出有 Aa 型 III 式銅矛、A 型 III 式銅劍、Aa 型銅斧等器物，可並為一組，為第八組。

　　陶器、銅器共出墓第 5 組與其他各組器物組合差異較大，單獨歸為第九組。

　　陶器墓第 5 組與陶器、銅器共出墓第 6 組共出有 II 式陶盆，AII 式、BII 式陶高領圜底罐等器物，可並為一組，為第十組。

　　綜上，可將成都平原商周墓葬歸為十組，陶器墓、銅器墓及陶器銅器共出墓等三類墓葬器物組合的對應關係如表 3-1 所示。

表 3-1　各類墓葬分組對應表

大　組	陶器墓	銅器墓	陶器、銅器共出墓
一	1		
二	2		
三	3		
四	4		
五		1	1
六			2
七		2	3
八		3	4
九			5
十	5		6

五、各組的年代序列

　　下面結合出土器物的演變關係以及成都平原商周墓葬器物組合的變化，來確定上述十組的年代關係。

　　第一至四組主要隨葬陶器，且大多包含有尖底器，這些尖底器在成都平原屬於商代至西周時期，因此這四組的年代較早。其中第一組中還隨葬有小平底罐、I 式壺、I 式矮領罐，均是各類器物中形態較原始的型式，該組應屬最早。第二組中，新見尖底杯，小平底罐等器類消失不見，年代當略晚於第一組。第三組和第四組的墓葬數量不多，但部分陶器的形態仍然在繼續演變，如尖底盞 Ab 型 I 式變為 Ab 型 II 式，說明是第三四組年代較第二組更晚。

　　第五組開始，銅兵器成為較重要的隨葬品，為此前各組墓葬所不見。第六組相比第五組而言，銅器差異不大，但新出現 Ac 型陶尖底盞，年代應晚於第五組。

　　第七組開始，隨葬品發生了較大的變化。尖底器占比較少，僅剩尖底盞一種，其餘的尖底器均消失不見，新出現釜、高領圜底罐、豆等器類。銅器方面，兵器仍然佔據較重要的位置，但器型更加豐富，容器如鼎、甗、壺、豆、釜、釜甑、鍪等器物均大量隨葬。該組與第六組差異明顯，年代較晚。

　　第八組相較於第七組，尖底器更少，且一般為較晚的形態，釜、高領圜底罐等器類均發展出新的形態，如高領圜底罐由 C 型 II 式變為 C 型 III 式、高領敞口罐由 Bb 型 I 式變為 Bb 型 II 式，陶豆由 Ab 型 I 式變為 Ab 型 II 式等。

銅器方面，器類仍然比較接近，但部分器物形態上發生了變化，如銅鼎 Bc 型 II 式變為 Bc 型 III 式，銅壺 Ac 型 I 式變為 Ac 型 II 式等。這說明第八組與第七組年代緊密相接。

第九組相較於第八組，已經完全不見尖底器，年代明顯更晚，陶豆由 Ab 型 II 式變為 Ab 型 III 式等，新出現了陶鼎等；銅器中，鼎、敦、壺等僅出現在少數墓葬中，主要以兵器為主。該組還首次出現了銅半兩，暗示其年代較晚。

第十組與第九組相比，器類比較接近，陶缽和盆流行起來，銅器中，容器已經少見，主要為兵器，仍然有銅半兩出土，整體年代與第九組緊密相接但更晚。

葬具形制方面，第一至三組以無葬具（D 型）為主，而第四至九組以船棺（A 型）為主，第九組中木棺和木板（B、C 型）佔據了一定比例。葬具的形態的階段性變化不明顯，具體有待進一步分析。

綜上所述，第一至第十組在器物組合及型式上存在密切的承繼關係（表 3-2）。

六、分期與分段

以上將成都平原商周墓葬分為十組，從葬具和隨葬器物的階段性特徵來看，十組中部分組別之間存在較大的共性，可歸為大期，各大期內部呈現的差異則分為若干段。

第一至第四組，墓葬大多為無葬具，第三組開始出現船棺，到第四組時，船棺較為普遍。第一至四組的隨葬器物均以陶器為主，還常見石器，銅器很少，多數墓葬無隨葬器物。而陶器也僅有尖底盞、矮領罐等少數幾類。隨葬器物總體較為貧乏。這四組的特徵基本一致，可歸為第一期。但第四組呈現出過渡的特徵，尤其體現在葬具方面。

第五至第八組，墓葬中葬具均以船棺為主，有少數為木棺或木板。隨葬器物均以陶器和銅器為主。與第一期相比，尖底器僅剩尖底盞，圜底器逐漸流行起來，主要陶器為釜、釜甑、高領圜底罐、高領敞口罐、豆等，還有一些仿銅陶器。銅器在之前幾乎不見，第五期開始較多出現，首先出現的是戈、劍、矛等兵器，至第七組出現了各類容器和工具等，種類更加豐富。漆木器在第七段以後也較多出現。總之，較第一期而言，第五至第八組是船棺的主要流行階段，以陶器和銅器為主要隨葬器物，且種類與前一階段存在明顯差

別。因此，第五至第八組可歸為第二期。該期中，第五和第六組也存在一些過渡的特徵，如隨葬器物中無銅容器和漆器、巴蜀符號還不流行等。

第九組和第十組，葬具中船棺逐漸式微，木棺逐漸增多。隨葬器物結構發生了較大變化，陶器逐漸佔據主要地位，銅器則逐漸弱化。尤其是銅容器僅剩少數幾類。陶器種類較少，組合逐漸趨於固化，以甕、釜、高領圜底罐、豆等少數幾類為主。總之，第九和第十組是船棺逐漸消亡，隨葬器物陶器化的新階段，為第三期。

以上將十組進一步歸為三大期，能夠清晰地顯示出成都平原商周墓葬特徵的階段性變遷，各期內部各組則為不同的段。這樣成都平原商周墓葬可分為三期十段，十段對應前面所分的十組，第一期包括第一至四段，第二期包括第五至八段，第三期包括第九、十段。其中第一期中的第四段和第二期的第五、六段均呈現出過渡的特徵（表3-3）。

表 3-2 典型墓葬的器物組合與分組

分組	墓葬	陶器													仿銅陶器															銅器						其他器物
		尖底盞	小平底罐	尖底杯	尖底罐	壺矮領罐	盆領罐	釜	高領圜底罐	鼎高領圜底罐	高領斂口罐	甕	缽	豆	盞	尊缶浴缶	蓋豆	鼎	瓿	敦	尖底盒	壺	尊缶	盤	匜	勺	豆	釜甑	鑒	戈	矛	劍	鏃	斧	印章	
1	蘭苑 M61	Aal	√																																	玉飾
	蘭苑 M33	Aal	√			I																											Aa			玉璋斧、銅斧、石器等
	水觀音 M1	Aal			B	I																								甲AI	Aal		√			銅斧、石削等
	水觀音 M2					I																								√	√		√			石鏃、石鑿
2	宋家河欄 M1			BI		II																														
	宋家河欄 M2	Abl		BI		II																														
	同盟村 M7	Abl		BI	B	II																														紡輪、玉條
	陽光地帶 M37 2	Abl			A、B	II																														陶高領罐、石條、陶

墓葬	陶束頸罐	陶束頸罐	陶缸		銅模型兵器、磨石、玉石條	銅模型兵器、石、玉石條、磨
3 國際花園 M849	AbI					
蜀風花園 M26	AbI	II	A			
國際花園 M928	AbI I	II				
4 黃河 M543	AbI I	II				
5 國際花園 M940				AI	甲CbI	
國際花園 M943				AI	甲CbI	
寨子巷 M1				AI AaII	甲CbI	
星河路 M2722				AI AaII	甲CbI	
黃河 M577	AcI			AI		
黃河 M350	AcI		CI	AaII		
6 星河路 M2725	AaII I、AcII			甲CbI AaII AI		

	銅鑿、銅匕、銅刀、銅		刀、銅劍、銅鏃、銅鑿等、銅帶鉤、銅		座等	銅匕、銅	銅盤、銅飾件、銅帶鉤、銅刀、銅劍環、漆床、漆席、漆案等（A、C）	銅刻刀	漆器等大量漆床等	刀、銅匕、銅鑿、銅鈴等、耳杯、陶紡輪、銅洗、銅盆、陶紡輪、銅鑿等（A、C）	
	Aa	BI	AII	甲BII、甲Ca、甲CbI、甲CbII、乙Aa	AII、BII	AI					Aa
											BII
			Aa					BI、BII	BII	AIII、B	AIII、B
			AII、AIII、B	甲AIII、甲BII、甲Ca、甲CbII、乙CcII、乙Aa、乙CaI	BII		甲CbII	AII	甲CbII	甲Ca、甲BII、甲Cb、乙CaII、乙CI	甲Cal、甲CbII、AalI
百花潭 M10	AII、BII	AI	BI				甲CbII	甲Cal、甲CbII	甲CbII	甲Ca、甲BII、乙CI、甲CI	II
					I						AII、BIII
	>	>	Aa、Bb		>		Bb			> Aa	Bb
					Ab	A Ac			Ac、A、B、C	
	A AcI	Ab、BI		A Aa		A			AcI I	
	A	A		> B		Aa			Aa、B	
	B		C		Aa			Ab		
	Bb	Aa、Bb、BcII		Ab			BcII I	Aa、Ab		
					II					
					AbI			AbIII		
						AI				
			A、BaI			BbI	BaI			
清道 M1			AI CII			BII CII				
文廟西街 M1										
雙元村 M154			AcII I							
城闕 M25			AcII I							
商業街 G1、G2			AcII I							
馬家 M1										

7

8

		銅刀		銅刀	陶器、玉器等、鬲形盉、銅車馬、鐵器等	銅鍪鐓、料珠等	銅半兩、木梳等	銅刀	銅半兩、銅帶鉤等	銅帶鉤等	銅半兩	
9	文廟西街M2	AaIV	CIII	BbII	AbII、BbII		II	AII BIII	∨	BaII	BII	Aa
	新一村M1		CaIII CIV	BaII	AcII、AI AbIV、BaI			II BIII	甲 CbIII	AaII、BaI	AIII BIII	Aa
	坡闕M10		CIII		AcII、BaI			BII	甲 CaIII	AaII	AIII BIII	Aa B
	羊子山M172		CaIII AI	AIII	AaII	Ba	Aa B Ba、BcIV	BII		AbII	B	
	五龍M2		CaIII BI	AIII	AcII		BII	BII BIV	甲 Ca、乙 CaII		AIII、B	Aa
	飛龍村98M1		CaIII AII	AIII	AcII			BII	甲 CbIII	BaII	AIII、B	Aa A
	蒲江東北公社M2		CaII	BaII BaII	AaII、AcII		II II	III BIII	甲 CbIII、乙 DIII		BIV	
	清鎮村M1		CaII	BaII	AaII			BIII	乙 DIII BaIV	B		
10	五龍M19		III CaIII AII、BII	BII								
	鳳情園FM5		AII、AII BII									
	花園別墅HM13											BII

第二節　各期墓葬特徵

根據第一節的分期結果，本節首先對各期、段墓葬的特徵進行總結。

（一）第一期第一段

本段墓葬數量較少，主要分佈在成都平原北部及金沙遺址中，包括金沙蘭苑的 4 座墓葬，水觀音的 3 座墓葬。代表性墓葬為金沙蘭苑 M33（圖 3-2）、M61（圖 3-3），新都水觀音 M1（圖 3-1）、M2 等。

本段墓葬均為豎穴土坑墓，規模較小。器物種類有陶器、銅器、玉器和石器等，陶器占絕大部分。銅器有少量兵器和工具以及小型裝飾品。玉、石器較少。陶器主要是尖底盞、小平底罐、矮領罐、壺等；銅器主要為戈、鉞、斧等；玉石器包括璋、鉞、鑿等。

圖 3-1　新都水觀音 M1

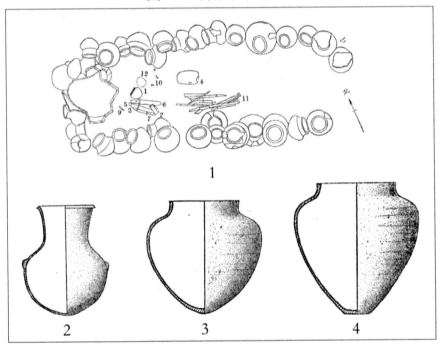

1.M1 平面圖　2.陶壺（M1：38）　　3、4.陶矮領罐（M1：26、23）

（圖片均採自《考古》1959 年第 8 期，分別為：1.第 408 頁，圖六；2～4.第 409 頁，圖七：4、3、1）

圖 3-2　金沙蘭苑 M33

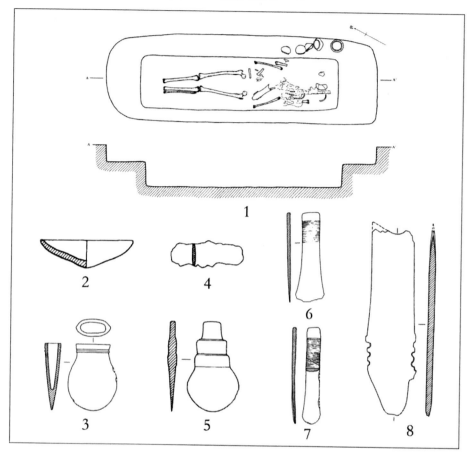

1.M33 平剖面圖　2.陶尖底盞（M33：1）　3、5.銅鉞（M33：4、8）　4.銅戈（M33：12）　6、7.銅斧（M33：10、9）　8.玉璋（M33：7）

（圖片均採自《成都考古發現》（2001），分別為：1.第 15 頁，圖一五；2.第 23 頁，圖二〇：8；3～7.第 29 頁，圖二三：3、4、5、1、2；8.第 30 頁，圖二四：4）

圖 3-3 金沙蘭苑 M61

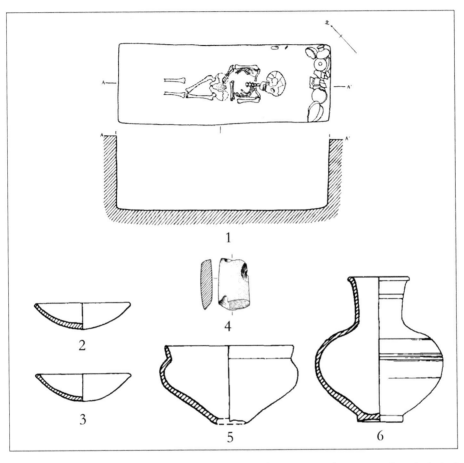

1.M61 平剖面圖 2、3.陶尖底盞（M61：7、6） 4.玉鐲（M64：15） 5.陶小平底罐（M61：3） 6.陶壺（M61：4）

（圖片均採自《成都考古發現》（2001），分別為：1.第 14 頁，圖一四；2〜3.第 23 頁，圖二〇：6、7；4.第 30 頁，圖二四：2；5.第 17 頁，圖一六：2；6.第 22 頁，圖一九：7）

（二）第一期第二段

本段墓葬數量大增，主要分佈在成都平原北部、西北部及金沙遺址中，包括郫縣宋家河壩 2 座墓，新都同盟村 1 座墓，郫縣波羅村 29 座墓，成都中海國際 2 座墓，金沙萬博 17 座墓，金沙春雨花間 5 座墓，金沙陽光地帶 95 座墓，金沙星河路 3 座墓，金沙國際花園 1 座墓。代表性墓葬為郫縣宋家河壩 M1（圖 3-4）、M2，新都同盟村 M7（圖 3-5），金沙萬博 M183、M195、M200、M458，金沙陽光地帶 M372（圖 3-6）、M376 等。

　　本段墓葬均為豎穴土坑墓，未發現明顯的木質葬具。隨葬器物普遍較少，幾乎全部為陶器，有少量石器及極少量的銅器。陶器包括尖底盞、尖底杯、尖底罐、壺、矮領罐、高領罐等，石器包括玉石條等。

圖 3-4　郫縣宋家河壩 M1

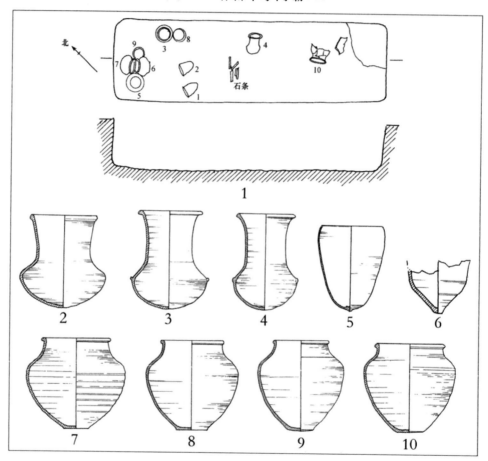

1.M1 平剖面圖　2～4. 陶壺（M1：8、4、9）　5、6.陶尖底杯（M1：1、2）　7～10. 陶矮領罐（M1：6、3、5、7）

（圖片均採自《成都考古發現》（2007），分別為：1.第 129 頁，圖一八；2～6.第 131 頁，圖二〇：2、1、3、4、5；7～10.第 130 頁，圖一九：1～4）

圖 3-5　新都同盟村 M7

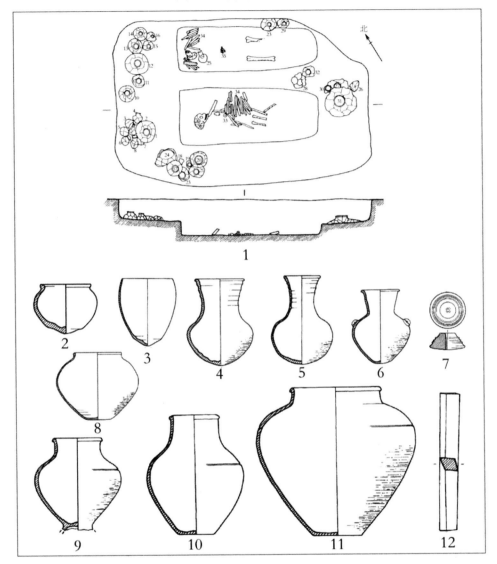

1.M7 平剖面圖　　2.陶尖底罐（M7：30）　　3.陶尖底杯（M7：26）　　4～6.陶壺（M7：
6、5、8）　　7.陶紡輪（M7：33）　　8、11.陶矮領罐（M7：2、27）　　9.陶圈足罐（M7：
17）　　10.陶高領罐（M7：13）　　12.玉石條（M7：34-5）

（圖片均採自《四川文物》2015 年第 5 期，分別為：1.第 8 頁，圖八；2.第 10 頁，圖
一二：10；3、4、6.第 11 頁，圖一四：10、6、11；5、8、9、10、11.第 10 頁，圖一
三：4、1、6、2、3；7、12.第 13 頁，圖一六：9、8）

圖 3-6　金沙陽光地帶 M372

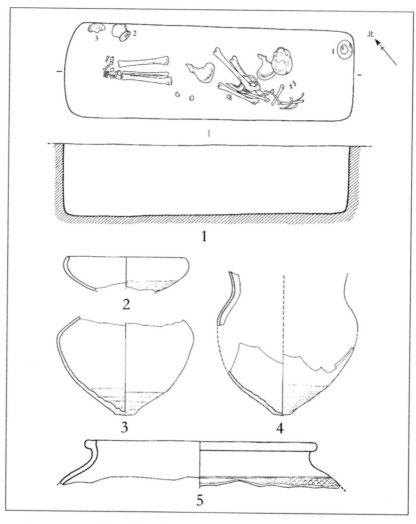

1.M372 平剖面圖　2.陶尖底盞（M372：3）　3、4.陶尖底罐（M372：1、2）　5.
陶矮領罐（M372T：5）

（圖片採自：《金沙遺址——陽光地帶二期地點發掘報告》，圖四五八）

（三）第一期第三段

本段墓葬數量較多，均分佈在金沙遺址內，包括金沙萬博 10 座墓，金沙陽光地帶 181 座墓，金沙國際花園 45 座墓，金沙蜀風花園城 5 座墓。代表性墓葬為金沙萬博 M207、M452，金沙陽光地帶 M419，金沙國際花園 M849（圖 3-7），金沙蜀風花園城 M26、M27 等。

本段墓葬均為豎穴土坑墓，金沙陽光地帶墓地發現少量船棺墓，大部分仍

然為無葬具墓。隨葬器物幾乎全為陶器，有少量石器，無其他材質的器物。陶器包括尖底盞、尖底杯、束頸罐、矮領罐等，石器主要是磨石。

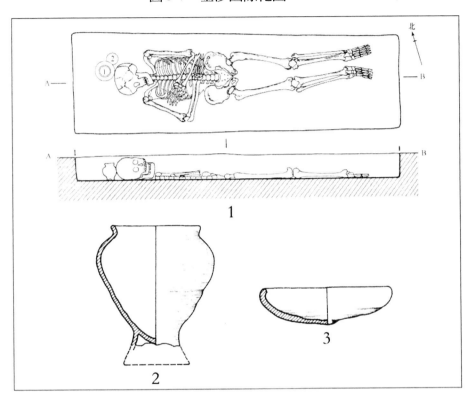

圖 3-7　金沙國際花園 M849

1.M849 平剖面圖　2.陶圈足罐（M849：1）　　3.陶尖底盞（M849：2）

（圖片採自：《成都考古發現》（2004），第 159 頁，圖三九）

（四）第一期第四段

與前三段相比，該階段墓葬數量不多，主要分佈在金沙遺址，少數位於成都平原北部，包括金沙國際花園 11 座墓，金沙陽光地帶 12 座墓，金沙萬博 2 座墓，金沙黃河 1 座墓以及同盟村 2 座墓。代表性墓葬包括金沙國際花園 M928（圖 3-8），金沙陽光地帶 M777，金沙黃河 M543 等。

本段墓葬均為豎穴土坑墓，船棺作為葬具較為普遍，如國際花園、陽光地帶等墓地，船棺已佔據了一定的比例。隨葬器物仍然以陶器為主，僅有少量銅器和石器。陶器包括尖底盞、高領敞口罐、矮領罐、尖底罐等；銅器主要包括柳葉形劍、戈及體量較小的模型兵器等；石器仍為磨石一種。

圖 3-8　金沙國際花園 M928

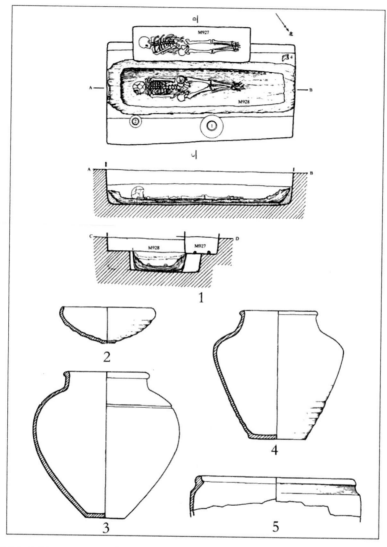

1.M928 平剖面圖　2.陶尖底盞（M928：3）　3、4.陶矮領罐（M928：2、1）
5.陶缸（M928：4）

（圖片均採自《成都考古發現》（2004），分別為：1.第 139 頁，圖一九；2～
5.第 140 頁，圖二〇：3、1、2、4）

（五）第二期第五段

　　本段墓葬數量較少，主要分佈在金沙遺址及成都市區，包括金沙國際花
園 5 座墓，金沙黃河 2 座墓，金沙星河路 2 座墓，金沙黃忠村 2 座墓，棗子
巷 1 座墓。代表性墓葬為金沙國際花園 M940、M943（圖 3-9），金沙黃河

M577（圖3-10），金沙星河路 M2711、M2722，成都棗子巷 M1（圖3-11）等。

　　本段墓葬中，能夠辨別的葬具幾乎都是船棺，說明船棺作為葬具已經非常普遍。隨葬器物以陶器和銅器為主，有少量玉、石器。陶器包括尖底盞、高領敞口罐等，還有少數仿銅陶器如盞、浴缶等。銅器包括了戈、柳葉形劍、矛等主要的兵器，還有一些小型化的兵器模型。與第四段相比，本段的葬具以船棺為主，隨葬器物中銅兵器佔據較大比例，銅器逐漸流行；陶器中，高領敞口罐及仿銅陶盞首次出現；石器仍然以磨石為主。這些都說明本段墓葬發生了較大的結構性變化。

圖3-9　金沙國際花園 M943

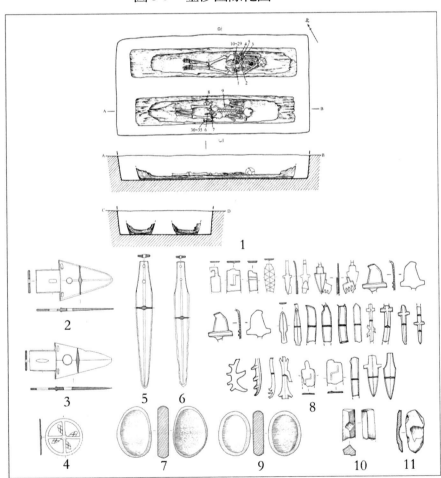

1.M943平剖面圖　2、3.銅戈（M943：1、7）　4.圓形銅飾（M943：4）　5、6.銅劍（M943：6、2）　7、9.磨石（M943：8、3）　8.銅兵器飾件（M943：10-35）　10.石鑿（M943：5）　11.玉器（M943：9）

（圖片均採自《成都考古發現》（2004），分別為：1.第 143 頁，圖二三；2、3.第 144 頁，圖二四：1、2；4、8.第 147 頁，圖二七；5、6.第 145 頁，圖二五：1、2；7、9、10、11.第 146 頁，圖二六：4、1、2、3）

圖 3-10　金沙黃河 M577

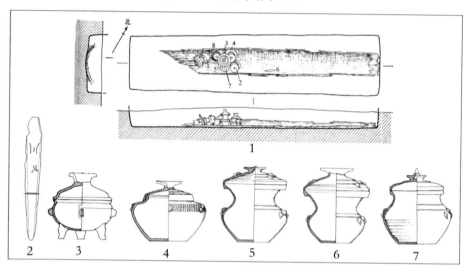

1.M577 平剖面圖　2.銅劍（M577：6）　3.陶盞（M577：5）　4.陶浴缶（M577：4）　5～7.陶敞口高領罐（M577：1、3、2）

（圖片均採自《成都考古發現》（2012），分別為：1.第 183 頁，圖七；2、3.第 184 頁，圖八：2、1；4、7.第 186 頁，圖一〇：2、1；5、6.第 185 頁，圖九：1、2）

圖 3-11　成都棗子巷 M1

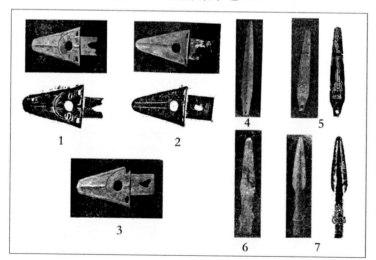

1～3.銅戈　4、5.銅劍　6、7.銅矛

（圖片均採自《文物》1982 年第 8 期，第 51～52 頁，圖一至圖五）

（六）第二期第六段

本段墓葬數量極少，均分佈在金沙遺址中，包括金沙黃河 7 座墓，金沙星河路 1 座墓。代表性墓葬為金沙黃河 M350（圖 3-12）、M559，金沙星河路 M2725（圖 3-13）等。

本段均為豎穴土坑墓，葬具多為船棺。隨葬器物以陶器、銅器為主，銅器中兵器較多。陶器包括尖底盞、高領敞口罐、高領圓底罐以及少量仿銅陶盞等。銅器包括戈、劍、矛、帶鞘銅劍等兵器。本段的隨葬器物與第二期第五段比較接近，但陶高領圓底罐是首次出現，也是圓底陶器出現的標誌。

圖 3-12 金沙黃河 M350

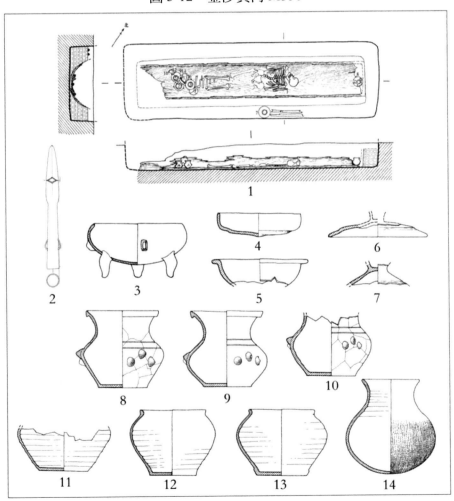

1.M350 平剖面圖 2.銅矛（M350：1） 3.陶盞（M350：6） 4.陶尖底盞（M350：4） 5.陶盆（M350：11） 6、7.陶器蓋（M350：10、12） 8～10.陶敞口高領罐（M350：

2、3、13） 11～13.陶侈口罐（M350：8、5、7） 14.陶高領圜底罐（M350：9）
（圖片均採自《成都考古發現》（2012），分別為：1.第181頁，圖四；2、8～14.第182
頁，圖五：8、1、2、3、4、5、6、7；3～7.第183頁，圖六：3、2、1、4、5）

圖3-13 金沙星河路 M2725

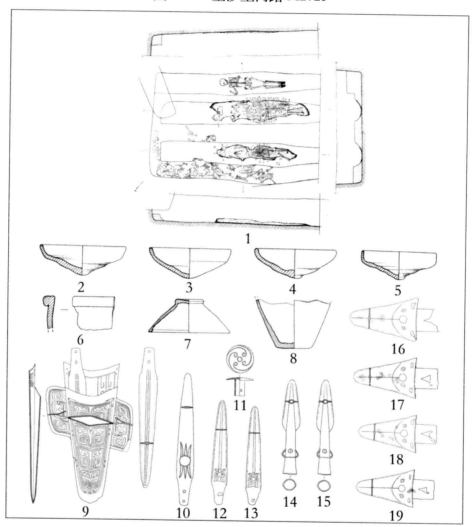

1.M2725平剖面圖 2～5.陶尖底盞（M2725東：17、18、20、15） 6.陶盆（M2725
東：51） 7.陶器蓋（M2725西：16） 8.陶器底（M2725東：50） 9.銅帶鞘銅劍
（M2725東：13） 10.12.13.銅劍（M2725東：34、17、10） 11.銅劍鐔（M2725
東：14） 14、15.銅矛（M2725西：1、M2725東：21） 16～19.銅戈（M2725東：
5、28、27、8）

（圖片均採自《成都考古發現》（2008），分別為：1.第115頁，圖三八；2～8.第116
頁，圖三九：4、5、7、6、1、2、3；9.第117頁，圖四一；10～15.第116頁，圖四○：
1、4、5、2、3；16～19.第118頁，圖四二：1～4）

（七）第二期第七段

本段墓葬數量大增，主要分佈在成都市區西部區域以及成都平原北部，如青白江、綿竹、什邡等地，分布範圍基本覆蓋了成都平原的主要地域，包括金沙黃河 4 座墓，金沙星河路 6 座墓，金沙人防 14 座墓，什邡城關 9 座墓，成都商業街合葬墓中的 17 座墓，成都百花潭 1 座墓，成都京川飯店 1 座墓，成都羅家碾 2 座墓，成都南郊 1 座墓，成都青羊小區 4 座墓，成都文廟西街 1 座墓，成都金魚村 1 座墓，成都水利設計院 1 座墓，成都石人小區 2 座墓，成都青羊宮 1 座墓，成都中醫學院 1 座墓，成都白果林小區 1 座墓，青白江雙元村 1 座墓，綿竹清道 1 座墓。代表性墓葬為金沙黃河 M549、M535，金沙星河路 M2727，成都商業街船棺合葬墓，成都文廟西街 M1（圖 3-17），成都中醫學院 M1，成都百花潭 M10（圖 3-14），成都青羊宮 M1，青白江雙元村 M154（圖 3-18、19），什邡城關 M11、M25，綿竹清道 M1（圖 3-15、16）等。

本段墓葬均為豎穴土坑墓，墓坑多為狹長形，船棺作為葬具較為普遍，首次出現了明確地以木棺或木板作為葬具的墓葬，但數量不多。隨葬器物以陶器和銅器為主，其次為漆木器，有少量玉、石器。銅器包括容器、兵器、工具、裝飾品等各類，非常豐富。陶器包括尖底盞、高領敞口罐、高領圜底罐、釜、甕、豆、盆等日用陶器以及尊缶、豆等仿銅陶器；銅器包括鼎、甗、敦、壺、尊缶、釜、鍪、釜甑等容器以及戈、劍、矛、鉞等兵器以及斧等工具，巴蜀符號也開始出現在銅器上。漆器主要出現在少數墓葬中，但種類也非常豐富，主要是與生活相關的器物。與上一段相比，本段隨葬器物的結構又發生了較大的變化，主要表現在銅器方面，如銅容器大量出現、兵器和工具的種類和型式增多、巴蜀符號出現等。

圖 3-14　成都百花潭 M10

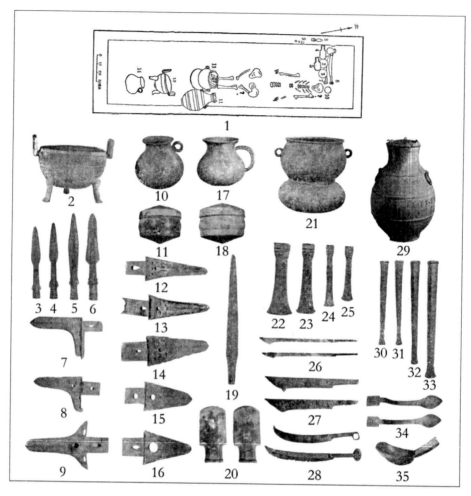

1.M10 平面圖　2.銅鼎　3～6.銅矛　7～9、12～16.銅戈　10、17.銅鍪　11、18.
銅尖底盒　19.銅劍　20.銅鉞　21.銅釜甑　23～25.銅斧　26、27.銅削　28.銅刀
29.銅壺　30～33.銅鑿　34、35.銅勺

（圖片均採自《文物》1976 年第 3 期，分別為：1.第 40 頁，圖一；2.第 42 頁，
圖一一；3～6.第 45 頁，圖一三：1～4；7～9、12～16、20、28.圖版一：8、9、
4、1、2、3、7、6、10、5；10.第 42 頁，圖九；11.第 42 頁，圖七；17.第 42 頁，
圖一○；18.第 42 頁，圖八；19.第 45 頁，圖一三：5；21.第 42 頁，圖一二；23
～25.第 45 頁，圖一七：1～4；26.第 45 頁，圖一四；27.第 45 頁，圖一五；29.
圖版二；30～33.第 45 頁，圖一八：1～4；34.第 45 頁，圖一六；35.第 45 頁，
圖一九）

圖 3-15　綿竹清道 M1（一）

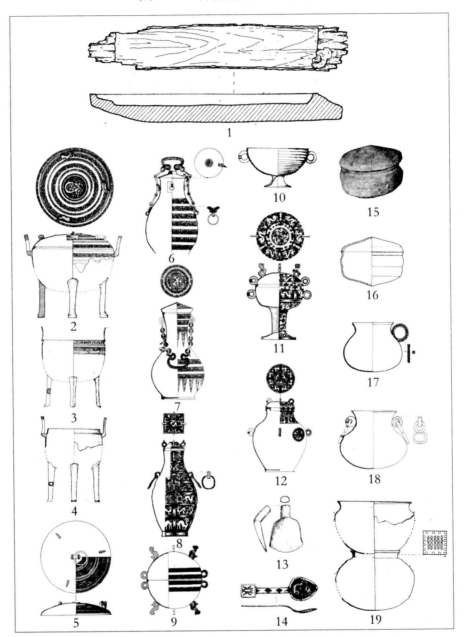

1.M1 平剖面圖　　2～4.銅鼎（M1：12、145、146）　　5.銅鼎蓋（M1：148）　　6、
7.銅圓壺（M1：6、3）　　8.銅方壺（M1：4）　　9.銅敦（M1：149）　　10、11.銅
豆（M1：7、2）　　12.銅缶（M1：5）　　13.銅勺（M1：13）　　14.銅匕（M1：123）
15、16.銅尖底盒（M1：8、9）　　17.銅鍪（M1：16）　　18.銅釜（M1：1）　　19.
銅釜甑（M1：153）

（圖片均採自《文物》1987年第10期，分別為：1.第22頁，圖一；2.第26頁，圖六；3、4、6、8～10、12、13、16～19.第23頁，圖二：3、8、1、10、2、7、12、6、5、4、11、9；5、14.第26頁，圖七：1、2；7、11.第24頁，圖三：2、1；15.第25頁，圖五：1）

圖 3-16　綿竹清道 M1（二）

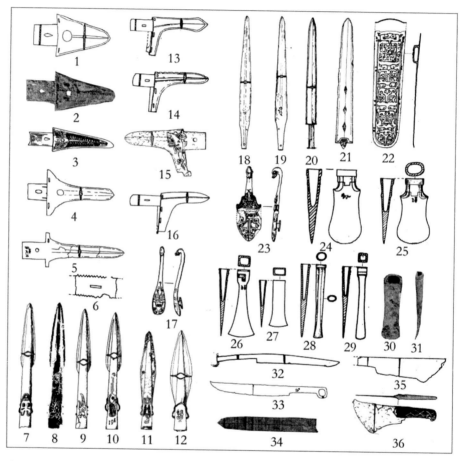

1～5、13～16.銅戈（M1：111、112、110、109、118、106、107、119、105）
6.銅鋸（M1：141）　7～12.銅矛（M1：83、87、82、84、80、74）　17、23.
銅帶鉤（M1：54、53）　18～20.銅劍（M1：61、62、59）　21.銅劍形器（M1：
120）　22.銅劍鞘（M1：129）　24、25.銅鉞（M1：19、17）　26、27.銅斧（M1：
21、23）　28～31.銅鑿（M1：30、34、37、38）　32、33.銅刀（M1：39、43）
34.銅雕刀（M1：137）　35、36.銅削（M1：51、49）

（圖片均採自《文物》1987年第10期，分別為：1、3～6、13、14、16、17、23
～29、32、35.第28頁，圖一一：15、9、13、7、16、14、10、8、17、18、1、
2、3、4、6、5、12、11；2、30、31、34.第29頁，圖一三：3、7、10、9；7、
9～12、15、18～22、33、36.第31頁，圖一五：6、2、7、3、1、5、12、13、10、
9、11、8、4；8.第32頁，圖一八：1）

圖 3-17　成都文廟西街 M1

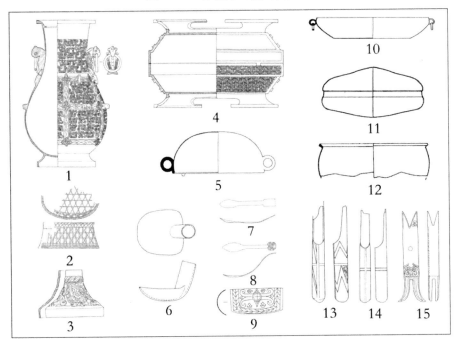

1.銅壺（M1：1）　2、3.銅器座（M1：3、17）　4.銅簋（M1：2）　5.銅敦（M1：16）　6.銅勺（M1：4）　7、8.銅匕（M1：5、6）　9.銅飾件（M1：15）　10.銅盤（M1：14）　11.銅尖底盒（M1：9）　12.銅釜（M1：11）　13～15.銅構件（M1：12、13、7）

（圖片均採自《成都考古發現》（2003），分別為：1.第 247，圖三；2.第 254 頁，圖一〇；3、9.第 253 頁，圖九：1、2；4.第 248 頁，圖四；5、10～12.第 249 頁，圖五：2、1、4、3；6.第 250 頁，圖六；7、8.第 251 頁，圖七：2、1；13～15.第 252 頁，圖八：1～3）

圖 3-18　青白江雙元村 M154（一）

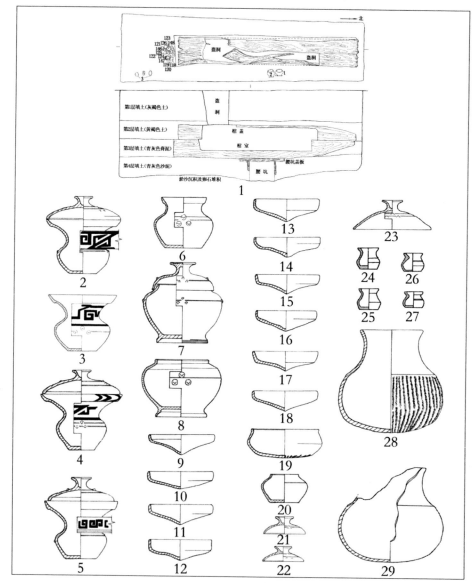

1.M154 平剖面圖　2～6.陶高領斂口罐（M154：18、20、85、19、21）　7、8.陶
簋（M154：1、3）　9～18.陶尖底盞（M154：118、119、120、122、148、126、
131、146、147、124）　19.陶釜（M154：121）　20.小陶罐（M154：22）　21～23.
陶器蓋（M154：23、136、127）　24～27.陶小罐飾（M154：31、67、79、111）　28、
29.陶釜（M154：84、11）

（圖片均採自《考古學報》2020 年第 3 期，分別為：1.第 401 頁，圖二；2～8、20
～23.第 404 頁，圖五：1、10、9、2、6、3、4、2、7、8、11；9～19、24～29.第
405 頁，圖六：3、4、5、6、7、9、10、11、12、13、8、14、15、16、17、1、2）

圖 3-19　青白江雙元村 M154（二）

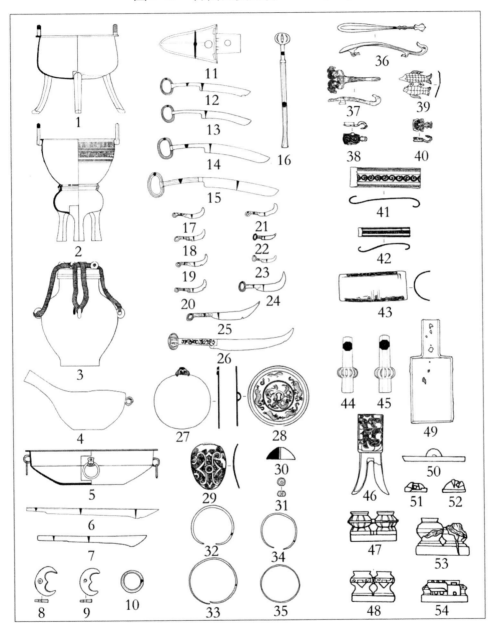

1.銅鼎（M154 腰：5）　2.銅瓿（M154 腰：7、4）　3.銅尊缶（M154 腰：8）　4.銅匜（M154 腰：3）　5.銅盆（M154 腰：2）　6、7、12～15、26.銅削刀（M154：103、46、43、49、44、50、45）　8、9.月牙形石飾件（M154：59、66）　10.銅環飾（M154：56-9）　11.銅戈（M154：112）　16.銅鑿（M154：71）　17～25.銅小削刀（M154：60、73、74、81、51、83、110、57、116）　27.銅圓牌飾（M154：52）　28.銅鏡（M154：115）　29.銅匕（M154：88）　30.銅紡輪（M154：70）　31.石圓珠飾（M154：62）

32～35.銅環飾（M154：56-5、56-3、56-4、56-7）　36～38、40.銅帶鉤（M154：48、133、64、128）　39.雙魚錫飾（M154：75）　41、42.「S」形銅帶飾（M154：61、58）　43.鞍形銅構件（M154：65）　44、45.棱柱形銅構件（M154：42、72）　46.方蓋形銅構件（M154：69）　47、48、51～54.骨質印章（M154：76、54、77、78、47、53）　49.方形銅構件（M154：10）　50.銅印章（M154：55）

（圖片均採自《考古學報》2020 年第 3 期，分別為：1～3.第 406 頁，圖七：1～3；4.第407 頁，圖八；5、11、16.第 409 頁，圖一〇：2、1、3；6、7、12～15、17～26.第 409頁，圖一一：4、8、1、3、15、2、5、9、11、13、6、10、12、7、14、16；8～10、31～35、39.第 413 頁，圖一五：8、9、6、5、3、1、2、4、7；27～30、36～38、40～42.第 410 頁，圖一二：3、2、1、4、5、8、6、7、9、10；43～46、49.第 412 頁，圖一四：3、1、2、4、5；47、48、50～54.第 414 頁，圖一六：6、7、1、4、5、2、3）

（八）第二期第八段

本段墓葬數量較多，地域分布與前一期類似，基本覆蓋了成都平原的主要區域，包括新都馬家 1 座墓，什邡城關 33 座墓，成都無線電學校 2 座墓，成都新一村 1 座墓，成都聖燈社區 2 座墓，成都文廟西街 1 座墓，成都金魚村 2座墓，成都水利設計院 1 座墓，成都金沙巷 2 座墓，成都運動創傷所 1 座墓，成都化成小區 2 座墓，郫縣晨光公社 1 座墓，廣漢三星堆青關山 4 座墓，彭州太平公社 1 座墓。羅江周家壩也有部分墓葬屬於本段，但由於資料發表較少，難以確定具體的墓號及墓葬數量。代表性墓葬為新都馬家 M1（圖 3～20、21、22），成都文廟西街 M2（圖 3-23），成都新一村 M1，什邡城關 M1、M2、M7、M10（圖 3-24）、M74、M90、M33 等。

本段墓葬均為豎穴土坑墓，船棺佔據絕大部分，少量以木棺或木板作為葬具。隨葬器物仍然以銅器和陶器為主，有少量的漆木器、玉石器，還出現了少量鐵器。器物種類與第七段基本保持一致，但巴蜀符號在本段非常流行，達到了高潮，各類符號、各種符號的載體均不斷出現。鐵器的出現也代表了新的開端。

圖 3-20 新都馬家 M1（一）

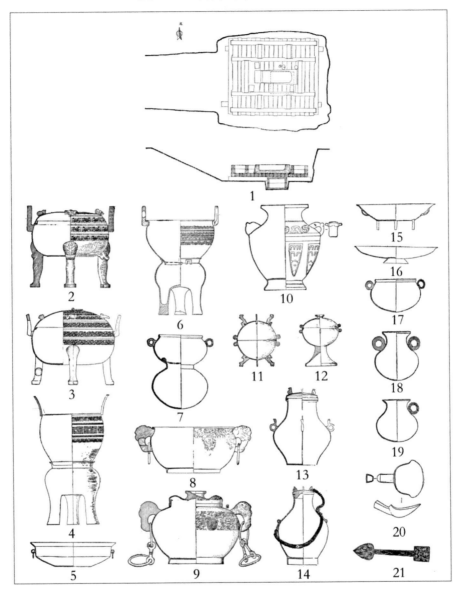

腰坑內出土器物：1.M1 平剖面圖 2、3.銅鼎 4、6.銅甗 5、15、16.銅盤 7.
銅釜甑 8、9.銅浴缶 10.銅罍 11.銅敦 12.銅豆 13、14.銅壺 17.銅釜 18、
19.銅鍪 20.銅勺 21.銅匕

（圖片均採自《文物》1981 年第 6 期，分別為：1.第 2 頁，圖二；2.第 7 頁，圖
一四：1；3.第 7 頁，圖一三；4.第 14 頁，圖三三；5、7、11～14.第 6 頁，圖一
二：4、1、6、5、3、2；6.第 14 頁，圖三二；8.第 14 頁，圖三一；9.第 14 頁，圖
三五；10.第 14 頁，圖三〇；15～19.第 8 頁，圖一五：4、5、1、2、3；20.第 14 頁，
圖三四；21.第 8 頁，圖一六）

圖 3-21　新都馬家 M1（二）

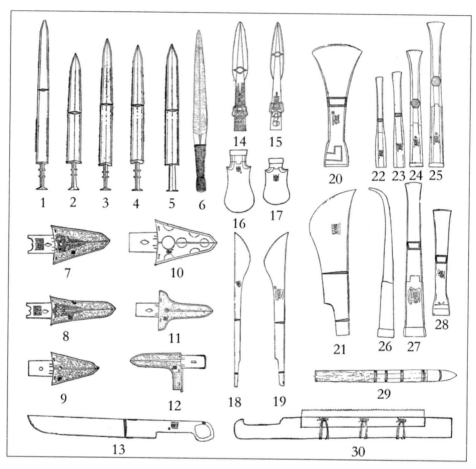

腰坑內出土遺物：1～6.銅劍　7～12.銅戈　13.銅刀　14、15.銅矛　16、17.銅鉞
18、19、21.銅削　20.銅斧　22～25.銅鑿　26～28.銅斤　29.銅雕刀　30.銅鋸

（圖片均採自《文物》1981 年第 6 期，分別為：1～5.第 15 頁，圖三六；6.第 8
頁，圖一六；7～9.第 15 頁，圖三七：2、1、3；10、11.第 15 頁，圖三八：1、
2；12.第 15 頁，圖四〇；13.第 15 頁，圖三九；14、15.第 9 頁，圖二〇；16、17.
第 9 頁，圖一九；18～28.第 10 頁，圖二三：6、4、5、7、8、9、10、3、2、1；
29、30.第 10 頁，圖二二：2、1）

圖 3-22 新都馬家 M1（三）

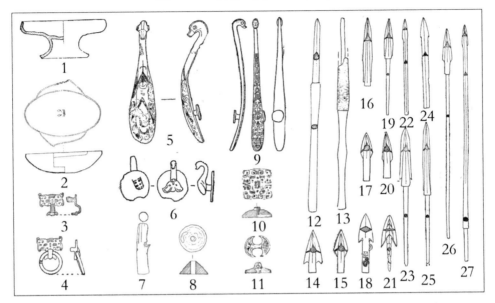

椁內出土遺物：1.陶豆 2.漆耳杯 3、4.銅銜環鋪首 5、6、9.銅帶鉤 7.銅管形飾 8.銅紡輪形器 10、11.銅印章 12、13.銅錐刀 14～27.銅箭鏃

（圖片均採自《文物》1981 年第 6 期，分別為：1.第 4 頁，圖五；2.第 5 頁，圖九；3、4.第 13 頁，圖二六；5、6、9.第 13 頁，圖二四：1、3、2；7、8.第 13 頁，圖二九：1、2；10.第 4 頁，圖六；11.第 4 頁，圖七；12、13.第 13 頁，圖二五：2、1；14～27.第 13 頁，圖二七：10、9、1、11、13、2、12、14、3、5、4、6、7、8）

圖 3-23　成都文廟西街 M2

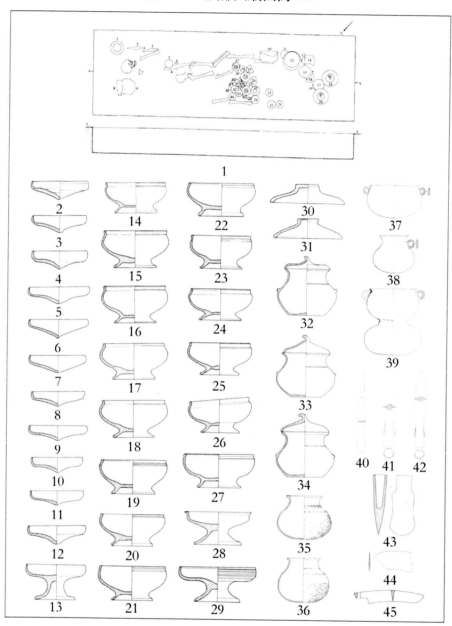

1.M2 平剖面圖　2～12.陶尖底盞（M2：37、48、5、32、36、47、31、38、29、11、45）　13～29.陶豆（M2：43、22、39、26、42、24、44、25、35、28、27、23、21、24、33、30、40）　30、31.陶器蓋（M2：41、46）　33～34.陶高領敞口罐（M2：19、18、13）　35、36.陶釜（M2：20、16）　37.銅釜（M2：10）　38.銅鍪（M2：1）　39.銅釜甑（M2：12）　40.銅劍（M2：4）　41、42.銅矛（M2：3、2）　43.銅鉞（M2：8）　44.銅戈（M2：7）　45.銅刀（M2：6）

（圖片均採自《成都考古發現》（2003），分別為：1.第 246 頁，圖二；2～12.第 256
頁，圖一三：2、6、3、9、1、5、4、7、11、8、10；13、28～31.第 259 頁，圖一
六：4、2、1、3、5；14～18.第 257 頁，圖一四：2、1、3、4、5；19～27.第 258
頁，圖一五：1～9；32～34.第 255 頁，圖一二：3、2、1；35、36.第 254 頁，圖一
一：1、2；37、38.第 260 頁，圖一七：1、2；39.第 261 頁，圖一八；40～42.第 262
頁，圖一九：3、2、1；43～45.第 263 頁，圖二〇：1～3）

圖 3-24　什邡城關 M10

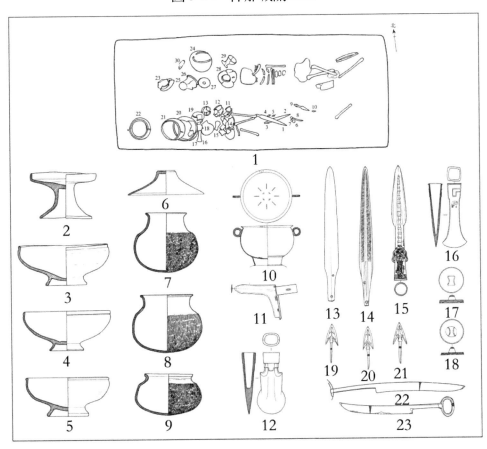

1.M10 平面圖　2～5.陶豆（M10：28、12、25、30）　　6.陶器蓋（M10：27）　　7、8.
陶圜底罐（M10：19、23）　　9.陶釜（M10：26）　　10.銅釜甑（M10：22）　　11.銅戈
（M10：16）　　12.銅鉞（M10：15）　　13、14.銅劍（M10：1、2）　　15.銅矛（M10：
9）　　16.銅斧（M10：17）　　17、18.銅印章（M10：6、7）　　19～21.銅箭鏃（M10：
4、5、10）　　22、23.銅刀（M10：3、8）

（圖片均採自《什邡城關戰國秦漢墓地》，分別為：1.第 241 頁，圖二六一：1；2～9.
第 243 頁，圖二六二：1～8；13～15.第 244 頁，圖二六三：1～3；10.第 246 頁，圖二
六六；11、12、16.第 245 頁，圖二六四：3、1、2；17、18.第 246 頁，圖二二六七：
1、2；19～23.第 246 頁，圖二六五：3、5、4、1、2）

（九）第三期第九段

本段墓葬數量較多，分布範圍進一步擴大，在成都市區、成都平原北部和西南部均有分布，包括成都海濱村 2 座墓，成都天回山 1 座墓，成都北郊 2 座墓，成都羊子山 1 座墓，蒲江飛龍村 6 座墓，蒲江朝陽鄉 1 座墓，蒲江東北公社 2 座墓，大邑五龍 5 座墓，廣漢二龍崗 1 座墓，郫縣風情園 3 座墓，郫縣紅光公社 1 座墓，成都龍泉驛北幹道 4 座墓，彭州明臺村 1 座墓，什邡城關 16 座墓。羅江周家壩和成都張墩子墓地也包含了部分本段的墓葬。代表性墓葬為成都羊子山 M172（圖 3-25、26），廣漢二龍崗 M37，什邡城關 M14、M23、M54，大邑五龍 M2、M18，蒲江飛龍村 98M1、06M1（圖 3-27）等。

本段墓葬均為豎穴土坑墓，船棺仍然佔據主導，但比例有所下降，木棺墓比例上升。隨葬器物仍然以陶器和銅器為主，但銅器占比下降明顯，陶器占多數。仍有少量玉、石器，部分墓葬有漆木器和鐵器隨葬，鐵器變得更加常見。陶器中尖底盞不見，主要有鼎、釜、釜甑、高領圜底罐、甕、豆等，組合趨於簡單和固定化；仍然有少量的仿銅陶器如尊缶等。還有一些較少見的陶器如繭形壺等。銅器主要包括釜、鍪、釜甑等容器以及戈、劍、矛、鉞等兵器以及各類工具等。銅器上的巴蜀符號明顯減少。羊子山 M172 是一座較特殊的墓葬，隨葬器物豐富，包括了鼎、瓿、方壺、浴缶、盤等大量銅器，這些銅器基本不見於其他墓葬中，包括陶器中的繭形壺。

圖 3-25 成都羊子山 M172（一）

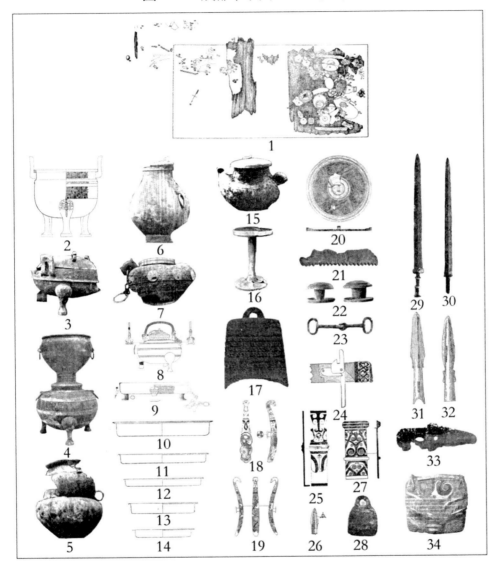

1.M172 平面圖　2、3.銅鼎（M172：1、36）　4.銅甗（M172：34）　5.銅釜甑（M172：8）　6.銅鈁（M172：3）　7.銅浴缶（M172：15）　8.銅盉（M172：49）　9.銅爐（M172：2）　10～14.銅盤（M172：24、27、102、107、26）　15.銅釜（M172：98）　16.銅豆（M172：5）　17.銅鈴（M172：105）　18、19.銅帶鉤（M172：58、104）　20.銅鏡（M172：76）　21.銅鋸（M172：103）　22.銅扣帶（M172：110）　23.銅馬銜（M172：53）　24.銅弩機蓋（M172：29）　25.銅鐏（M172：85）　26.銅箭鏃　27.衡末銅飾（M172：32）　28.銅印章（M172：103）　29、30.銅劍（M172：68、92）　31、32.銅矛（M172：69、30）　33.銅戈（M172：75）　34.獸面飾（M172：108）

（圖片均採自《考古學報》1956 年第 4 期，分別為：1.第 3 頁，圖二；2.第 9 頁，圖

十；3.圖版二：3；4.圖版一；5.圖版二：5；6.圖版二：1；7.圖版二：4；8.第 12 頁，圖十五；9.第 13 頁，圖十六；10～14.第 11 頁，圖十三；15.圖版二：6；16.圖版二：2；17.圖版四：3；18、19.第 15 頁，圖十八；20.第 14 頁，圖十七；21.圖版五：4；22.圖版四：5；23.圖版四：6；24.第 8 頁，圖八；25.第 7 頁，圖六；26.第 7 頁，圖七；27.第 17 頁，圖二一；28.圖版一：4；29.圖版六：6；30.圖版六：2；31、32.第 6 頁，圖五；33.圖版三：4；34.圖版一：6）

圖 3-26　成都羊子山 M172（二）

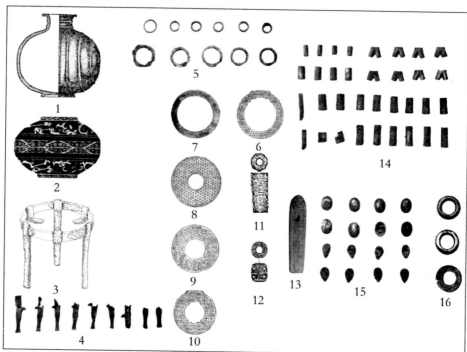

1.陶壺（M172：49）　2.漆盒（M172：6）　3.鐵三足架（M172：41）　4.蓋弓帽（M172：28）　5.游環（M172：109）　6、7.玉髓環（M172：61、113）　8～10.玉璧（M172：57、59、56）　11.管形玉飾（M172：65）　12.琉璃珠（M172：62）13.石圭（M172：109）　14.銀管（M172：44）　15.砝泡（M172：43）　16.銀環飾（M172：10）

（圖片均採自《考古學報》1956 年第 4 期，分別為：1.第 5 頁，圖四；2.圖版八：1；3.第 18 頁，圖二二；4、5.圖版四：7；6、8～10.圖十九：2、1、3；7.圖版六：1；11.第 16 頁，圖二十：2；12.第 19 頁，圖二三；13.圖版六：4；14.圖版四：1；15、16.圖版四：2）

圖 3-27　蒲江飛龍村 06M1

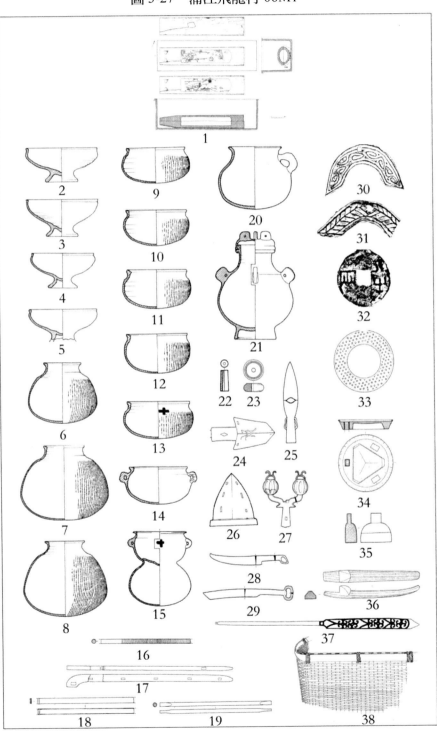

1.06M1 平剖面圖　2～5.陶豆（M1：9、11、5、3）　6～8.陶圜底罐（M1：38、34、1）　9～14.陶釜（M1：40、33、6、30、31、33）　15.陶釜甑（M1：12）16.木矛柲（M1：65）　17、19、36.木構件（M1：47、51、53）　18.竹片（M1：67-2）　20.陶鍪（M1：8）　21.陶壺（M1：22、10）　22.陶鼻塞（M1：64）23.陶紡輪（M1：20）　24.銅戈（M1：16）　25.銅矛（M1：15）　26.銅胄頂（M1：35）　27.銅鑾鈴（M1：13）　28、29.銅削（M1：14、61）　30、31.銅璜（M1：54、17）　32.銅半兩錢（M1：55-1）　33.玉璜（M1：62）　34.木案（M1：26）　35.木器座（M1：23）　37.木船槳（M1：39）　38.竹編器（M1：57）

（圖片均採自《成都考古發現》（2011），分別為：1.彩版二：1；2～8.第 341 頁，圖四：1、2、4、5、7、6、3；9～14.第 342 頁，圖五：1、3、5、6、4、2；15、20～23.第 343 頁，圖六：2、3、1、4、5；16.第 351 頁，圖一五：6；17、37.第 349 頁，圖一二：2、1；18、19.第 350 頁，圖一四：6、1；24～29.第 344 頁，圖七：1、3、2、6、4、5；30～31.第 345 頁，圖八：1、2；32.第 346 頁，圖九：1；33、34.第 347 頁，圖一〇：1、2；35.第 348 頁，圖一一：1；36.第 350 頁，圖一三：1；38.第 352 頁，圖一六）

（十）第三期第十段

本段墓葬數量不多，分布範圍較小，主要分佈在成都平原南部和北部區域，包括成都光榮小區 1 座墓，成都龍泉驛北幹道 26 座墓，什邡城關 11 座墓，郫縣風情園 4 座墓，郫縣花園別墅 2 座墓，新都清鎮村 1 座墓，大邑五龍1 座墓。羅江周家壩和成都張墩子墓地均包含有本段的墓葬。代表性墓葬為成都光榮小區 M5，新都清鎮村 M1（圖 3-28），什邡城關 M20、M50、M98，郫縣風情園 M5 等。

本段墓葬均為豎穴土坑墓，船棺幾乎不見，葬具主要為木棺墓，其次為木板墓。隨葬器物中陶器占絕大部分，銅器比例進一步降低，玉、石器幾乎不見，常見鐵器。仍然有少量漆木器。陶器和銅器種類與第九段比較接近，但銅工具少見，錢幣更常見。陶器中出現了折腹盆、折腹鉢等新的器類。

圖 3-28 新都清鎮村 M1

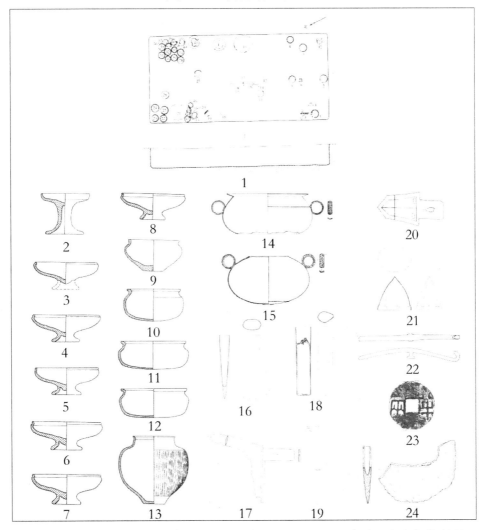

1.M1 平剖面圖　2～8.陶豆（M1：2、7、11、28、25、43、45）　9.陶平底罐（M1：19）　10～12.陶釜（M1：13、40、46）　13.陶甕（M1：21）　14.銅釜（M1：10）　15.銅釜甑（M1：1）　16.銅鉞（M1：18）　17、20.銅戈（M1：5、12）　18.銅鐏（M1：20）　19.銅劍（M1：16）　21.銅胄頂（M1：6）　22.銅帶鉤（M1：17）　23.銅半兩錢（M1：14）　24.鐵鍤（M1：42）

（圖片均採自《成都考古發現》（2005），分別為：1.第 291 頁，圖二；2～9.第 292 頁，圖三：1、2、3、4、6、7、8、5；10～13.第 293 頁，圖四：1～4；14、15.第 294 頁，圖五：1、2；16、18、19.第 295 頁，圖六：1～3；17、20.第 296 頁，圖七：2、1；21.第 196 頁，圖八；22、24.第 297 頁，圖九：1、2；23.第 299 頁，圖一〇：1）

　　以上三期十段的主要特徵如表 3-3 所示。

表 3-3　各期、段墓葬的特徵

期	段	葬　具	隨葬器物
第一期	一	以無葬具為主	以陶器為主，有少量玉石器，有極少數銅器
	二		
	三		
	四	船棺葬具一定比例	
第二期	五	船棺為主要葬具	以陶器和銅器為主，但還不見銅容器
	六		
	七	船棺為主要葬具，有少數以木棺或木板為葬具	以陶器和銅器為主，陶器、銅器種類均多樣，其他漆木器、玉石器、鐵器等均有隨葬
	八		
第三期	九	木棺為主要葬具，船棺比例下降	陶器重新成為主要隨葬器物，銅器種類和數量大幅減少
	十		

第三節　各期墓葬年代

　　一般而言，年代判斷依靠的是交叉斷代的方法，通過年代不明確遺存與其他年代明確的遺存進行相似性的對比，進而推斷遺存的年代。由於先秦時期墓葬大多缺乏紀年信息，常常是通過這種方式來判斷年代的。

　　經過多位學者的研究，成都平原戰國以後的墓葬年代較為清晰，僅在一些細節上存在差異。商代至春秋的墓葬則由於各種原因，年代討論還不甚充分，斷代難度較大。而成都平原商周墓葬特徵自成一系，可借鑒的材料有限。以下著重梳理戰國之前部分的年代，主要從以下幾個方面入手：

　　1. 從出土隨葬器物出發，對比成都平原典型的居址材料進行斷代，本地的居址材料大部分年代較為可靠，且有一些測年數據公布；

　　2. 將隨葬器物與區域外的器物進行對比。部分墓葬出土一些帶有中原地區文化風格的器物，可借鑒中原地區較成熟的考古學年代體系；

　　3. 通過邏輯推理的方式來推斷年代。假設上述分期方案較為合理，那麼各期之間的年代跨度差異不會太大，首先將那些年代較為明確的期別年代進行論述，再通過邏輯關係來推導其他期段的年代。

　　（一）第一期第一段

　　第一段墓葬數量不多，僅見於金沙遺址及新都水觀音遺址中，陶器主要有

尖底盞、小平底罐、雙繫壺等，這些器物在成都平原之外少見，但尖底盞和小平底罐等在本地較常見，可資參考。盞為侈口的缽形盞，尖底還不明顯，與成都十二橋遺址 IT20⑫：6〔註1〕、三星堆一號祭祀坑 K1：346-5〔註2〕非常接近。小平底罐也與十二橋遺址第⑬、⑫層出土的諸多小平底罐接近，如 II T49⑬：18〔註3〕等。三星堆 2 座祭祀坑坑口上部的諸多陶器年代與十二橋遺址早期年代接近，約為殷墟文化三期至殷墟文化四期〔註4〕。據此推測，第一段墓葬的年代與十二橋遺址早期接近，不會晚於商代晚期。

　　除本地風格的尖底器以外，還有部分器物可與中原地區器物進行對比。新都水觀音等墓地出土了中原商式銅戈（圖 3-29，5），與鄭州商城北牆 CNM6：1 等形制非常接近（圖 3-29，4）〔註5〕，這類銅戈的年代集中在商代早中期，若此，新都水觀音墓地部分墓葬的年代甚至可早至商代早期。新都水觀音M1、M2 出土的陶雙耳扁壺（圖 3-29，3），與陝西城固寶山遺址 SH20：21、SH61：4 等陶扁壺形態較為接近（圖 3-29，2），其中 SH20 出土有典型的商式鬲（圖 3-29，1），報告推斷其年代約為商代晚期偏早階段〔註6〕。因此，推測新都水觀音 M1、M2 的年代為商代晚期。

　　綜上，第一段墓葬的主體年代約為商代晚期，部分可能早至商代中期，這一年代範圍與三星堆器物坑、金沙遺址祭祀區最早階段的祭祀遺存的年代範圍基本一致，這說明在成都平原三星堆遺址第三期及金沙遺址商周遺存的最早期，存在著與居址區相對應的墓葬，這是以前研究常被忽視的一點。金沙遺址中未經整理和刊布的部分墓葬應屬於本段〔註7〕。金沙遺址早期墓葬長期被

〔註1〕　四川省文物考古研究院、成都文物考古研究所：《成都十二橋》，北京：文物出版社，2009 年，第 79 頁。

〔註2〕　四川省文物考古研究所：《三星堆祭祀坑》，北京：文物出版社，1999 年，第145～146 頁。

〔註3〕　四川省文物考古研究院、成都文物考古研究所：《成都十二橋》，北京：文物出版社，2009 年，第 40～41 頁。

〔註4〕　于孟洲、夏薇：《三星堆文化向十二橋文化變遷的相關問題——從金沙遺址蘭苑地點談起》，《南方民族考古》第七輯，北京：科學出版社，2011 年，第 165～184 頁；四川省文物考古研究院、成都文物考古研究所：《成都十二橋》，北京：文物出版社，2009 年，第 129～133 頁。

〔註5〕　河南省文物考古研究所：《鄭州商城》，北京：文物出版社，2001 年，第 714頁。

〔註6〕　西北大學文博學院：《城固寶山——1998 年發掘報告》，北京：文物出版社，2002 年，第 25～167 頁。

〔註7〕　相關信息承發掘者告知。

忽視，是多種原因造成的，其中很重要的一點，應該是與三星堆器物坑和金沙遺址祭祀區出土的大量精美的高等級器物相比，墓葬所出多為陶器，普通平常，故未引起足夠的重視。

圖3-29　第一段器物與中原地區的對比

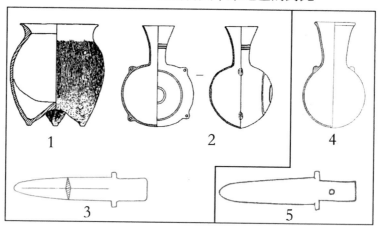

1.陶鬲（城固寶山 SH20：18）　　2、4.陶壺（城固寶山 SH20：21、新都水觀音 M2：7）　　3、5.銅戈（鄭州商城北牆 CNM6：1、新都水觀音 M1 出土）

（圖片採自：1.《城固寶山——1998年發掘報告》，第55頁，圖四九：2；2.《城固寶山——1998年發掘報告》，第55頁，圖四九：3；3.《鄭州商城》，第714頁，圖四八六：2；4.《考古》1959年第8期，第409頁，圖七：5；5.《四川文物》1984年第2期，第7頁，圖四）

（二）第一期第二段

第二段的典型陶器為尖底罐、尖底杯、尖底盞、矮領罐等幾類。金沙蜀風花園城 M27 和 M21 出土的尖底罐，形態與新都水觀音 T17③：1 尖底罐非常接近〔註8〕；尖底杯形態則與十二橋遺址早期較為接近，但略有區別；尖底盞的形態與十二橋遺址早期晚段第⑩層出土尖底盞接近〔註9〕。郫縣宋家河壩墓葬的矮領罐，與新都水觀音墓葬的矮領罐相比，整體比較接近，但領部略高，年代可能稍晚。總體來看，本段的年代與第一段相距不遠，下限約當十二橋遺址晚期。十二橋遺址晚期的年代，發掘報告撰寫者推測為西周早期，但由於十

〔註8〕 四川省博物館：《四川新凡縣水觀音遺址試掘簡報》，《考古》1959年第8期。
〔註9〕 四川省文物考古研究院、成都文物考古研究所：《成都十二橋》，北京：文物出版社，2009年，第79頁。

二橋遺址早期早段的年代可早至商代早中期，十二橋遺址晚期的年代也可能早至商代晚期。屬於本段的金沙陽光地帶第一期遺存，有多個測年數據，年代範圍集中在商代早中期。但這些測年數據均屬於灰坑、窯址，而非墓葬，可能和墓葬年代有一定差異。綜上，推測第二段的年代為商末周初。

（三）第一期第三段

第三段出土的斂口罐、炮彈形尖底杯、侈口束頸鼓腹尖底罐、束頸圈足罐等器物，與金沙遺址祭祀區 L28 等單位的同類器物及郫縣波羅村遺址晚期遺存同類器接近。金沙遺址祭祀區 L28 出土的陶器〔註10〕，與本段的金沙陽光地點 M419 的尖底罐、尖底盞和束頸罐，金沙萬博 M452 的尖底杯，金沙萬博 M207 的尖底罐、尖底盞，金沙國際花園 M849 的尖底盞、束頸罐等陶器均較為接近（圖 3-30）。金沙遺址祭祀區 L28 屬於該遺址第四期晚段遺存，經過測年數據等推斷，第四期的年代為西周早中期。波羅村遺址晚期遺存中 KH68 測年數據集中在距今 3000～2900 年，年代為西周早期〔註11〕。綜上，可以推測第三段墓葬的年代主體為西周早期，部分可晚至西周中期，整段年代為西周早中期。

（四）第二期第五段

第五段出土陶器主要有尖底盞和高領敞口罐兩類，尖底盞為年代較晚的折腹形態，在春秋晚期至戰國流行於成都平原，說明該段墓葬年代可能在春秋時期。其他隨葬較多的是銅兵器，其中柳葉形劍柄部的橢圓形穿孔均位於中脊之上，與春秋晚期至戰國時期那種一穿在中脊，一穿在一側的形態是有所區別的，年代可能略早。無胡戈鋒還不甚銳利，亦是稍早的特徵。如前所述，本段的隨葬器物較第一期四段發生了較大的變化，銅器逐漸成為主流，但這些銅兵器的年代較難判斷。

本段金沙黃河 M577 出土了兩件仿銅陶器，分別為盞和浴缶，均為楚地常見的銅器。銅盞在楚地最早見於春秋中期偏早階段，銅浴缶則在春秋中期至戰國中期均較為流行〔註12〕。M577 的陶盞與淅川下寺 M7：8、M1：48 銅盞較

〔註10〕成都文物考古研究院：《金沙遺址——祭祀區發掘報告》，北京：文物出版社，2022 年，第 370～373 頁。

〔註11〕成都文物考古研究所、郫縣望叢祠博物館：《成都郫縣波羅村商周遺址發掘報告》，《考古學報》2016 年第 1 期。

〔註12〕袁豔玲、張聞捷：《楚系青銅器的分期與年代》，《考古學報》2015 年第 4 期。

為接近，陶缶與下寺 M7：3 銅缶較為接近（圖 3-31）〔註13〕，其中下寺 M7 的年代約為戰國中期偏早，因此，推測第五段的年代為春秋早期偏晚至春秋中期。

圖 3-30　第三段陶器與金沙遺址祭祀區 L28 陶器對比

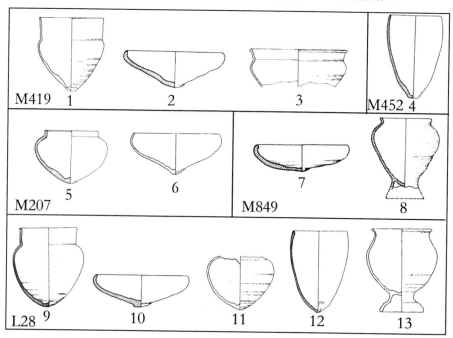

1、5、9、11.尖底罐（陽光地帶 M419：3、萬博 M207：1、L28：5、L28：28）
2、6、7、10.尖底盞（陽光地帶 M419：2、萬博 M207：2、國際花園 M849：2、L28：148）　3、8、13.束頸罐（陽光地帶 M419：1、國際花園 M849：1、L28：134）　4、12.尖底杯（萬博 M452：1、L28：37）

（圖片採自：1～3.《金沙遺址——陽光地帶二期地點發掘報告》，第 343 頁，圖三九二；4.《成都考古發現》（2002），第 84 頁，圖三一：12；5、6.《成都考古發現》（2002），第 79 頁，圖二二；7、8.《成都考古發現》（2004），第 159 頁，圖三九；9～13.承發掘者提供）

〔註13〕河南省文物研究所、河南省丹江庫區考古發掘隊、淅川縣博物館：《淅川下寺春秋楚墓》，北京：文物出版社，1991 年，第 34、37、76 頁。

圖 3-31　第五段仿銅陶器與楚地銅器的對比

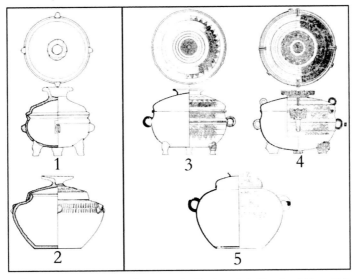

1.陶盞（金沙黃河 M577：5）　3、4.銅盞（下寺 M7：8、M1：48）　2.陶浴缶（金沙黃河 M577：4）　5.銅浴缶（下寺 M7：3）

（圖片採自：1.《成都考古發現》（2012），第 184 頁，圖八：1；2.《成都考古發現》（2012），第 186 頁，圖一〇：2；3.《淅川下寺春秋楚墓》，第 37 頁，圖三〇；4.《淅川下寺春秋楚墓》，第 76 頁，圖六五；5.《淅川下寺春秋楚墓》，第 34 頁，圖二六）

（五）第二期第七段

第七段存在大量的墓葬，其中出土了帶有較多的外來風格的銅器，為斷代提供了較為準確的參考。

成都百花潭 M10 和成都白果林小區 M4：23 銅壺，均裝飾有複雜的場景類紋飾，均與中原地區戰國早期的同類銅壺比較接近。百花潭 M10 銅壺與陝西高王寺出土銅壺[註14]、洛陽王城廣場 2002M7：2 銅壺[註15]等在外形或裝飾上有接近之處。白果林小區 M4：23 則與洛陽西工 M131 銅壺[註16]、琉璃閣 M59：23 銅壺[註17]等比較接近。這些銅壺的年代均集中在戰國早期。

雙元村 M154 腰坑中出土的一組銅器：鼎、甗、缶、盤、匜等，均為外來

〔註14〕韓偉、曹明檀：《陝西鳳翔高王寺戰國銅器窖藏》，《文物》1981 年第 1 期。
〔註15〕洛陽市文物考古工作隊：《洛陽王城廣場東周墓》，北京：文物出版社，2009 年，第 212 頁。
〔註16〕蔡運章、梁曉景、張長森：《洛陽西工 131 號戰國墓》，《文物》1994 年第 7 期。
〔註17〕郭寶鈞：《山彪鎮與琉璃閣》，北京：科學出版社，1959 年，圖版九三。

風格的銅器。M154 腰：8 尊缶的造型則與下寺 M11：1 比較接近〔註18〕。M154
腰：3 銅匜則與鎮江王家山：採 51〔註19〕、太原金勝村 M251：540〔註20〕、
陝縣後川 M2042：8〔註21〕等春戰之際至戰國早期的器物比較接近。

　　清道 M1 出土較多外來風格銅器。其中 M1：145、146 兩件鼎與湘鄉何家
灣 M1：4〔註22〕，洛陽西工 M395：74〔註23〕等鼎比較接近，均為戰國早期的
銅器。

　　本段出土器物豐富，可資對比的中原地區相關墓葬年代較為清晰，因此，
本段主體年代為戰國早期，少部分墓葬如金沙人防墓地的部分墓葬可能略早
至春秋末年。

（六）第一期第四、第二期第六段

　　第三段、第五段、第七段的年代的確定為判斷第四段、第六段的年代奠定
了基礎。

　　第四段墓葬較少，金沙黃河 M597 隨葬陶豆、矮領罐及鼓腹罐各 1 件。雖
然有少量其他遺址的器物與其接近，但大多無測年數據的支持，斷代較為困
難。但豆這一器類在中原地區常見，豆盤越來越向外擴，口徑與豆柄直徑之比
變大。黃河 M597 這件豆的形態與中原地區西周晚期豆在風格上接近〔註24〕，
或許可以參考。綜合推測第四段墓葬的年代為西周晚期至春秋初年。

　　第六段墓葬數量不多，墓葬內涵與第五段比較接近，年代應該相距不遠，
新出現的陶高領圜底罐的年代仍然不易確定。但銅柳葉形劍的形態卻有所變
化，兩穿的位置錯開，而非均位於中脊上，說明其年代較晚。由於第五段的年
代為春秋早期偏晚至春秋中期，而第七段的年代為戰國早期，從邏輯的角度來

〔註18〕河南省文物研究所、河南省丹江庫區考古發掘隊、淅川縣博物館：《淅川下寺
　　　　春秋楚墓》，北京：文物出版社，1991 年，第 300～301 頁。
〔註19〕鎮江博物館：《江蘇鎮江諫壁王家山東周墓》，《文物》1987 年第 12 期。
〔註20〕山西省考古研究所、太原市文物管理委員會：《太原金勝村 251 號春秋大墓及
　　　　車馬坑發掘簡報》，《文物》1989 年第 9 期。
〔註21〕中國社會科學院考古研究所：《陝縣東周秦漢墓》，北京：科學出版社，1994
　　　　年，第 66 頁。
〔註22〕湘鄉縣博物館：《湘鄉縣五里橋、何家灣古墓葬發掘簡報》，《湖南考古學輯刊》
　　　　（3），北京：中國社會科學出版社，1986 年，第 39～44 頁。
〔註23〕洛陽市文物工作隊：《洛陽解放路戰國陪葬坑發掘報告》，《考古學報》2002 年
　　　　第 3 期。
〔註24〕張禮豔：《豐鎬地區西周墓葬研究》，吉林大學博士學位論文，2009 年，第 31 頁。

推測，第六段的年代主體為春秋晚期。

（七）第二期第八段

第八段的情況與第七段類似，有較多墓葬出土了外來風格的銅器，年代較易判斷。且本段的典型墓葬如馬家 M1 的相關問題在學界已有較多討論，年代也比較清晰〔註25〕。若從馬家 M1 出土器物組合來看，年代為戰國中期略微偏早的階段。因此，第八段的年代主體為戰國中期。

（八）第三期第九段

第九段墓葬也較多，且墓葬之間器物組合比較接近，說明其年代也比較接近。本段年代較易判斷，蒲江飛龍村 98M1、06M1，郫縣紅光公社採、成都北郊 M3 等墓葬均出土了銅錢，均為秦半兩〔註26〕。出土秦半兩的墓葬同時隨葬甕、高領圜底罐、釜、鍪、豆等幾類陶器，其他未出土錢幣的墓葬隨葬陶器也基本是這幾類。因此，本段墓葬的年代為戰國晚期，下限大約為秦朝建立之前。

（九）第三期第十段

第十段墓葬不多，隨葬器物與第九段比較接近，也常見銅錢。出現了一些新的陶器，如大邑五龍 M19 中有折腹盆，與漢代陶器比較接近，說明其年代較晚。新都清鎮村 M1 是本段最典型的墓葬，也出土了半兩錢，年代為秦代。推測本段年代為戰國末期至漢初。

以上將三期十段的成都平原商周墓葬年代定為商代晚期至戰國末期，年代跨度在 1100 年左右。各期、段的年代如表 3-4 所示。

表 3-4　墓葬各期、段的年代

期	段	年　　代	絕對年代
第一期	一	商代晚期	約 1300～1150BC
	二	商末周初	約 1150～1000BC
	三	西周早中期	約 1000～870BC
	四	西周晚期至春秋初	約 870～750BC

〔註25〕江章華、張擎：《巴蜀墓葬的分期與分區初論》，《四川文物》1999 年第 3 期。
〔註26〕趙路花：《戰國至秦半兩錢紋演進規律與年代學檢討》，《中國錢幣》2016 年第 1 期。

	五	春秋早期偏晚至春秋中期	約 750～570BC
第二期	六	春秋晚期	約 570～475BC
	七	戰國早期	約 475～375BC
	八	戰國中期	約 375～316BC
第三期	九	戰國晚期	約 316～221BC
	十	戰國末期至漢初	約 221～200BC

第四章　葬具與面積、長寬比的關係

　　墓葬包含了墓葬結構、葬具、墓主及隨葬器物等幾個要素。墓葬形制大致包括墓葬的結構和葬具兩部分。墓葬本身的結構與材質、葬具是兩個不同的層面。葬具是巴蜀墓葬形制研究的核心問題。

　　目前所見的成都平原商周墓葬，形制比較明確的，均為豎穴土坑墓。墓葬的總體形制並無差異。而它們在墓葬的及墓壙的長寬比例上存在一定的差異，這兩方面均是墓葬較為重要的信息。墓壙的長寬比例是一個非常重要的指標，與葬具類型息息相關，如船棺較為狹長，那麼長寬比就較大；而以木棺作為葬具的墓葬，其長寬比適中；合葬墓接近方形，長寬比就較小。

　　本章從墓葬的面積、長寬比與葬具的關係來分析墓葬形制的演變，目的是通過宏觀比較來分析不同類型的葬具在不同時段的消長關係。

第一節　墓葬面積與長寬比

一、墓葬面積

　　根據目前能統計到的成都平原商周時期的數百座墓葬，墓壙面積最小者約為 0.3 平方米，最大者可達 96 平方米以上，差距十分懸殊。據面積的大小，可分為六型。

　　A 型：面積小於 1 平方米。代表性墓葬如金沙陽光地帶 M157，面積約 0.4 平方米；金沙國際花園 M921，面積約為 0.7 平方米。

　　B 型：面積在 1 平方米至 3 平方米之間。代表性墓葬如金沙國際花園

M937，面積約 1.3 平方米；廣漢三星堆青關山 M34，面積約 2.2 平方米。

C 型：面積在 3 平方米至 6 平方米之間。代表性墓葬如什邡城關 M70，面積約 3.3 平方米；金沙黃河 M350，面積約 5.7 平方米。

D 型：面積在 6 平方米至 10 平方米之間。代表性墓葬如什邡城關 M98，面積約 7.7 平方米；什邡城關 M96，面積 9.8 平方米。

E 型：面積在 10 平方米至 20 平方米之間。代表性墓葬如郫縣風情園 M11，面積約 11.3 平方米；蒲江飛龍村 06M1，面積約 18.8 平方米。

F 型：面積大於 20 平方米。代表性墓葬如大邑五龍 M4，面積約 37.4 平方米；新都馬家 M1，面積約 96.1 平方米。

二、墓葬長寬比

根據目前發表的成都平原商周墓葬材料的統計，長寬比最大為 8.2，最小為 1.0，跨度非常大。按照墓葬的實際情況，根據長寬比例，可分為三型：

A 型：長寬比大於 5。代表性墓葬如廣漢三星堆青關山 M33，長寬比為 8.2；

B 型：長寬比介於 3～5 之間。代表性墓葬如宋家河壩 M1，長寬比為 3.4；成都中醫學院 M1，長寬比為 4.3。

C 型：長寬比小於 3。代表性墓葬如清鎮村 M1，長寬比為 2.1；馬家 M1，長寬比為 1.1。

三、面積與長寬比的關係

如前所述，成都平原商周墓葬面積從 0.3 至 96 平方米左右，差距懸殊。墓壙的長寬比也在 1.1 至 15.9 之間，差異明顯。二者之間存在某種聯繫，可清晰地以數據、圖表的形式呈現出來。可統計到的數據有 359 組。

從 359 組數據呈現的關係圖，總體可知，大多數面積較小的墓葬，其長寬比常較大；面積較大的墓葬，長寬比則較小。整體來說，墓葬面積與長寬比大致呈近似反比例的關係。墓葬面積越大，其整體形態越接近方形；而面積越小，則越可能為狹長形。當然也有例外，部分面積較大的，其長寬比仍然較大，這可能與其葬具的形態有關（圖 4-1）。

從圖 4-1 還可看出，墓葬面積最大的是長寬比最小的部分；而墓葬面積最小的，也並非完全是長寬比最大的部分，而是處於長寬比適中的區間內，比例大約是在 3 至 5 之間。長寬比最大的區間內，除了部分面積較小的，還存在部分面積中等甚至較大的墓葬。這說明狹長形的墓葬中，也有部分墓葬的面積較

大。而接近正常比例的長方形墓中，則有較多墓葬面積較小。

圖 4-1　面積與長寬比的關係

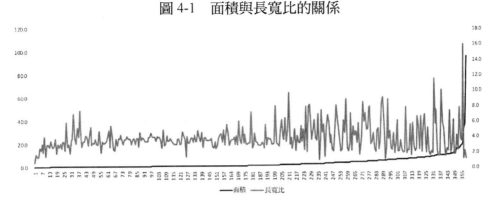

從以上討論可知，墓葬面積與長寬比大致呈反比例的關係，這是最重要的趨勢。而狹長形的墓葬中，也存在面積較大的墓葬。

以上是總體的趨勢，以下按照時間分階段來討論二者關係的歷時性變化。

第一期第一段，有效數據為 4 組。墓葬面積均較小，長寬比適中。大致可知，墓葬面積較大的，長寬比較小。

第一期第二段，有效數據為 87 組。墓葬面積從 0.4 平方米至 8.9 平方米，跨度較大；長寬比從 1.4 至 7.4，差異也非常明顯。從圖中趨勢來看，面積較大的墓葬，仍然分佈在長寬比較低的區間內，大致為 1.4 至 3.4 之間。而比例超過 4.7 的墓葬，面積均非常小，不超過 1 平方米。這種分化是非常明顯的。在比例在 3 左右的中等比例區間中，也有少量墓葬的面積非常小，在 0.5 平方米左右。這可能與葬具的形制有關係（圖 4-2）。

圖 4-2　第一期第二段面積與長寬比的關係

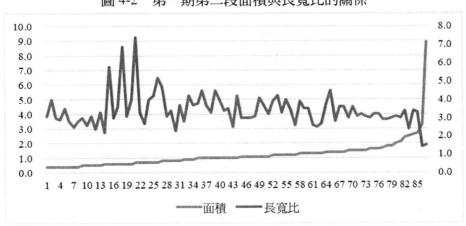

第一期第三段，有效數據 93 組。墓葬面積約在 0.3 平方米至 3.2 平方米之間，跨度較小；長寬比在 1.0 至 5.6 之間。從宏觀數據來看，本段墓葬無論是面積還是長寬比的差距均適中，較上一期的差距懸殊明顯不同。且面積和長寬比的差異是大致等同縮小的，這恰好說明二者之間存在明顯的相關性。即墓葬面積與墓葬的整體形態密切相關（圖 4-3）。

圖 4-3　第一期第三段面積與長寬比的關係

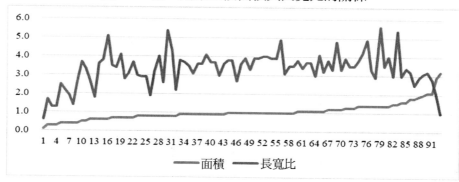

從圖 4-3 中可明顯看出，墓葬面積較大的，仍然位於長寬比較大的區間內。但墓葬面積最小的部分墓葬，卻也位於長寬比較低的區間內。而長寬比最高的部分，墓葬面積屬於中等的範圍。這種現象與總體的「反比例」關係有一定的差異。其原因仍然可能與葬具形態有關。

第一期第四段，有效數據 21 組。墓葬面積在 0.7 平方米至 10.9 平方米之間，跨度較大；長寬比在 1 至 7.2 之間，跨度較大。這種懸殊的比例與第三段有所不同，與第二段的情況比較接近。從圖中可知，該段墓葬基本符合反比例的關聯特徵。總體來說，面積大於 4.4 平方米的墓葬，其長寬比均低於 2.5。這種情況與總體的特徵是比較符合的（圖 4-4）。

圖 4-4　第一期第四段面積與長寬比的關係

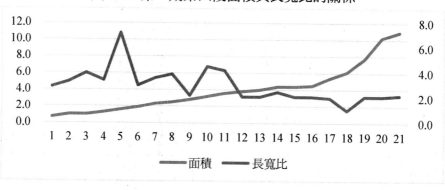

　　第二期第五段，有效數據 10 組。墓葬面積在 2.2 平方米至 8.1 平方米之間，跨度適中；長寬比在 1.9 至 5.1 之間，差距也適中。這種差異不懸殊的情況與第三段比較接近。從圖中可知，該段墓葬面積與長寬比呈現出典型的反比例關係（圖 4-5）。

圖 4-5　第二期第五段面積與長寬比的關係

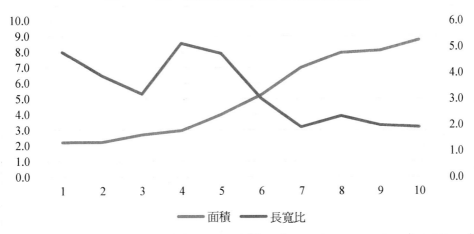

　　第二期第六段，有效數據 8 組。墓葬面積在 3.1 平方米至 8.8 平方米之間，跨度較小；長寬比在 2.0 至 4.7 之間，差距較小。二者的絕對值差異較前一段進一步縮小，變得更為均衡。面積和長寬比之間也基本符合反比例的關係，但由於數據較少，加之絕對值差異較小，所以圖中反映不甚明顯（圖 4-6）。

圖 4-6　第二期第六段面積與長寬比的關係

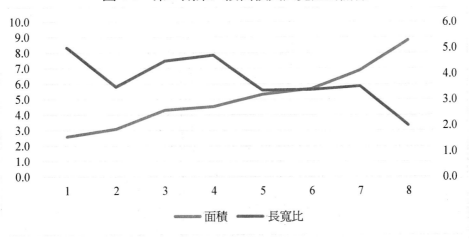

　　第二期第七段，有效數據 51 組。墓葬面積在 0.5 平方米至 12.5 平方米之間，跨度非常大；長寬比在 1.4 至 8.1 之間，差距也較大。本段面積和長寬比的絕對值差異又變得更大了。從圖中可以看出，面積與長寬比不成反比例的關係。面積較大的幾座墓葬，分佈在長寬比最小和最大的區間內。面積適中的或較小的墓葬，反而位於長寬比的中部區間。僅面積最大的墓葬仍然屬於比例最低的區間。本段兩者之間的比例關係不強，較為凌亂，可能與絕對值的差異較大有關（圖 4-7）。

圖 4-7　第二期第八段面積與長寬比的關係

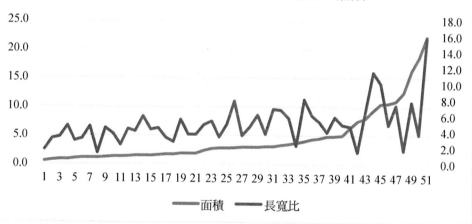

　　第二期第八段，有效數據 41 組。墓葬面積在 1.9 平方米至 96.1 平方米之間，差距非常懸殊；長寬比 1.1 至 9.7 之間，也非常懸殊。該段面積和長寬比的絕對值差距懸殊。從圖中可知，面積與長寬比大致呈反比例的關係，尤其是面積最大的兩座（超過 30 平方米），其體量遠遠超出其他墓葬，恰好是長寬比最小的兩座墓。當然也有一部分墓葬不完全符合反比例的關係，但總的趨勢仍然是較明確的（圖 4-8）。

　　第三期第九段，有效數據 29 組。墓葬面積在 2.6 平方米至 37.4 平方米之間，非常懸殊；長寬比在 1.5 至 9.1 之間，差距也較大。該段面積和長寬比的絕對值差異均非常大。從圖上可看出，墓葬面積較小的，基本位於長寬比較高的區間中。但面積最大的幾座墓，其長寬比適中，並不位於最低的區間。整體大致呈反比例（圖 4-9）。

圖 4-8　第二期第八段面積與長寬比的關係

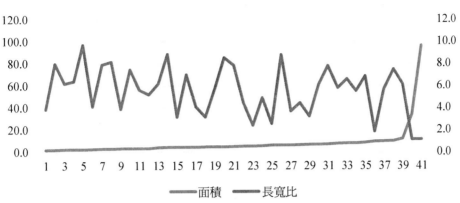

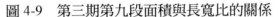

圖 4-9　第三期第九段面積與長寬比的關係

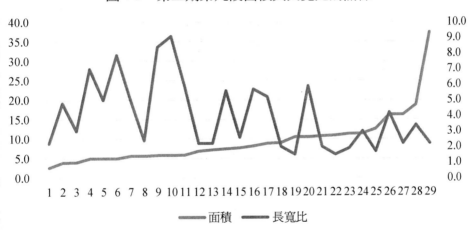

　　第三期第十段，有效數據 15 組。墓葬面積在 3.6 平方米至 10.9 平方米之間，差距適中；長寬比在 1.5 至 3.2 之間，差距很小。該段面積和長寬比的絕對值差異較小，尤其是長寬比，較前各期均較小，非常均衡。由於長寬比差異不明顯，墓葬面積差異也不大，二者之間的關聯性不強（圖 4-10）。

　　從以上分析可知，從早到晚，墓葬面積總體是增大的，其絕對值的差大體上是逐漸縮小的。長寬比總體是縮小的，絕對值的差也是逐漸縮小的。這反映出隨著時間的變化，墓葬的整體外部形態趨於一致。墓葬的外部形態從第一段的統一，逐漸到多元化，又逐漸接近一致。這是墓葬整體外部形態演變的基本特徵。大量的數據分析，顯示出墓葬面積確實和長寬比也就是墓葬的狹長程度存在密切的相關性。在偏狹長形的墓葬中，大部分墓葬的面積偏小；而越接近方形的墓葬中，墓葬面積就越可能更大。即墓葬面積之 A、B、

C 型的長寬比大多為 A、B 型；而墓葬面積之 D、E、F 型的長寬比大多為 C、B 型。

圖 4-10　第三期第十段面積與長寬比的關係

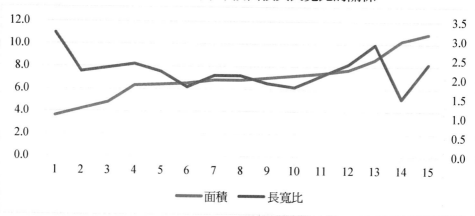

第二節　葬具與面積、長寬比的關係

上節分析了成都平原商周墓葬面積與長寬比之間的關係，數據顯示二者關係密切，而不同的葬具與面積和長寬比之間可能也存在某種關聯性。

一、船棺墓

有效數據 79 組。墓葬面積在 1.5 平方米至 37.4 平方米之間，但僅有 12 座墓面積超過 10 平方米，絕大部分在 10 平方米以下，有 41 座墓面積在 5 平方米及之下，這說明以船棺為葬具的墓葬面積總體不大。但需要注意的是，由於 1.5 平方米以下的墓葬數量也很多，船棺墓面積均大於 1.5 平方米，說明船棺的安置需要一定體量的空間。長寬比在 1.1 至 15.9 之間，且僅 17 座墓葬長寬比小於 3，其餘 49 座均大於 3，又說明船棺墓的長寬比均較大。因此，船棺墓面積不大，大多墓穴較為狹長，是其基本特徵（圖 4-11）。

圖 4-11　船棺墓面積與長寬比的關係

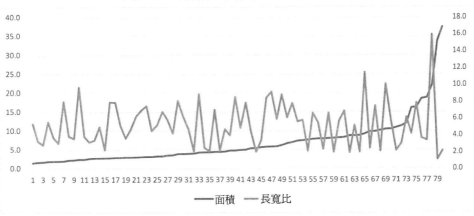

有效數據中，船棺墓從第一期第三段延續至第三期第九段。

第一期第三段，有效數據僅 1 組。墓葬面積為 1.5 平方米，長寬比為 5.4。

第一期第四段，有效數據 14 組。墓葬面積在 1.9 平方米至 10.9 平方米之間，平均為 4.8 平方米；長寬比在 2 至 4.5 之間，平均為 2.8。雖然部分墓葬面積較大，但僅 4 座墓面積超過 5 平方米，7 座墓不超過 4 平方米。長寬比均較適中。

第二期第五段，有效數據 7 組。墓葬面積在 2.2 平方米至 8.8 平方米之間，平均為 5.2 平方米；長寬比在 1.9 至 5.1 之間，平均為 3.3。面積和長寬比適中。且該段船棺墓面積和長寬比之間呈現出明顯的反比例關係（圖 4-12）。

圖 4-12　第二期第五段船棺墓面積與長寬比的關係

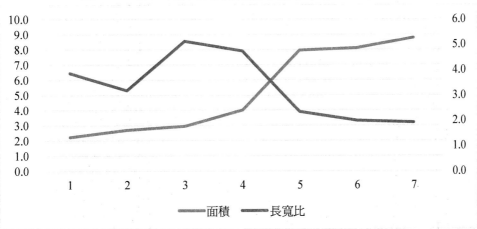

第二期第七段，有效數據 22 組。墓葬面積在 1.7 平方米至 22.2 平方米之

間，平均為 5.5 平方米；長寬比在 2.8 至 15.9 之間，平均為 6.4。面積和長寬比跨度均較大。但僅其中兩座墓面積較大，其餘多在 10 平方米以下。也僅有 3 座墓長寬比超過 8.1，其餘皆在 8.1 以下（圖 4-13）。

圖 4-13　第二期第七段船棺墓面積與長寬比的關係

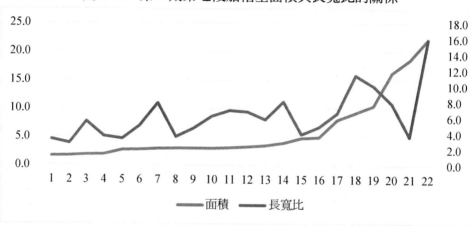

第二期第八段，有效數據 21 組。墓葬面積在 2 平方米至 33.8 平方米之間，平均為 7 平方米；長寬比在 1.1 至 9.7 之間，平均為 6.8。看似墓葬面積和長寬比均較為懸殊，但事實上僅城關 M76 一座墓面積為 33.8，比例為 1.1，該墓為合葬墓。其餘 20 座墓葬中，面積均小於 12 平方米，長寬比大於 4.5。該段船棺墓面積總體適中，長寬比總體較大，墓坑較為狹長（圖 4-14）。

圖 4-14　第二期第八段船棺墓面積與長寬比的關係

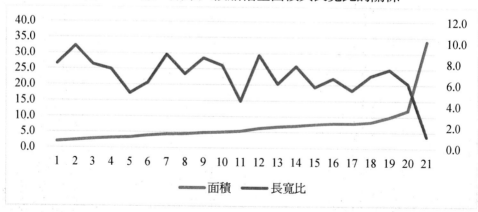

第三期第九段，有效數據 11 組。墓葬面積在 5.8 平方米至 37.4 平方米之間，平均為 11 平方米；長寬比在 2.2 至 9.1 之間，平均為 5.3。同樣，僅一座墓面積超過 19 平方米，其餘均在 19 平方米以下。這樣來看，該段船棺墓面積

較之前大出許多，長寬比也較為懸殊。大致還能看出面積與長寬比呈反比例的關係（圖 4-15）。

圖 4-15　第三期第九段船棺墓面積與長寬比的關係

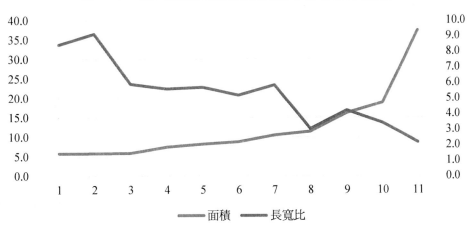

綜上所述，船棺墓的面積大多在 1.5 至 5 平方米之間，無 1.5 平方米以下的，這說明船棺需要一定的空間才能安置。長寬比大部分在 3～7 之間，較為狹長。船棺墓的面積多為 B、C、D 型，長寬比則為 A、B 型。長寬比較小的幾座可能是合葬墓。總體來說，第二期第七段及以前的船棺墓面積平均值要遠小於第八、九段，基本上越晚其面積越大。而隨著時間的推進，船棺墓的狹長程度經歷了變大再變小的過程。船棺墓最為興盛的第七、八段時，其長寬比最大，即最為狹長。這反映了在船棺的鼎盛之時，船棺的形態更加誇張。

總的來說，船棺墓與墓葬面積和長寬比之間存在密切的相關性。

二、木棺墓

此處將僅有棺或有槨有棺的墓葬視為同一類。

有效數據共 18 組。墓葬面積在 1.5 平方米至 96.1 平方米之間，平均為 12.2 平方米；長寬比在 1.1 至 4.8 之間，平均為 2.2。面積與長寬比呈現出較明顯的反比例關係。除新都馬家 M1 之外，其餘墓葬的面積在 16.2 平方米以下，平均為 7.7 平方米。僅有 4 座墓長寬比大於 3，其餘在 1.1 至 3 之間，非常均衡（圖 4-16）。

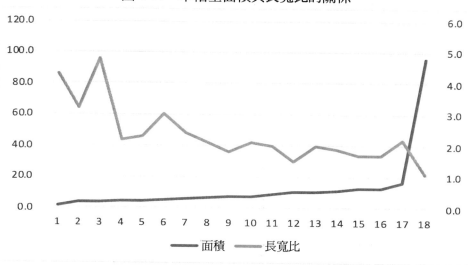

圖 4-16　木棺墓面積與長寬比的關係

　　總體而言，木棺墓的面積較大，較船棺墓大出許多。其長寬比大多在 1.1 至 3 之間，大體為長方形或近方形，而非狹長形。而船棺墓大多長寬比在 3 之上，這是二者非常顯著的區別。

　　木棺墓從第二期第五段延續至第三期第十段，時代較船棺墓更晚，延續時間也更長。

　　第二期第五段，僅一座墓葬。

　　第二期第七段，僅兩座墓葬。

　　第二期第八段，僅一座墓葬。

　　第三期第九段，有效數據 6 組。墓葬面積在 3.9 平方米至 16.2 平方米之間，平均為 10.6 平方米；長寬比在 1.7 至 4.8 之間，平均為 2.4。面積較大，墓總體為較標準的長方形（圖 4-17）。

　　第三期第十段，有效數據 8 組。墓葬面積在 3.6 平方米至 10.3 平方米之間，平均為 6.3；長寬比在 1.5 至 3.2 之間，平均為 2.2。該段墓葬面積更為均勻，墓葬長寬比進一步縮小（圖 4-18）。

　　能明確為木棺墓的墓葬數量不多，通過對其面積和長寬比的分析，與船棺墓相比，存在明顯的差異。木棺墓主要出現在第五段之後，又主要流行於第九、十段，時代較船棺墓更晚。墓葬面積普遍較大，平均在 7～8 平方米；長寬比大多在 3 之下，平均為 2.2，是較標準的長方形。木棺墓面積多為 D、E、F 型，長寬比多為 C 型，與船棺墓面積大多較小，形狀狹長形成了鮮明

的對比。

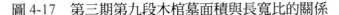

圖 4-17　第三期第九段木棺墓面積與長寬比的關係

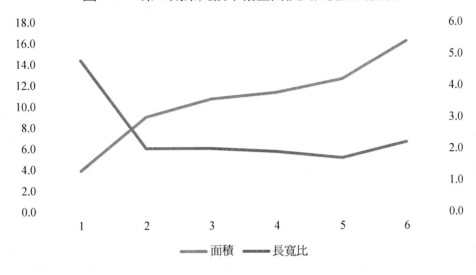

圖 4-18　第三期第十段木棺墓面積與長寬比的關係

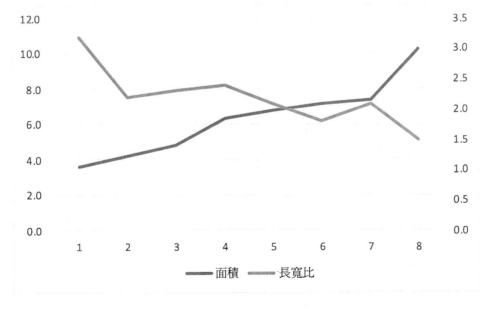

三、木板墓

　　明確木板為葬具的墓葬共 14 座，有尺寸數據的共 10 組。墓葬面積在 1.4
平方米至 10.9 平方米之間，平均為 5.2 平方米；長寬比在 1.5 至 5.6 之間，平
均為 3.5。總體來說，墓葬面積較大，長寬比適中（圖 4-19）。

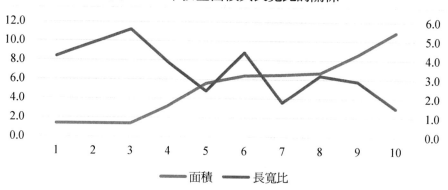

圖 4-19　木板墓面積與長寬比的關係

木板墓出現在第一期第三段，第二期第七段、八段，第三期第九段、十段。

第一期第三段，有效數據 3 組。墓葬面積平均為 1.4 平方米；長寬比平均值為 4.9。面積較小是本段木板墓的顯著特徵。

第二期第七段兩座墓均無尺寸數據。

第二期第八段，有效數據 3 組。墓葬面積均值為 5.4 平方米；長寬比均值為 3.8。面積較上一階段增大，長寬比縮小。

第三期第九段，有效數據 2 組。墓葬面積平均為 8.2 平方米；長寬比為 2.2。墓葬面積更大，長寬比較小。

第三期第十段，有效數據 2 組。墓葬面積平均為 7.6 平方米；長寬比為 2.4。與第九段較為接近。

從以上分析可看出，木板墓隨著時間的變化，面積不斷增大，長寬比不斷變小，最後大致為較標準的 2：1 的長方形。

木板墓總體特徵是面積較大，長寬比適中。木板墓面積多為 B、C、D、E 型，長寬比多為 A、B 型，與船棺墓和木棺墓均存在較大的區別。木板墓的面積較船棺墓更大，較木棺墓較小。其長寬比較船棺墓更小，較木棺墓更大。這類墓的外部形態，恰好處於船棺墓和木棺墓之間。該類墓的總體特徵與船棺墓更接近一些，其流行時間甚至稍早於船棺墓，至晚期逐漸式微。木板墓的形制可能對船棺墓的形成產生了一些影響。

四、無葬具墓

無葬具或未發現葬具的墓葬，是數量最多的墓葬。這些墓葬中的部分可能

是葬具腐朽未能保存下來，而另一部分則可能確實沒有葬具。

　　無葬具墓，有 320 餘座。有尺寸的有效數據為 251 組。墓葬面積在 0.3 平方米至 11 平方米之間，平均為 2.1 平方米；長寬比在 1.0 至 8.2 之間，平均為 3.5。無葬具墓總的來說，面積較小，平均面積是所有類型中最小的。墓葬長寬比適中，與木板墓比較接近（圖 4-20）。

圖 4-20　無葬具墓面積與長寬比的關係

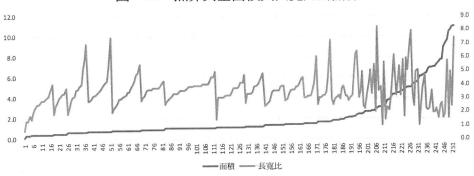

從圖 4-20 中可知，墓葬面積與長寬比之間並非呈現出較嚴格的反比例關係。墓葬面積較大的墓葬集中在長寬比最高和最低的兩個區間內，面積最小的部分墓葬也集中在兩端；而墓葬面積中等的大部分墓葬則集中在長寬比中等的區域。這種現象與前面三類葬具的墓葬均不相同。

　　無葬具墓從第一期第一段延續至第三期第十段。

　　第一期第一段，有效數據 4 組。墓葬面積在 1 平方米至 4.8 平方米之間，平均為 2.4 平方米；長寬比在 1.6 至 3.0 之間，平均為 2.5。墓葬面積較小，墓穴大致為較標準的長方形。

　　第一期第二段，有效數據 87 組。該段墓葬數量較多，較具代表性，其突出特徵是面積很小。墓葬面積在 0.4 平方米至 8.9 平方米之間，平均為 1.2 平方米。87 座中的 80 座墓葬面積在 2 平方米及以下，僅 7 座墓在 2 平方米之上。長寬比在 1.4 至 7.4 之間，平均為 3.4。平均長寬比為 3.4，稍顯狹長。該段無葬具墓的特徵與船棺、木棺和木板墓的特徵均有顯著差異。從圖中還可知，墓葬面積與長寬比之間大約呈現出反比例的關係（圖 4-21）。

圖 4-21　第一期第二段無葬具墓面積與長寬比的關係

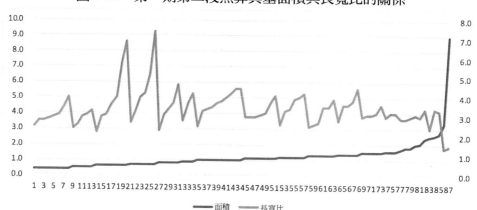

第一期第三段，有效數據 89 組。墓葬面積在 0.3 平方米至 3.2 平方米之間，平均為 1 平方米；長寬比在 1.0 至 5.4 之間，平均為 3.3。該段墓葬數量也較多，其總體特徵與第二段基本一致（圖 4-22）。

圖 4-22　第一期第三段無葬具墓面積與長寬比的關係

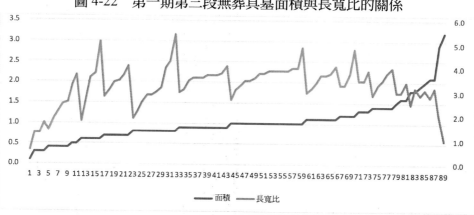

第一期第四段，有效數據 7 組。墓葬面積在 0.7 平方米至 6.1 平方米之間，平均為 2.2 平方米；長寬比在 1.0 至 7.2 之間，平均為 3.4。該段墓葬面積較前一段大增，幾乎為第二、三段的兩倍，墓葬結構發生了明顯的變化。

第二期第五段，有效數據僅 2 組。參考性不大。

第二期第六段，有效數據 4 組。墓葬面積在 3.1 平方米至 6.9 平方米之間，平均為 4.3 平方米；長寬比在 3.3 至 4.5 之間，平均為 3.7。該段墓葬面積進一步增大，長寬比則變化不大。

第二期第七段，有效數據 27 組。墓葬面積在 0.5 平方米至 11 平方米之間，平均為 2.9 平方米；長寬比在 1.5 至 7.4 之間，平均為 4.1。該段墓葬面積

較第五、六段變小，但比第二、三段仍然大出不少。該階段墓葬較為狹長，與船棺墓的特徵較為一致（圖4-23）。

圖4-23 第二期第七段無葬具墓面積與長寬比的關係

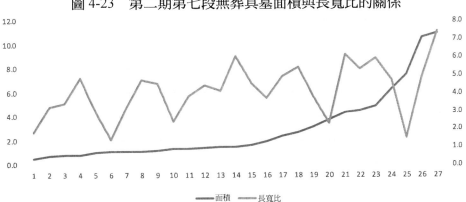

第二期第八段，有效數據 16 組。墓葬面積在 1.9 平方米至 9.6 平方米之間，平均為 4.7 平方米；長寬比在 1.8 至 8.2 之間，平均為 4.5。該段墓葬面積均較大，也較為狹長，總體特徵與第七段比較接近，且該段總體上面積與長寬比呈反比例的關係（圖4-24）。

圖4-24 第二期第八段無葬具墓面積與長寬比的關係

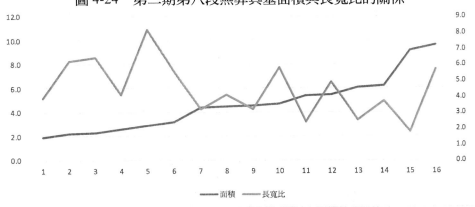

第三期第九段，有效數據 10 組。墓葬面積在 2.6 平方米至 10.5 平方米之間，平均為 4.6 平方米；長寬比在 1.5 至 7.9 之間，平均為 3.9。總體特徵與第八段接近，面積與長寬比仍然略呈反比例的關係（圖4-25）。

第三期第十段，有效數據 5 組。墓葬面積在 6.4 平方米至 10.9 平方米之間，平均為 7.8 平方米；長寬比在 1.9 至 2.4 之間，平均為 2.2。該段墓葬面積劇增，長寬比急劇縮小。這種同步的變化顯示出二者之間的關聯性。而該段相

較於第八、九段的巨大變化，呈現出新的動向，尤其是墓坑的比例趨近於 2：1 的標準長方形。

圖 4-25　第三期第九段無葬具墓面積與長寬比的關係

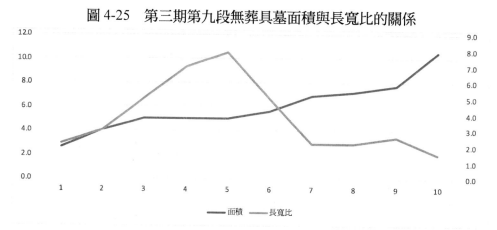

從以上對各期、段的分析可知，無葬具墓的面積和長寬比呈現出較明顯的階段性。第一期一至三段，墓葬面積很小，多在 1.5 平方米以下，至第一期第四段面積增大，第二期第七段再次增大。但前九段墓壙的長寬比比較接近，無較明顯的變化。至第十段，墓葬面積大增，墓壙從較狹長的長方形演變為較標準的長方形。演變的關鍵階段是在第四段、第十段，可據此分為三個階段。第一階段，面積小，長寬比適中，墓葬較狹長；第二階段，面積較大，長寬比適中，墓葬較狹長；第三階段，面積很大，長寬比較小，墓穴接近標準長方形。

與船棺墓、木棺墓等相比，無葬具的墓葬存在更明顯的演變階段，這是不太尋常的現象。這一現象暗示存在某種因素影響其變化。無葬具的墓葬中，可能存在部分墓葬的葬具腐朽未能保存下來的情況，那麼我們有理由推測，部分無葬具墓應該是有葬具。通過前面的討論，本文認為船棺墓的面積和長寬比存在最為密切的關係，其總體特徵較易把握；木棺墓和木板墓由於樣本數據較少，其總體特徵較不易把握；推測部分無葬具墓的墓葬，與船棺墓關係更加密切，或者說就是船棺墓。船棺墓從第三段延續至第九段，最鼎盛的階段是第七、八段，這兩段的無葬具墓可能與船棺存在更密切的聯繫。

第一至三段中，大部分無葬具墓的面積在 2 平方米甚至 1.5 平方米以下，長寬比平均在 3～4 之間。而船棺墓的面積均在 1.5 平方米以上，從面積上來說，前三段的無葬具墓不大可能是船棺墓，且前三段墓葬面積均非常小，特徵較統一，其內部空間可能也容不下船棺，更容不下木棺等葬具。因此，推測前

三段的無葬具墓應為本身就是未使用葬具的墓葬。第三段能確定的船棺墓僅 1 座，也可旁證前三期無葬具墓不大可能是船棺墓。

第四至第九段中，大多數無葬具墓的面積在 3 平方米以上，長寬比在 3～5 之間。這樣的特徵與船棺墓的特徵是較為接近的。前述船棺墓的面積 1.5 平方米至 5 平方米之間，長寬比在 3～7 之間，這和本階段部分無葬具墓是較為吻合的。再者，本階段是船棺最流行的時間段，第七、八段是鼎盛階段。推測第四至第九段的部分無葬具墓，原來使用的葬具就是船棺，只是船棺已腐朽而已。這是從堅實的數據推測的結論，可能存在一定誤差，但為船棺墓的判斷提供了一種思路。

第十段中，無船棺墓發現。本階段墓葬面積較大，多在 6 平方米以上，長寬比較小，大多在 2 左右。面積較大，墓穴接近標準的長方形，這與船棺墓的基本形態是不吻合的。但這樣的特徵與木棺墓是比較符合的，故該段無葬具的墓葬，部分可能屬於木棺墓。

以上分析可知，第七、八段中的大量無葬具墓，可能存在葬具，且大部分可能是船棺墓。而第一至三段、第十段的無葬具墓葬與船棺基本沒有關係。這說明從面積和長寬比等數據對墓葬形制進行分析是合理的。

第三節　船棺墓的發展線索

第二節通過對船棺墓、木棺墓、木板墓及無葬具墓與墓葬面積及長寬比的關係的分析，釐清了各類墓葬流行的時間段，推測部分無葬具墓葬應屬於船棺墓。以下探討幾類墓葬之間的關係。

第一期第一段，共 8 座墓，均為無葬具墓。經過前面的分析，本段的無葬具墓不大可能使用了船棺等葬具。

第一期第二段，共 92 座墓，均為無葬具墓。本段絕大部分應為無葬具，其中不排除少量使用木板等原始葬具。

第一期第三段，共 101 座墓，僅 4 座有葬具，其中 1 座為船棺墓，3 座為木板墓；其餘 97 座為無葬具墓。該段出現了以船棺或木板為葬具的墓葬，是值得注意的現象。

第一期第四段，共 22 座墓，其中 14 座為船棺墓，其餘為無葬具墓。如前所述，其中部分無葬具墓可能為船棺。該段船棺較為流行。

第二期第五段，共 10 座墓，其中 7 座為船棺墓，1 座為木棺墓，2 座為無

葬具墓。該階段開始出現木棺墓,但船棺墓仍然佔據主流地位。

第二期第六段,共7座墓,其中3座為船棺墓,4座為無葬具墓。

第二期第七段,共66座墓,其中24座為船棺墓,2座木棺墓,2座木板墓,其餘為無葬具墓。本段船棺墓仍然佔據主流,但三種葬具墓均存在,顯示出多元化的特點。該段若干無葬具墓應為船棺墓。

第二期第八段,共58座墓,其中30座為船棺墓,1座為木棺墓,3座為木板墓,其餘為無葬具墓。船棺墓仍然是主流。

第三期第九段,共44座墓,其中14座為船棺墓,7座為木棺墓,4座木板墓,其餘為無葬具墓。該段木棺墓增多,木板墓也佔據一定比例,船棺墓的比例明顯下降。

第三段第十段,共45座墓,其中8座為木棺墓,2座為木板墓,其餘為無葬具墓。該段船棺墓已經消失,主要為木棺墓。該段出現大量無葬具的墓葬,其中部分應該和木棺墓關係密切。

據此可將成都平原商周墓葬形制的演變分為三個階段。

第一階段,包括第一至第三段。該階段墓葬以無葬具為主,開始出現船棺墓和木板墓。

第二階段,包括第四至第八段。該階段墓葬以船棺墓為主,是船棺墓的發展和鼎盛階段。該階段的後期,木棺墓等逐漸興起。

第三階段,包括第九和第十段。該階段船棺墓逐漸沒落和消亡,葬具以木棺為主,是從船棺墓向木棺墓過渡的階段(圖4-26)。

圖4-26　各類葬具發展階段示意

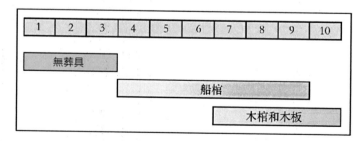

通過前面的分析,可知船棺在成都平原起源較早,且使用時間較長。

船棺大約出現在西周早中期,延續至戰國晚期,存續時間超過700年。在大約西周早期,船棺開始出現,最初的形態是類似金沙陽光地帶M154等墓葬中出現的僅兩端向上翹、棺室較淺的形態。從西周晚期開始,船棺逐漸成為最

主要的葬具。到春秋以後，無論墓葬面積的大小，隨葬器物的多寡，船棺均是主要的葬具。船棺作為葬具，其高峰是在戰國早、中期。其中船棺墓中不乏成都商業街船棺墓地、青白江雙元村 M154 等隨葬器物豐富的高等級墓葬，也包括了眾多一般的小型船棺墓。而且，從前面的分析來看，戰國早、中期部分未見葬具的墓葬應該為船棺墓。船棺的形態從開始的較小、較淺向較深、較大型的方向演變。

　　從戰國時期開始，在船棺之外，一些較高等級的墓葬使用木棺作為葬具，至戰國中期，這一現象在新都馬家 M1 中達到高峰，說明部分身份等級較高的墓主人受到外來文化的影響，使用外來的木棺作為葬具，船棺的地位雖然在戰國時期達到了高峰，但同時也隨著文化的多元發展，逐漸走向了瓦解。至戰國晚期，船棺基本衰落，木棺作為葬具逐漸佔據了主導地位。

第四節　小結

　　本章的核心內容是對葬具與墓葬形制之間的關係進行分析，由於較多墓葬尚未發現葬具的蹤跡，因而較難判斷其葬具形態，而通過前面對葬具、墓葬面積、長寬比三個要素之間的關係的梳理，發現船棺墓的面積大多在 1.5 至 5 平方米之間，長寬比在 3～7 之間；木棺墓的面積平均在 7 至 8 平方米，長寬比在 3 以下，平均為 2.2；木板墓與木棺墓存在較大的共性。以此為基礎，本文認為大量未有葬具保存的墓葬可能原來有葬具，其中第五至八段，尤其是第七、八段中的大部分無葬具的墓葬可能為船棺墓，而第一至三段和第九、十段中的無葬具墓則與船棺墓聯繫不明顯。

　　以上述統計信息為基礎，本文進一步釐清了船棺墓的發展線索。船棺墓主要流行於第四至第九段，即西周晚期至戰國晚期，最鼎盛時期在第五至八段的春秋至戰國早中期。即便船棺墓仍然在鼎盛時期，從第七段開始，木棺墓也大量流行起來，並最終取代了船棺墓的地位，暗示出新舊交替背景下，船棺逐漸式微，而新興的葬具的出現是在新的社會背景下，外來文化對本土文化衝擊的縮影。船棺墓的興衰可能與成都平原社會結構和性質的變化密切相關。

　　通過對船棺、木棺和木板墓的分析來看，筆者認為，葬具的形態與墓葬面積和長寬比也就是墓葬的狹長程度存在密切的相關性。墓葬在修建時，修建者先明確了使用何種葬具，隨後再根據葬具的形狀、尺寸等來修建墓穴。可以說，墓穴外形特徵的最大影響因素就是葬具。

第五章 文化因素分析及其所反映的器物生產與流通

本章擬通過對隨葬器物文化因素的辨析，明確各時段文化因素的變化，在此基礎上，進一步討論本地器物與帶有外來文化風格的器物的生產和流通情況。

第一節 隨葬器物的文化因素分析

文化因素是一個相對的概念，指的是某些文化的物質表徵，其出現頻率較高的地區，往往是其發源地。通過對某一考古學遺存文化因素的考察，來探尋其文化結構的形成、發展、消亡的過程，討論為何形成了最後呈現出來的結果。就墓葬而言，墓葬形制、隨葬器物等均可能存在不同的文化因素，但隨葬器物的特徵往往更為豐富和明顯。成都平原本地的文化特徵較為明顯，因而較易分辨出來，至於外來的文化因素，很長一段時間學界關注的重點是楚文化因素的分析，對楚文化因素以外的其他文化因素辨析很不充分。本文擬首先對主要器類中的外來文化因素進行辨析，再對文化因素的構成及歷時性變化進行討論。

一、外來文化因素的辨析

下面擬按第三章所分的三期，對帶有外來文化因素的器物進行分析，基本思路是將成都平原商周墓葬出土器物與外地的同類器物進行對比分析，以確認其文化屬性，並據此作為器物生產、流通討論的基礎。

　　經過學界多年的研究，外來的文化因素均有較可靠的對比材料，對不同器物的文化因素歸屬基本有了較一致的意見。需要說明的是，本文所指的文化因素均就較大的地域範圍而言，如中原文化因素，主要包括了東周時期晉國區域以及戰國時期趙、魏、韓等三晉地區，甚至周邊的燕國、中山國等鄰近地區，因文化面貌較為接近，也包括在中原文化因素內。楚文化因素則包括了楚國及周邊受到楚國控制以致在文化上呈現出大致相同的面貌的文化區域。中原文化區及楚文化區本來內部也存在若干較小的文化區域，但相對成都平原區域而言，這些區域內部的差異可以忽略，從更宏觀的層面可進行對比。

（一）第一期

　　第一段僅有少量的外來文化因素，明確的僅有新都水觀音墓地出土的甲類 A 型 I 式銅戈，這類無胡直內銅戈與中原地區同類銅戈的形制非常接近，主要流行於早、中商時期，如鄭州商城北牆 CNM6：1 [註1]；西周早期也仍然存在，但其形態已經發生了變化，如寶雞竹園溝 BZM13：167 [註2]。這類銅戈的原型無疑是來自於中原地區。

圖 5-1　新都水觀音與中原地區銅戈的對比

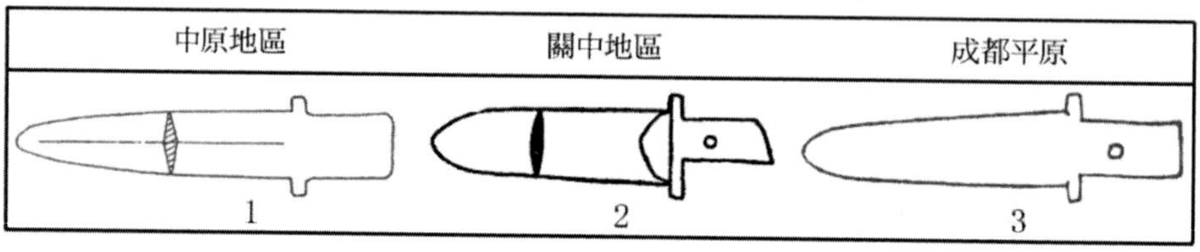

　1.鄭州商城北牆 CNM6：1　2.寶雞竹園溝 BZM13：167　3.新都水觀音 M1 出土
（圖片採自：1.《鄭州商城》，第 714 頁，圖四八六：2；2.《寶雞強國墓地》，第 74 頁，圖六一：5；3.《四川文物》1984 年第 2 期，第 7 頁，圖四）

（二）第二期

　　第二期墓葬具有外來文化因素的器物較多，主要包括中原文化因素、楚文化因素及吳越文化因素等。

1. 與中原文化相關的器物

　　本期成都平原商周墓葬出土的器物不少與中原地區銅器相似。這些器物主要有銅壺、銅匜、銅蓋豆、銅鏡及仿銅陶器等，包括銅壺 6 件、銅匜 1 件、

〔註1〕　河南省文物考古研究所：《鄭州商城》，北京：文物出版社，2001 年，第 714頁。
〔註2〕　盧連成、胡智生：《寶雞強國墓地》，北京：文物出版社，1988 年，第 74 頁。

銅蓋豆4件、銅鏡2件以及仿銅陶蓋豆1件、仿銅陶簋2件。

（1）銅壺

成都平原有多件銅壺帶有較典型的中原文化風格，或者在局部受到了中原文化的影響，是受中原文化影響最大的一類銅器。而由於銅壺在器形上並不複雜，多數是其裝飾所呈現出來的文化特徵，主要包括A型和B型銅壺。

①成都百花潭M10壺

成都百花潭M10銅壺（Ac型I式），小口，長頸，鼓腹，矮圈足。肩上有獸面銜環。器身以三周條帶紋相隔，從上到下嵌錯四層紋飾，主要包括射獵、宴樂、水陸攻戰等場景式的紋飾。第一層為採桑習射，第二層為射禮、宴樂等場景，第三層為水陸攻戰場景，第四層為狩獵和動物紋等（圖5-2，1、4）。故宮博物院藏一件宴樂漁獵攻戰紋圖壺〔註3〕，形制也較為接近，只是相隔的條帶紋不凸起。該壺紋飾分為三層，第一層為採桑、射禮活動，第二層為宴樂、弋射場景，第三層為水陸攻戰（圖5-2，6）。故宮銅壺與百花潭銅壺在器形和裝飾手法、紋飾內容等方面均較為接近。這說明二者的年代應該比較接近。

與百花潭這件壺相似的還有陝西鳳翔高王寺出土的2件銅壺〔註4〕，形制一致，紋飾有區別。其中1件壺身也由四層圖案組成，中間以帶狀雲紋相隔。第一層為習射圖，第二層為弋射場景，第三層為宴樂圖，第四層為狩獵圖（圖5-2，5）。其中第一層圖像為倒置，可能是製作的疏忽所致。該壺與百花潭M1壺相比，無水陸攻戰圖案，其餘均較為接近，尤其是弋射和宴樂場景，基本一致。

在器形上，成都百花潭M10銅壺與中原三晉地區的銅壺如出一轍，如河南洛陽王城廣場2002M7：2銅壺（圖5-2，2）〔註5〕、山西長子牛家坡M7：6銅壺等（圖5-2，3）〔註6〕，腹部均有絢索紋間隔，主要特徵非常接近。

成都百花潭M10銅壺上的水陸攻戰紋飾也常見於中原三晉地區，與之接近的包括河南汲縣山彪鎮M1：28、56兩件水陸攻戰紋銅鑒〔註7〕。這兩件鑒

〔註3〕圖文簡介見故宮博物院網站，網址 https://www.dpm.org.cn/collection/bronze/234670.html.

〔註4〕韓偉、曹明檀：《陝西鳳翔高王寺戰國銅器窖藏》，《文物》1981年第1期。

〔註5〕洛陽市文物考古工作隊：《洛陽王城廣場東周墓》，北京：文物出版社，2009年，第212頁。

〔註6〕山西省考古研究所：《山西長子縣東周墓》，《考古學報》1984年第4期。

〔註7〕郭寶鈞：《山彪鎮與琉璃閣》，北京：科學出版社，1959年，第18～23頁。

主要表現了水陸攻戰的人員構成、戰爭隊列等詳細信息。百花潭 M10 銅壺的水陸攻戰紋基本與山彪鎮 M1：28、56 兩件銅鑒一致，但水陸攻戰紋的細節不如山彪鎮鑒詳細。

圖 5-2　成都百花潭 M10 銅壺與相關銅壺的對比

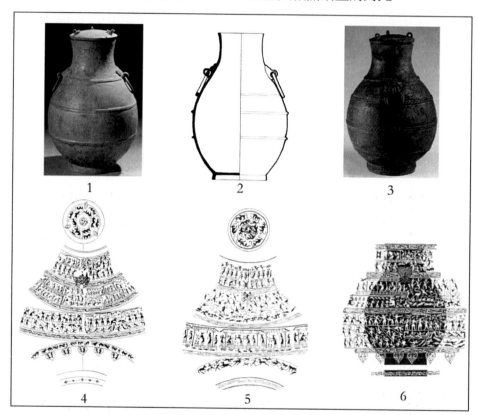

1～3.銅壺（成都百花潭 M10 出土、洛陽王城廣場 2002M7：2、長子牛家坡 M7：62）　4～6.紋飾拓片（成都百花潭 M10 出土、鳳翔高王寺 1977 年出土、故宮博物院藏）

（圖片採自：1.《中國青銅器全集·巴蜀》，圖一○○；2.《洛陽王城廣場東周墓》，第 212 頁，圖一六四：3；3.《中國青銅器全集·東周 2》，圖七五；4.《盛筵——見證〈史記〉中的大西南》，第 57 頁；5.《青銅鑄文明》，第 141 頁圖版；6.故宮博物院網站）

②成都白果林小區 M4 壺

成都白果林小區 M4 出土 1 件銅壺 M4：23（Bc 型 II 式），口微侈，長頸，橢圓腹，矮圈足，形態與成都百花潭 M10 銅壺有所差異。壺蓋飾一周狩獵紋。壺身圖案分為三層，中間以蟠螭紋等紋飾帶相隔。第一層為對鳥銜

蛇圖，第二層為狩獵圖，第三層上部為狩獵圖，下部為羽人仙鳥圖（圖5-3，1、3）。該壺的動物形象較為豐滿，較百花潭M10的人物和動物形象更加具象，畫面也更加疏朗。該壺上的羽人形象較為少見，主要見於中原地區。

圖5-3　成都白果林小區M4銅壺與相關銅壺的對比

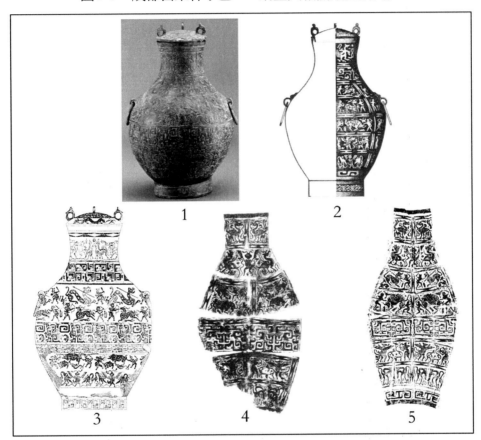

1、2.壺（白果林小區M4：23〔註8〕、洛陽西工M131：28）　3～5.紋飾拓片（白果林小區M4：23、洛陽西工M131：26、琉璃閣M59：23）

（圖片採自：1.《東方既白：春秋戰國文物大聯展》，第59頁圖版；2.《文物》1994年第7期；第10頁，圖一五；3.《東方既白：春秋戰國文物大聯展》，第59頁圖版；4.《文物》1994年第7期；第8頁，圖一三；5.《山彪鎮與琉璃閣》，圖版九三）

　　1982年河南洛陽西工M131出土4件銅壺，兩兩成對，分為兩式〔註9〕。

〔註8〕　圖片採自湖南省博物館：《東方既白：春秋戰國文物大聯展》，長沙：嶽麓書社，2017年，第59頁。
〔註9〕　蔡運章、梁曉景、張長森：《洛陽西工131號戰國墓》，《文物》1994年第7期。

I 式兩件壺（M131：26、27）從上到下紋飾分為六層，第一層為對鳥銜蛇圖，第二層為羽人仙鳥圖，第三層為狩獵圖，第四層為幾何化的蟠螭紋形象，第五層為羽人射獵圖，第六層為大鳥踏蛇圖（圖 5-3，4）。I 式壺整體紋飾結構，甚至腹部以幾何蟠螭紋相隔的風格與白果林小區壺非常接近。II 式兩件壺（M131：28、29）的紋飾內容略有差異，但均包含了狩獵、仙鳥及羽人等形象（圖 5-3，2），整體也較為接近。

河南輝縣琉璃閣墓地也出土多件類似的銅壺。如 M59：23 狩獵紋壺，同樣為多層圖案，包括了羽人、狩獵、鳥銜蛇等圖案形象（圖 5-3，5）；M76：84，有羽人仙鳥等形象；M76：85 有狩獵、對鳥銜蛇等形象〔註10〕。美國亞洲藝術博物館藏有 1 件狩獵紋銅壺，無論是形制還是紋飾均與白果林小區這件壺非常接近〔註11〕。

③綿竹清道 M1 壺

綿竹清道 M1：4 銅方壺（B 型 I 式），較為少見，蓋和器身均滿飾鑲嵌式的動物形紋飾。器身飾七周紋飾帶，每周為獸身鳥、獸身龍、獸身鳳等形象，四面均為相同的紋飾對稱呼應（圖 5-4，1）。這類方壺在戰國時期並不多見，與之類似的銅壺主要見於中原三晉地區。比如山西長治分水嶺 M12：37（圖 5-4，2）〔註12〕、河南洛陽西工區針織廠 M5269：2〔註13〕等。紋飾方面，主要是獸身龍、獸身鳳等形象，這類較寫實的鑲嵌式動物形龍、鳳、鳥紋在中原地區較少見，主要發現於楚地的青銅器之上〔註14〕。龍紋如河南淅川徐家嶺 M9：21 鼎（圖 5-4，4）〔註15〕、徐家嶺 M1：1 鼎〔註16〕、河南淅

〔註10〕郭寶鈞：《山彪鎮與琉璃閣》，北京：科學出版社，1959 年，圖版九三、一〇三、一〇四。

〔註11〕中國青銅器全集編輯委員會：《中國青銅器全集·東周 2》，北京：文物出版社，1995 年，圖六九。

〔註12〕山西省考古研究所、山西博物院、長治市博物館：《長治分水嶺》，北京：文物出版社，2010 年，第 238～239 頁。

〔註13〕洛陽市文物工作隊：《洛陽市針織廠東周墓（C1M5269）的清理》，《文物》2001 年第 12 期。

〔註14〕耿慶剛：《東周青銅器動物紋樣研究》，西北大學博士學位論文，2019 年，第 93～98 頁。

〔註15〕河南省文物考古研究所、南陽市文物考古研究所：《淅川和尚嶺與徐家嶺楚墓》，鄭州：大象出版社，2004 年，第 174、179～180 頁。

〔註16〕河南省文物考古研究所、南陽市文物考古研究所：《淅川和尚嶺與徐家嶺楚墓》，鄭州：大象出版社，2004 年，第 221、223、225 頁。

川下寺 M2：51 浴缶（圖 5-4，3）〔註17〕、湖北隨州曾侯乙墓 C.97 鼎〔註18〕
等；鳳紋如河南淅川和尚嶺 M2：32 鼎〔註19〕、湖北鄖縣喬家院 M5：6 鼎
（圖 5-4，5）〔註20〕等。這類紋樣來自於楚地是較為明確的。但清道這件壺
紋飾的分布主要為帶狀的對稱分布方式，這種對稱的裝飾方式，在楚地是不
多見的，楚地此類紋飾多為連續性的，如前述的幾件銅鼎，均為二方連續的
紋飾帶。對稱的紋飾帶主要見於北方中原三晉地區，如與成都白果林小區 M4
銅壺紋飾接近的河南洛陽西工 M131 的 4 件壺，河南輝縣琉璃閣 M59、M76
壺等，均為對稱的紋飾帶分布。綜合來看，這件銅壺的造型和紋飾結構源自
於三晉地區，但單體的獸身龍鳳紋等源自楚地。方壺本身在戰國時期不多見，
此類融合性裝飾的僅此 1 件。從造型和紋飾結構方面來看，這件壺仍可能是
中原三晉風格的產物，借鑒了楚地的某些紋樣。

圖 5-4　綿竹清道 M1 銅方壺與相關銅器的對比

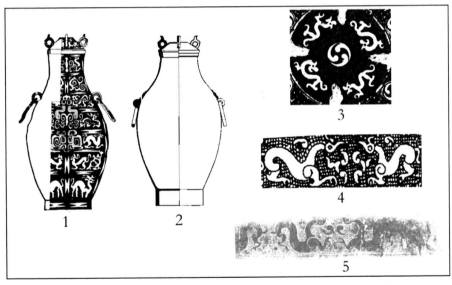

1、2.方壺（綿竹清道 M1：4、長治分水嶺 M12：37）　3～5.楚地的龍鳳紋（淅川
下寺 M2：51 浴缶蓋、淅川徐家嶺 M9：21 鼎腹部、鄖縣喬家院 M5：6 鼎腹部）
（圖片採自：1.《文物》1987 年第 10 期，第 23 頁，圖二：10；2.《長治分水嶺》，

〔註17〕河南省文物研究所、河南省丹江庫區考古發掘隊、淅川縣博物館：《淅川下寺
　　　　春秋楚墓》，北京：文物出版社，1991 年，第 130～131 頁。
〔註18〕湖北省博物館：《曾侯乙墓》，北京：文物出版社，1989 年，第 182 頁。
〔註19〕河南省文物考古研究所、南陽市文物考古研究所：《淅川和尚嶺與徐家嶺楚
　　　　墓》，鄭州：大象出版社，2004 年，第 27～29 頁。
〔註20〕湖北省文物考古研究所：《湖北鄖縣喬家院春秋殉人墓》，《考古》2008 年第 4 期。

第 238 頁，圖九四 B：2；3.《淅川下寺春秋楚墓》，第 131 頁，圖一○七；4.《淅川和尚嶺與徐家嶺楚墓》，第 179 頁，圖一七○；5.《考古》2008 年第 4 期，第 34 頁，圖三：3）

　　綿竹清道 M1：6 銅提鏈壺（Ab 型），侈口，短頸，深橢腹，底部殘缺。頸部等距分布四個銜環，提鏈與肩部環耳相連接，提鏈還與蓋邊緣的銜環相連接。從肩部至下腹部以間隔留白的方式飾七周蟠虺紋帶（圖 5-5，1）。清道 M1：6 銅提鏈壺與中原三晉地區出土的比較接近，如河南汲縣山彪鎮 M1：53（圖 5-5，2）[註 21]、河南洛陽中州路 M2717：88（圖 5-5，3）[註 22]等，這兩件壺頸部均有銜環，提鏈與肩部環耳相連；肩部和腹部紋飾也均為間隔的七周紋飾帶。這兩件壺從造型到紋飾均與清道 M1 非常接近。事實上，中原地區的銅壺常在肩部和腹部留白或以凸棱（絢索紋等）相隔，飾多周蟠螭、蟠虺紋等紋飾帶。如山西長子縣 M7：6、7 兩件，以四周絢索紋間隔，中間飾三周蟠螭紋；長子縣 M7：8，腹部以留白的方式間隔，飾四周蟠螭紋（圖 5-5，4）[註 23]。容城縣南陽遺址出土銅壺，以留白方式間隔，飾四周蟠虺紋帶[註 24]。因此，這件銅壺當屬於三晉地區的風格，但該壺的提鏈卻與楚地出土的提鏈壺的提鏈形制接近[註 25]，暗示有本地製作的可能性。

圖 5-5　綿竹清道 M1 銅提鏈壺與相關銅壺的對比

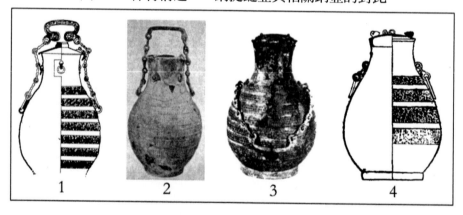

1　　　　　　2　　　　　　3　　　　　　4

〔註 21〕 郭寶鈞：《山彪鎮與琉璃閣》，北京：科學出版社，1959 年，第 16 頁、圖版十七。
〔註 22〕 中國社會科學院考古研究所：《洛陽中州路〈西工段〉》，北京：科學出版社，1959 年，第 95 頁、圖版六四。
〔註 23〕 山西省考古研究所：《山西長子縣東周墓》，《考古學報》1984 年第 4 期。
〔註 24〕 孫繼安：《河北容城縣南陽遺址調查》，《考古》1993 年第 3 期。
〔註 25〕 于孟洲、王玉霞：《四川盆地出土戰國時期提鏈銅壺研究——從〈中國青銅器全集·巴蜀卷〉的提鏈壺談起》，《南方民族考古》第十七輯，北京：科學出版社，2019 年，第 164～173 頁。

1.綿竹清道 M1：6　2.汲縣山彪鎮 M1：53　3.洛陽中州路 M2717：88　4.長子縣 M7：8

（圖片採自：1.《文物》1987 年第 10 期，第 23 頁，圖二：1；2.《山彪鎮與琉璃閣》，圖版一七：1；3.《洛陽中州路〈西工段〉》，圖版六四：2；4.《考古學報》1984 年第 4 期，第 508 頁，圖三：3）

④成都青羊宮 M1 壺

成都青羊宮 M1 出土 1 件銅壺 M1：3（Ac 型 I 式），侈口，短頸，鼓腹，圈足極矮。肩部對稱鋪首銜環。頸部及腹部大致等距分布四周絢索紋，其餘為留白（圖 5-6，1）。雖然未飾其他紋飾，但這種絢索紋間隔的方式，與上述三晉地區的銅壺裝飾風格較為接近。河南三門峽西苑小區 M1 出土 2 件銅壺（圖 5-6，2）〔註26〕，整體形態與青羊宮壺基本一致，也飾四周絢索紋，位置略有區別。青羊宮 M1：3 壺無疑屬於三晉地區風格。

圖 5-6　成都青羊宮 M1 銅壺與相關銅壺的對比

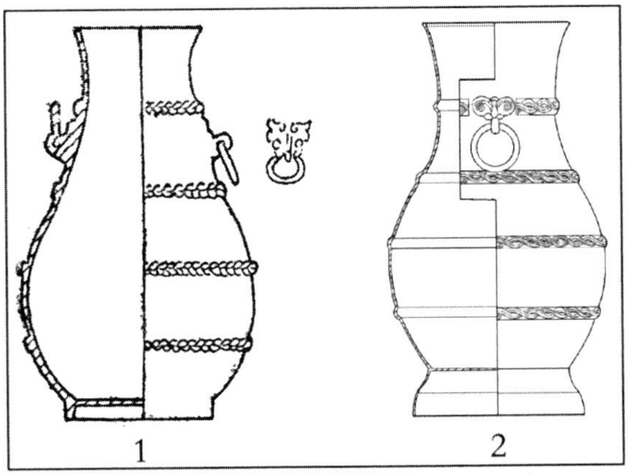

1.成都青羊宮 M1：3　2.三門峽西苑小區 M1

（圖片採自：1.《考古》1983 年第 7 期，第 598 頁，圖二：1；2.《文物》2008 年第 2 期，第 22 頁，圖六：1）

⑤成都文廟西街 M1 壺

成都文廟西街 M1 出土 1 件銅壺 M1：1（Aa 型），侈口外翻，粗長頸微束，鼓腹微下垂、臺狀矮圈足；頸部有對稱的爬獸銜環耳（圖 5-7，1）。整體造型與山西渾源出土絢索龍紋銅壺基本相同，渾源壺也飾爬獸（圖 5-7，2）〔註27〕。

〔註26〕三門峽市文物考古研究所：《三門峽市西苑小區戰國墓（M1）發掘簡報》，《文物》2008 年第 2 期。

〔註27〕中國青銅器全集編輯委員會：《中國青銅器全集・東周2》，北京：文物出版社，1995 年，圖六四。

三晉及周邊地區出土較多此類銅壺，如河北唐山賈各莊壺〔註28〕、山西渾源李峪村龍紋壺（圖 5-7，3）〔註29〕等。文廟西街 M1：1 壺腹部飾橫向和縱向寬帶紋組成繩絡紋，繩絡紋分隔成的紋飾空間滿飾單體龍紋。繩絡紋交錯呈十字形。類似的裝飾常見於三晉地區，如山西太原金勝村 M251：625（圖 5-8，1）〔註30〕、山西渾源李峪村（圖 5-8，2）〔註31〕、河北平山三汲訪駕莊（圖 5-8，3）〔註32〕、河北唐山賈各莊 M5（圖 5-8，4）〔註33〕等銅壺，均有類似的十字形帶狀紋。單體龍紋則與賈各莊銅鼎〔註34〕、北京順義龍灣屯銅鼎〔註35〕等比較接近。文廟西街 M1 壺龍紋眼睛上鑲嵌有綠松石，與山西渾源出土銅鼎龍紋技法相同〔註36〕。爬獸也與中原三晉地區接近。該壺造型、紋飾均與中原三晉及周邊地區銅器接近，尤其與山西渾源青銅器群相似度極高，其具有鮮明的中原文化背景。

　　上述 6 件銅壺，在裝飾和器形上均呈現出與中原文化的聯繫，且特徵較為突出，基本上能確定文化來源為中原地區。而綿竹清道 M1 的兩件銅壺，在局部上也存在一些楚文化的特徵，暗示在部分內容上也受到了楚文化的影響。

〔註28〕 安志敏：《河北省唐山市賈各莊發掘報告》，《考古學報》1953 年第 Z1 期。

〔註29〕 中國青銅器全集編輯委員會：《中國青銅器全集・東周 2》，北京：文物出版社，1995 年，圖六五、六七。

〔註30〕 山西省考古研究所、太原市文物管理委員會：《太原金勝村 251 號春秋大墓及車馬坑發掘簡報》，《文物》1989 年第 9 期；中國青銅器全集編輯委員會：《中國青銅器全集・東周 2》，北京：文物出版社，1995 年，圖八〇。

〔註31〕 朱鳳瀚：《古代中國青銅器》，天津：南開大學出版社，1995 年，第 1050 頁。

〔註32〕 中國青銅器全集編輯委員會：《中國青銅器全集・東周 3》，北京：文物出版社，1997 年，圖一五七。

〔註33〕 中國青銅器全集編輯委員會：《中國青銅器全集・東周 3》，北京：文物出版社，1997 年，圖一一九。

〔註34〕 中國青銅器全集編輯委員會：《中國青銅器全集・東周 3》，北京：文物出版社，1997 年，圖九四。

〔註35〕 中國青銅器全集編輯委員會：《中國青銅器全集・東周 3》，北京：文物出版社，1997 年，圖九七。

〔註36〕 中國青銅器全集編輯委員會：《中國青銅器全集・東周 2》，北京：文物出版社，1995 年，圖一五。

圖 5-7　成都文廟西街 M1 銅壺與渾源銅壺的對比

1.成都文廟西街 M1：1　2、3.渾源李峪村出土

（圖片採自：1.《花重錦官城——成都博物館歷史文物擷珍》，第 49 頁圖版；2.
《中國青銅器全集·東周 2》，圖六四；3.《中國青銅器全集·東周 2》，圖六五）

圖 5-8　中原地區銅壺的十字帶狀紋

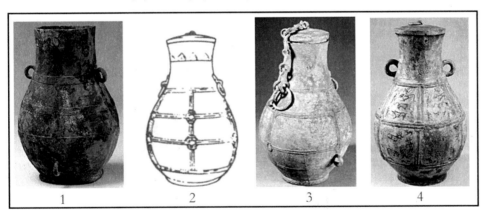

1.太原金勝村 M251：625　2.渾源李峪村出土　3.三汲訪駕莊出土　4.唐山賈各莊
M5 出土

（圖片採自：1.《中國青銅器全集·東周 2》，圖八〇；2.《古代中國青銅器》，第
1050 頁，圖一三·二八：13；3.《中國青銅器全集·東周 2》，圖一五七；4.《中
國青銅器全集·東周 2》，圖一一九）

（2）銅匜

　　青白江雙元村 M154 腰：3 銅匜（C 型），平面呈橢圓形，弧腹，平底，圓
環形鋬。器內壁鏨刻紋飾。流口為三條魚紋。內壁從上到下刻四層紋飾，第一
層為樹，第二、三層為宴享場景、射禮、仙鶴紋等，第四層為三角紋。內底為

兩條水蛇交錯紋（圖 5-9，1）。動物、人物類刻紋銅器在中原、楚地及吳越文化區均有發現。這類銅器最早出現在吳越地區，楚文化區也有少量發現，但發現最多的當屬三晉地區〔註37〕。這些區域的刻紋銅器均有一定差異，與雙元村M154 這件匜比較接近的匜有江蘇鎮江王家山采：51（圖 5-9，5）〔註38〕，山西太原金勝村 M251：540（圖 5-9，3）〔註39〕，河南陝縣後川 M2042：8（圖5-9，4）〔註40〕、M2144：7〔註41〕，山西長治分水嶺 M84：93（圖 5-9，2）〔註42〕，湖北襄陽余崗 M173：4〔註43〕等。建昌東大杖子 M11：2、M45：40等匜的紋飾也有相似之處〔註44〕，但腹部較深，與上述幾件的造型有所區別。上述區域中，三晉地區的幾件銅匜無論紋飾還是器物造型均與雙元村匜更為接近。尤其是匜內底兩條水蛇的形象多見於三晉地區其他銅器上，吳越地區則常見多圈的水蛇紋。因此，推測雙元村 M154 這件銅匜可能也來源於三晉地區。

（3）銅蓋豆

銅蓋豆（Aa 型），見於綿竹清道 M1（圖 5-10，1）、新都馬家 M1 和成都無線電學校 M2 等墓葬中，其中馬家 M1 出土 2 件形制相同。馬家 M1 豆為素面（圖 5-10，4），類似銅豆還見於宣漢羅家壩 M33：18〔註45〕。類似蓋豆在三晉地區常見，如山西太原金勝村 M251：576（圖 5-10，5）〔註46〕，山西長

〔註37〕 滕銘予：《東周刻紋銅器再檢討》，《考古》2020 年第 9 期。

〔註38〕 鎮江博物館：《江蘇鎮江諫壁王家山東周墓》，《文物》1987 年第 12 期。

〔註39〕 山西省考古研究所、太原市文物管理委員會：《太原晉國趙卿墓》，北京：文物出版社，1996 年，第 70 頁。

〔註40〕 中國社會科學院考古研究所：《陝縣東周秦漢墓》，北京：科學出版社，1994年，第 66 頁。

〔註41〕 中國社會科學院考古研究所：《陝縣東周秦漢墓》，北京：科學出版社，1994年，第 65 頁。

〔註42〕 山西省考古研究所、山西博物院、長治市博物館：《長治分水嶺東周墓地》，北京：文物出版社，2010 年，第 287 頁。

〔註43〕 襄陽市文物考古研究所：《余崗楚墓》，北京：科學出版社，2011 年，第 90～92 頁。

〔註44〕 遼寧省文物考古研究所、葫蘆島市博物館、建昌縣文物局：《遼寧建昌東大杖子墓地 2000 年發掘簡報》，《文物》2015 年第 11 期；遼寧省文物考古研究所、葫蘆島市博物館、建昌縣文物管理所：《遼寧建昌東大杖子墓地 2003 年發掘簡報》，《邊疆考古研究》第 18 輯，北京：科學出版社，2015 年，第 39～56 頁。

〔註45〕 四川省文物考古研究院、達州市文物管理所、宣漢縣文物管理所：《宣漢羅家壩》，北京：文物出版社，2015 年，第 143～145 頁。

〔註46〕 山西省考古研究所、太原市文物管理委員會：《太原晉國趙卿墓》，北京：文物出版社，1996 年，第 38～40 頁。

治分水嶺 M10：10（圖 5-10，6）〔註 47〕，河北新樂中同村 M1 豆（圖 5-10，2）〔註 48〕、M2：7 豆〔註 49〕等。流散海外的銅器中，也有類似的銅豆，如《美國所藏中國銅器集錄》A267 號豆（圖 5-10，3）〔註 50〕。清道 M1：2 豆造型與馬家 M1 豆基本一致，但蓋頂上有三簡化的龍形立鈕，這種裝飾主要見於楚文化區。該豆器身飾獸體的龍紋等，與清道 M1：4 銅方壺上的紋飾比較接近。無線電學校 M2 豆殘缺，但裝飾了獸體的鳳鳥紋。而獸體的龍鳳紋飾主要來自於楚文化區域。綜上，這一類銅豆主要是受三晉地區影響而出現的，但清道 M1 和無線電學校 M2 銅豆的裝飾風格受到了楚文化的影響。

圖 5-9　青白江雙元村 M154 銅匜與相關銅匜的對比

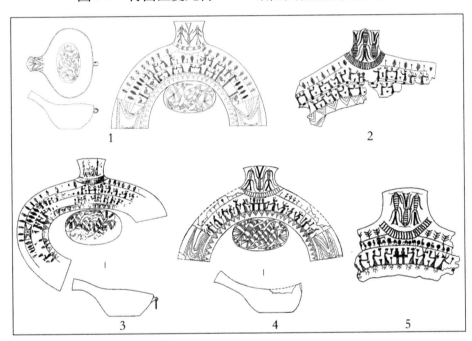

1.青白江雙元村 M154 腰：3　2.長治分水嶺 M84：93　3.太原金勝村 M251：540　4.陝縣後川 M2042：8　5.鎮江王家山采：51

（圖片採自：1.《考古學報》2020 年第 3 期，第 407～408 頁，圖八、九；2.《長治分水嶺東周墓地》，第 287 頁，圖一〇一：4；3.《太原晉國趙卿墓》，第 70 頁，圖三一；4.《陝縣東周秦漢墓》，第 66 頁，圖五三；5.《文物》1987 年第 12 期，第 28 頁，圖六：1）

〔註 47〕山西考古研究所、山西博物院、長治市博物館：《長治分水嶺東周墓地》，北京：文物出版社，2010 年，第 232 頁。

〔註 48〕石家莊地區文物研究所：《河北新樂縣中同村戰國墓》，《考古》1984 年第 11 期。

〔註 49〕河北省文物研究所：《河北新樂中同村發現戰國墓》，《文物》1985 年第 6 期。

〔註 50〕陳夢家：《美國所藏中國銅器集錄》，北京：金城出版社，2016 年，第 647 頁。

圖 5-10　成都平原銅蓋豆與其他銅蓋豆的對比

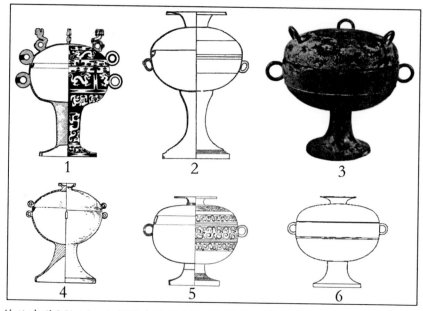

1.綿竹清道 M1：2　2.新樂中同村 M1　3.美國所藏　4.新都馬家 M1　5.太原金勝村 M251：576　6.長治分水嶺 M10：10

（圖片採自：1.《文物》1987 年第 10 期，第 24 頁，圖三：1；2.《考古》1984 年第 11 期，第 973 頁，圖四：3；3.《美國所藏中國銅器集錄》，圖 647；4.《文物》1981 年第 6 期，第 6 頁，圖一二：5；5.《太原晉國趙卿墓》，第 40 頁，圖一八；6.《長治分水嶺東周墓地》，第 232 頁，圖九二：3）

（4）銅鏡

　　成都京川飯店 M1 出土了一枚獸紋銅鏡，鏡背由兩周紋飾組成，內圈為三隻回首龍紋，外圈為五隻首尾相接的虎形獸（圖 5-11，1）。三晉地區也出土了類似的銅鏡，如山西長治分水嶺 M53：18（圖 5-11，2），兩圈紋飾的內容均與京川飯店 M1 銅鏡一致，只是外圈的寬帶紋較寬〔註51〕。這兩件銅鏡外圈的五隻虎紋中，均有一隻形體小於其他四隻，可能是由於四隻虎的形體已經較大，不足以放置第五隻虎紋，因而採用了形體較小但形態一致的虎紋作為替代。無獨有偶，青白江雙元村 M154 也出土一枚形制幾乎相同的銅鏡（M154：155），這枚銅鏡的鏡背裝飾與京川飯店及分水嶺銅鏡幾乎完全相同，且外圈的其中一個虎形獸身體較短，在細節上也是完全一樣的（圖 5-11，3）。這些細節的相似，暗示三者可能存在相同的工藝和產地。

〔註51〕山西省考古研究所、山西博物院、長治市博物館：《長治分水嶺東周墓地》，北京：文物出版社，2010 年，第 330 頁。

圖 5-11　成都平原銅鏡與相關銅鏡的對比

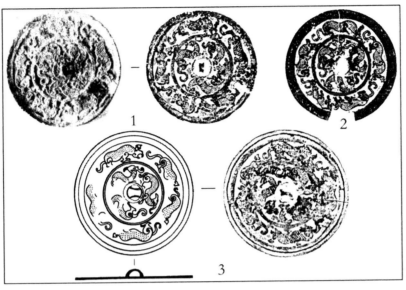

1.成都京川飯店 M1 出土　2.長治分水嶺 M53：18　3.青白江雙元村 M154：155
（圖片採自：1.《文物》1989 年第 2 期，第 65 頁，圖一○、一一；2.《長治分水嶺
東周墓地》，第 330 頁，圖五三：2；3.《考古學報》2020 年第 3 期，第 410～411
頁，圖一二：2，圖一三：1）

（5）仿銅陶器

　　本階段還有少量仿銅陶器與中原文化相關，主要是蓋豆和簋。蓋豆如金沙
星河路 M2705：4，與前述的河北新樂中同村 M1 豆形制接近〔註52〕。仿銅陶
簋在成都平原目前僅見於青白江雙元村 M154，共兩件，這兩件簋的造型為之
前所未見，但其形態可能與西周時期的銅簋存在聯繫，如陝西西安出土的四件
太師盧簋等器〔註53〕。

2. 與楚文化相關的器物

　　第二期成都平原商周墓葬出土的諸多器物與楚文化相關。主要有銅鼎、
銅甗、銅敦、銅壺、銅簠、銅盤、銅匜、銅尊缶、銅浴缶、銅鑒及仿銅陶器
如盞、尊缶和浴缶等，主要包括銅鼎 13 件、銅甗 3 件、銅敦 7 件、銅壺 13
件、銅簠 1 件、銅盤 6 件、銅匜 2 件、銅尊缶 10 件、銅浴缶 2 件、銅鑒 2
件、仿銅陶盞 5 件、仿銅陶尊缶 5 件、仿銅陶浴缶 4 件等。

〔註52〕石家莊地區文物研究所：《河北新樂縣中同村戰國墓》，《考古》1984 年第 11 期。
〔註53〕中國青銅器全集編輯委員會：《中國青銅器全集·西周 1》，北京：文物出版社，
　　　2005 年，圖六七。

（1）銅鼎

與楚文化有關的銅鼎，包括子母口鼎和箍口鼎兩類。

箍口鼎，3 件，見於成都青羊小區 M1、成都百花潭 M10 和綿竹清道 M1 等墓葬中（Bb 型、Bc 型 I 式、Bc 型 II 式）。青羊小區 M1 的 1 件銅鼎，為子口帶蓋，蓋上有圓形捉手；鼎腹壁較直，方形附耳，圓底近平，獸蹄形足。蓋頂飾渦紋、雲紋及蟠虺紋，器身飾一周蟠虺紋及一周絢索紋，蹄足上飾獸面紋（圖 5-12，1）。這類銅鼎常見於楚地，蟠虺紋也是楚系銅器常見的紋飾。如湖北當陽金家山 M9 銅鼎（圖 5-12，2）〔註 54〕、當陽趙家湖出土楚子鼎〔註 55〕等，這兩件鼎造型和紋飾均與青羊小區鼎接近，只是蟠虺紋更加細密。與之相似的蟠虺紋還見於湖北襄陽山灣出土的鄧公秉鼎〔註 56〕，該鼎腹部較青羊小區略深，其餘造型基本一致。隨州八角樓出土平蓋鼎上的蟠虺紋與青羊小區鼎極為相似〔註 57〕，這類紋飾在楚地非常普遍。該鼎還與河南淅川下寺 M2：43、M4：1 等鼎比較接近（圖 5-12，3）〔註 58〕。因此，可確認青羊小區 M1 鼎是來自於楚文化區。上述幾件類似的銅鼎，年代基本為春秋中晚期，暗示青羊小區銅鼎的年代可能為春秋時期。

成都百花潭 M10 鼎則為深腹，三蹄足外撇（圖 5-12，6）。這類銅鼎主要見於楚文化區域，百花潭鼎則與下寺 M10：48、M11：3、M11：5 等鼎比較接近（圖 5-12，7）〔註 59〕。

綿竹清道 M1 出土 3 件銅鼎。其中 M1：12 為箍口帶蓋鼎，器蓋上分布有三臥牛鈕，蓋和器身均飾多周蟠螭紋（圖 5-12，4）。這種造型的銅鼎主要見於楚文化區，如河南淅川徐家嶺 M10：55、50 鼎，徐家嶺 M1：2、3 鼎等〔註 60〕，

〔註 54〕 中國青銅器全集編輯委員會：《中國青銅器全集·東周 4》，北京：文物出版社，1998 年，圖五。

〔註 55〕 中國青銅器全集編輯委員會：《中國青銅器全集·東周 4》，北京：文物出版社，1998 年，圖六。

〔註 56〕 楊權喜：《襄陽山灣出土的鄀國和鄧國青銅器》，《江漢考古》1983 年第 1 期。

〔註 57〕 隨州市博物館：《隨州東城區發現東周墓葬和青銅器》，《江漢考古》1989 年第 1 期。

〔註 58〕 河南省文物研究所、河南省丹江庫區考古發掘隊、淅川縣博物館：《淅川下寺春秋楚墓》，北京：文物出版社，1991 年，第 106、242 頁。

〔註 59〕 河南省文物研究所、河南省丹江庫區考古發掘隊、淅川縣博物館：《淅川下寺春秋楚墓》，北京：文物出版社，1991 年，第 250、295～298 頁。

〔註 60〕 河南省文物考古研究所、南陽市文物考古研究所：《淅川和尚嶺與徐家嶺楚墓》，鄭州：大象出版社，2004 年，第 223～224、255～256 頁。

尤其是徐家嶺 M1 的兩件鼎，造型和紋飾均非常接近（圖 5-12，5）。值得注意的是，清道 M1：12 下腹部殘缺，但簡報繪圖時進行了復原，復原為圓底，而根據這類鼎的常見形態，底部應該近平。

圖 5-12　成都平原銅鼎與楚地銅鼎的對比

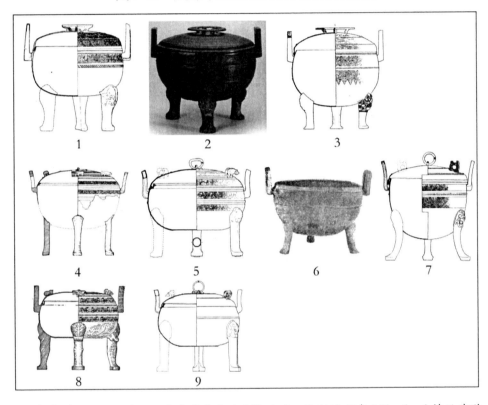

1.成都青羊小區 M1 出土　2.當陽金家山 M9 出土　3.淅川下寺 M4：1　4.綿竹清道 M1：12　5.淅川徐家嶺 M1：2　6.成都百花潭 M10 出土　7.淅川下寺 M11：5　8.新都馬家 M1 出土　9.淅川徐家嶺 M10：55

（圖片採自：1.《文物》1989 年第 5 期，第 33 頁，圖五；2.《中國青銅器全集·東周 4》，圖五；3.《淅川下寺春秋楚墓》，第 242 頁，圖一七九；4.《文物》1987 年第 10 期，第 26 頁，圖六：1；5.《淅川和尚嶺與徐家嶺楚墓》，第 224 頁，圖二零九；6.《文物》1976 年第 3 期，第 42 頁，圖一一；7.《淅川下寺春秋楚墓》，第 297 頁，圖二二二；8.《文物》1981 年第 6 期，第 7 頁，圖一四；9.《淅川和尚嶺與徐家嶺楚墓》，第 255 頁，圖二四一）

典型的附耳子母口鼎共有 8 件，其中成都無線電學校 M2 出土 3 件，新都馬家 M1 出土 5 件（Bc 型 III 式）。馬家 M1 的 5 件鼎中的 4 件形制一致，單獨的一件的形態與無線電學校 M2 兩件較為接近（圖 5-12，8），這 8 件鼎均與

湖北隨州擂鼓墩 M2：69、M2：71〔註61〕和河南淅川徐家嶺 M10：50、M10：
55〔註62〕等楚文化墓葬同類器接近（圖 5-12，9）。馬家 M1 鼎上有銘文「邵之
食鼎」，與湖北均川出土的銅器銘文一致〔註63〕，可能直接來自於湖北地區，
其紋飾也是楚地常見的鑲嵌動物形龍紋。馬家 M1 另外 4 件鼎器身更加低矮、
蓋隆起較高、足略矮，腹部裝飾變形的蟠螭紋。這種蟠螭紋主要見於楚地銅器
上，如下寺 M2：56 鼎〔註64〕及擂鼓墩 M2：53 甗〔註65〕等。這類銅鼎基本上
也來源於楚地。

　　上述箍口鼎和子母口鼎均與楚地同類器非常接近，毫無疑問屬於楚文化
系統。

　　（2）銅甗

　　3 件，分別出自青白江雙元村 M154 和新都馬家 M1（Aa 型、Ab 型）。雙
元村 M154：7＋4 甗，侈口，窄平沿，對稱立耳呈半圓形，弧腹較深，矮圈足；
甑腹部飾兩周絢索紋，將紋飾分為上下兩組，上組為一周折線紋，下組為一周
蟠螭紋，底部為網格狀鏤孔紋，分內外兩圈（圖 5-13，2）。類似的銅甗還見於
馬家 M1，其 I 式甗與雙元村甗非常接近（圖 5-13，1）。這兩件甗造型及紋飾
均較為接近，鬲足呈柱狀、較高，這種造型的甗常見於楚文化區域，如湖北隨
州擂鼓墩 M2：53（圖 5-13，3）〔註66〕、湖北荊門包山 M2：77（圖 5-13，4）
〔註67〕。雙元村 M154 甗的形態介於上述兩件湖北出土銅甗之間，環耳的形態
接近隨州擂鼓墩 M2：53 甗〔註68〕。雙元村及馬家 I 式甗的甑的上腹部均飾幾
何形三角紋等，這類紋飾在楚文化區也能見到，如湖北荊州天星觀 M1、湖北
荊門包山 M2 等墓葬部分銅器均飾三角紋等〔註69〕，但最常見的區域是江淮

〔註61〕隨州市博物館：《隨州擂鼓墩二號墓》，北京：文物出版社，2008 年，第 21～
　　　　24 頁。
〔註62〕河南省文物考古研究所、南陽市文物考古研究所、淅川縣博物館：《淅川和尚
　　　　嶺與徐家嶺楚墓》，鄭州：大象出版社，2004 年，第 255 頁。
〔註63〕隨州市博物館：《隨州均川出土銘文青銅器》，《江漢考古》1986 年第 2 期。
〔註64〕河南省文物研究所、河南省丹江庫區考古發掘隊、淅川縣博物館：《淅川下寺
　　　　春秋楚墓》，北京：文物出版社，1991 年，第 113 頁。
〔註65〕隨州市博物館：《隨州擂鼓墩二號墓》，北京：文物出版社，2008 年，第 52
　　　　頁。
〔註66〕隨州市博物館：《隨州擂鼓墩二號墓》，北京：文物出版社，2008 年，第 52 頁。
〔註67〕湖北省荊沙鐵路考古隊：《包山楚墓》，北京：文物出版社，1991 年，第 103 頁。
〔註68〕隨州市博物館：《隨州擂鼓墩二號墓》，北京：文物出版社 2008 年，第 53 頁。
〔註69〕湖北省荊州博物館：《荊州天星觀二號楚墓》，北京：文物出版社，2003 年，

地區，如安徽銅陵市區出土銅盉上的三角紋等〔註70〕。因此，雙元村甗上的幾何形紋飾很有可能來源於江淮地區。

馬家Ⅱ式甗的形態與Ⅰ式甗相差不大，年代當相距不遠，但頸部裝飾有變形蟠螭紋，這種紋飾可能模仿了戰國早期的一些楚式蟠螭紋，如曾侯乙墓 C96 鑊鼎、C123 簠〔註71〕等。

上述這 3 件甗均源自於楚文化區域，但幾何三角紋等裝飾可能受到了吳越文化區的影響。

圖 5-13　成都平原銅甗與楚地銅甗的對比

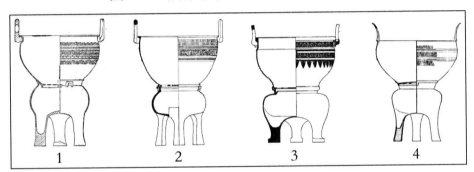

1.新都馬家 M1 出土　2.青白江雙元村 M154：7＋4　3.隨州擂鼓墩 M2：53　4.荊門包山 M2：77

（圖片採自：1.《文物》1981 年第 6 期，第 14 頁，圖三二；2.《考古學報》2020 年第 3 期，第 406 頁，圖七：2；3.《隨州擂鼓墩二號墓》，第 52 頁，圖三三；4.《包山楚墓》，第 103 頁，圖六〇）

（3）銅敦

7 件，見於成都青羊宮 M1、成都中醫學院 M1（圖 5-14，2）、成都石人小區 M8、綿竹清道 M1（圖 5-14，1）、什邡城關 M74B 以及新都馬家 M1 等墓葬（A、B 型）。均為球形敦，龍形鈕、蹄足或龍形鈕足，器形比較接近，與湖北當陽楊家山 M6：2（圖 5-14，3）〔註72〕、湖北麻城李家灣 M16：2〔註73〕、

第 65～66 頁；湖北省荊沙鐵路考古隊：《包山楚墓》，北京：文物出版社，1991年，第 103 頁。

〔註70〕安徽大學、安徽省文物考古研究所：《皖南商周青銅器》，北京：文物出版社，2006 年，第 96～97 頁。

〔註71〕湖北省博物館：《曾侯乙墓》，北京：文物出版社，1989 年，第 180、210 頁。

〔註72〕湖北省宜昌地區博物館、北京大學考古系：《當陽趙家湖楚墓》，北京：文物出版社，1992 年，第 123～124 頁。

〔註73〕湖北省文物考古研究所：《湖北省麻城市李家灣春秋楚墓》，《考古》2000 年第5 期。

湖北荊門包山 M2：175（圖 5-14，4）〔註74〕等比較接近。這類球形敦主要見於楚文化區，是楚文化系統的典型器物。

圖 5-14　成都平原銅敦與楚地銅敦的對比

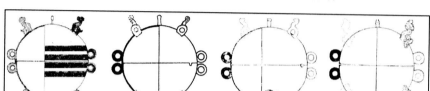

1.綿竹清道 M1：149　2.成都中醫學院 M1：2　3.當陽趙家湖 YM6：2　4.荊門包山 M2：175

（圖片採自：1.《文物》1987 年第 10 期，第 23 頁，圖二：2；《文物》1992 年第 1 期，第 72 頁，圖二：5；3.《當陽趙家湖楚墓》，第 123 頁，圖八八：4；4.《包山楚墓》，第 105 頁，圖六三）

（4）銅壺

13 件，其中提鏈壺 1 件，非提鏈壺 12 件。綿竹清道 M1：3（Ab 型），侈口，長頸，垂腹，圈足極不明顯。提鏈與壺頸部的對稱環耳相連接。頸部、腹部各飾三周蟠虺紋及一周三角紋（圖 5-15，1）。該壺整體造型與湖北曾侯乙墓的兩件提鏈壺（C.182、C.184）最為接近〔註75〕，二者整體造型包括環耳的位置均較為一致，只是曾侯乙壺頸部更加修長、腹部更淺（圖 5-15，2）。曾侯乙壺頸部飾兩周抽象的勾連紋帶以及三角紋，腹部飾勾連雲紋及龍鳳紋等。曾侯乙壺與 M1：3 在整體造型上極為相似，且紋飾也有相似之處，暗示清道 M1 銅壺可能屬於楚系銅壺。

非提鏈壺（Ac 型 II 式），其形態大致繼承了百花潭 M10 壺，主要見於成都金沙巷 M2（圖 5-15，3）、成都涼水井街 M1、新都馬家 M1 等墓葬。這些壺與楚地所見同類壺幾乎一致，如湖北襄陽陳坡 M10E：44（圖 5-15，4）〔註76〕、湖北荊州望山 M1：28〔註77〕等。這類銅壺無疑是源自於楚文化區。

〔註74〕湖北省荊沙鐵路考古隊：《包山楚墓》，北京：文物出版社，1991 年，第 105 頁。
〔註75〕湖北省博物館：《曾侯乙墓》，北京：文物出版社，1989 年，第 221～223 頁。
〔註76〕湖北省文物考古研究所、襄陽市文物考古研究所：《襄陽陳坡》，北京：科學出版社，2013 年，第 171 頁。
〔註77〕湖北省文物考古研究所：《江陵望山沙冢楚墓》，北京：文物出版社，1996 年，第 46～47 頁。

圖 5-15　成都平原銅壺與楚地銅壺的對比

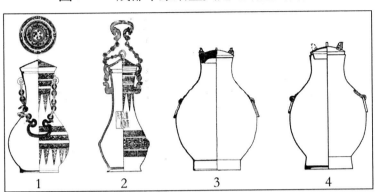

1.綿竹清道 M1：3　2.曾侯乙墓 C.182　3.成都金沙巷 M2：16　4.襄陽陳坡
M10E：44

（圖片採自：1.《文物》1987 年第 10 期，第 24 頁，圖三：2；《曾侯乙墓》，第
221 頁，圖一二○；3.《文物》1997 年第 3 期，第 19 頁，圖一○：3；4.《襄陽
陳坡》，第 171 頁，圖一三七：3）

（5）銅簠

僅 1 件，為成都文廟西街 M1：2，器身和器蓋等大、同形，蓋緣有銜扣使
上下扣合，腹部豎耳殘缺（圖 5-16，1）。這件簠與楚地多件簠形制接近，如河
南淅川下寺楚墓 M1：45 佣簠（圖 5-16，2）〔註78〕、湖北襄陽山灣 M33：4
子季嬴青簠〔註79〕。文廟西街 M1 出土銅簠為典型的楚式風格。

圖 5-16　成都文廟西街 M1 銅簠與下寺銅簠的對比

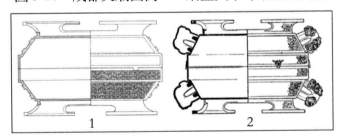

1. 成都文廟西街 M1：2　2.淅川下寺 M1：45

（圖片採自：1.《成都考古發現》（2003），第 248 頁，圖四；2.《淅川下
寺春秋楚墓》，第 65 頁，圖五四）

〔註78〕 河南省文物研究所、河南省丹江庫區考古發掘隊、淅川縣博物館：《淅川下寺
春秋楚墓》，北京：文物出版社，1991 年，第 60～65 頁。

〔註79〕 湖北省博物館：《襄陽山灣東周墓葬發掘報告》，《江漢考古》1983 年第 2 期；
中國青銅器全集編輯委員會：《中國青銅器全集·東周 4》，北京：文物出版社，
1998 年，圖 23。

（6）銅盤

6件，其中 Ab 型弧腹盤見於成都文廟西街 M1、成都金沙巷 M2，Ac 型折腹盤見於什邡城關 M1、新都馬家 M1、青白江雙元村 M154 等墓葬。金沙巷 M2：15 與文廟西街 M1：14 銅盤，斂口，淺弧腹，大平底，腹上部有對稱的雙環耳銜環，素面（圖 5-17，1、2），與楚、吳越等南方地區流行的淺腹、無底、腹部帶環耳銜環的銅盤風格接近，如湖北襄陽山灣 M19：3 盤（圖 5-17，3）〔註80〕、江蘇吳縣何山東周墓出土銅盤（圖 5-17，4）〔註81〕。Ab 型盤的起源可能與吳越地區有關。馬家 M1（圖 5-17，6）、雙元村 M154 腰：2（圖 5-17，5）、城關 M1 均為折腹盤，也常見於楚地，如湖北襄陽陳坡 M10S：98（圖 5-17，7）〔註82〕。而折腹盤除楚地外，還見於周邊地區，如山西長子牛家坡 M7：17 盤〔註83〕，可能都是受到了楚文化的影響，其產生及主要流行區是楚文化區。

圖 5-17　成都平原銅盤與其他銅盤的對比

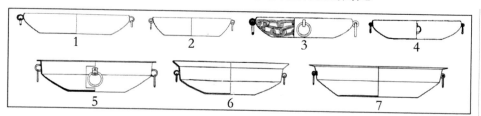

1.成都文廟西街 M1：14　2.成都金沙巷 M2：15　3.襄陽山灣 M19：3　4.吳縣何山墓出土　5.青白江雙元村 M154 腰：2　6.新都馬家 M1 出土　7.襄陽陳坡 M10S：98

（圖片採自：1.《成都考古發現》（2003），第 249 頁，圖五：1；2.《文物》1997 年第 3 期，第 19 頁，圖一〇：4；3.《江漢考古》1983 年第 2 期，第 10 頁，圖十四：2；4.《文物》1984 年第 5 期，第 17 頁，圖三：3；5.《考古學報》2020 年第 3 期，第 409 頁，圖一〇：2；6.《文物》1981 年第 6 期，第 6 頁，圖一二：4；7.《襄陽陳坡》，第 198 頁，圖一六三：2）

（7）銅匜

2件，見於成都青羊宮 M1 及新都馬家 M1，與青白江雙元村 M154 銅匜形態接近，但無裝飾。這類匜較早見於楚文化及相關的江淮地區，隨後逐

〔註80〕湖北省博物館：《襄陽山灣東周墓葬發掘報告》，《江漢考古》1983 年第 2 期。
〔註81〕吳縣文物管理所：《江蘇吳縣何山東周墓》，《文物》1984 年第 5 期。
〔註82〕湖北省文物考古研究所、襄陽市文物考古研究所：《襄陽陳坡》，北京：科學出版社，2013 年，第 198 頁。
〔註83〕山西省考古研究所：《山西長子縣東周墓》，《考古學報》1984 年第 4 期。

漸向北擴張流行於整個中原文化區〔註84〕。因此這幾件匜均可能受到了楚文化的影響。

（8）銅尊缶

10件，見於成都水利設計院M5、成都青羊宮M1（圖5-18，2）、綿竹清道M1、青白江雙元村M154（圖5-18，1）、新都馬家M1（圖5-18，3）等墓葬。這些墓出土銅尊缶的形態大體接近，均與楚地出土的尊缶比較類似。如青羊宮M1缶與湖北麻城李家灣M1：2缶比較接近（圖5-18，5）〔註85〕，馬家M1缶與河南平頂山滍陽嶺M10：21比較接近（圖5-18，6）〔註86〕，清道M1：5、雙元村M154腰：8的造型則與河南淅川下寺M11：1比較接近（圖5-18，4）〔註87〕，但清道M1缶頸部裝飾有鑲嵌式的獸體龍紋。這種裝飾不見於楚地的尊缶之上，但這種紋飾同樣來自於楚文化區域。因此，這些尊缶均源自楚文化區域。

（9）銅浴缶

2件，出自新都馬家M1。子口帶蓋，肩部雙耳對稱，鼓腹，矮圈足（圖5-19，1）。其形態與河南淅川下寺M2：51〔註88〕、淅川和尚嶺M2：85〔註89〕相似（圖5-19，3、4）；器蓋間飾渦紋和蟠螭紋，紋飾與和尚嶺M2：85缶的腹部紋飾幾乎完全一致。但其雙耳加裝提鏈的做法，則更接近戰國早中期的風格，如湖北隨州曾侯乙墓C.189（圖5-19，2）〔註90〕。浴缶的造型、裝飾均源自於楚文化區。

（10）銅鑒

2件，出自新都馬家M1（圖5-20，1）。馬家M1鑒與河南淅川徐家嶺

〔註84〕路國權：《東周青銅容器譜系研究》，上海：上海古籍出版社，2018年，第645頁。

〔註85〕湖北省文物考古研究所：《湖北省麻城市李家灣春秋楚墓》，《考古》2000年第5期。

〔註86〕河南省文物考古研究所、平頂山市文物局：《平頂山應國墓地十號墓發掘簡報》，《中原文物》2007年第4期。

〔註87〕河南省文物研究所、河南省丹江庫區考古發掘隊、淅川縣博物館：《淅川下寺春秋楚墓》，北京：文物出版社，1991年，第300～301頁。

〔註88〕河南省文物研究所、河南省丹江庫區考古發掘隊、淅川縣博物館：《淅川下寺春秋楚墓》，北京：文物出版社，1991年，第130頁。

〔註89〕河南省文物考古研究所、南陽市文物考古研究所、淅川縣博物館：《淅川和尚嶺與徐家嶺楚墓》，鄭州：大象出版社，2004年，第44頁。

〔註90〕湖北省博物館：《曾侯乙墓》，北京：文物出版社，1989年，第239頁。

M9：26 造型和紋飾均非常接近（圖 5-20，2）〔註91〕，但該鑒圈足較高，與戰國中期的銅鑒更為接近。總之，馬家 M1 鑒源自於楚文化區。

圖 5-18　成都平原銅尊缶與楚地銅尊缶的對比

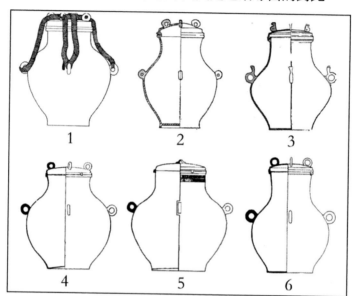

1.青白江雙元村 M154 腰：8　2.成都青羊宮 M1：4　3.新都馬家 M1 出土　4.淅川下寺 M11：1　5.麻城李家灣 M1：2　6.平頂山滍陽嶺 M10：21

（圖片採自：1.《考古學報》2020 年第 3 期，第 406 頁，圖七：3；2.《考古》1983 年第 7 期，第 598 頁，圖二：4；3.《文物》1981 年第 6 期，第 6 頁，圖一二：3；4.《淅川下寺春秋楚墓》，第 301 頁，圖二二七；5.《考古》2000 年第 5 期，第 25 頁，圖七：2；6.《中原文物》2007 年第 4 期，第 11 頁，圖十一：2）

〔註91〕 河南省文物考古研究所、南陽市文物考古研究所、淅川縣博物館：《淅川和尚嶺與徐家嶺楚墓》，鄭州：大象出版社，2004 年，第 186 頁。

圖 5-19　馬家 M1 銅浴缶與楚地銅浴缶的對比

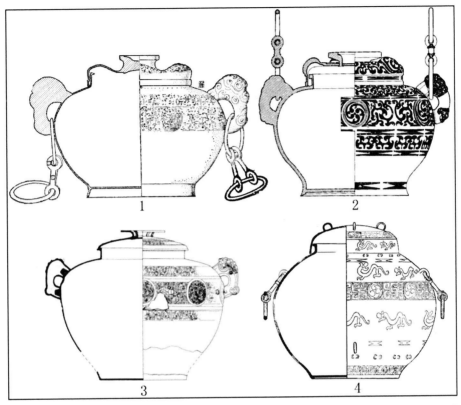

1.新都馬家 M1 出土　2.隨州曾侯乙墓 C.189　3.淅川和尚嶺 M2：85　4.淅川下寺
M2：51

（圖片採自：1.《文物》1981 年第 6 期，第 14 頁，圖三五；2.《曾侯乙墓》，第 239
頁，圖一三六；3.《淅川和尚嶺與徐家嶺楚墓》，第 44 頁，圖四一；4.《淅川下寺
春秋楚墓》，第 130 頁，圖一〇六）

圖 5-20　馬家 M1 銅鑒與徐家嶺銅鑒的對比

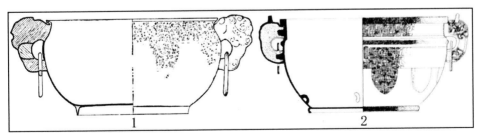

1.新都馬家 M1 出土　2.淅川徐家嶺 M9：26

（圖片採自：1.《文物》1981 年第 6 期，第 14 頁，圖三一；2.《淅川和尚嶺與徐家嶺
楚墓》，第 186 頁，圖一七八）

（11）仿銅陶器

本期還出土了較多仿銅陶器，與楚文化相關的主要有盞、尊缶、浴缶等。尊缶如金沙星河路 M2705：3，與河南平頂山滍陽嶺 M10：21 銅尊缶接近〔註92〕。浴缶如金沙黃河 M577：4，與河南淅川下寺 M7：3 銅浴缶比較接近〔註93〕。盞如金沙黃河 M600：1，與淅川下寺 M7：8 銅盞比較接近〔註94〕。這些仿銅陶器的原型基本與楚式銅器一致。

3. 與吳越文化相關的器物

本期成都平原商周墓葬中出土少量銅器與吳越文化有關，主要有銅鼎、銅敦、銅矛等，包括銅鼎 4 件、銅敦 1 件、銅矛 1 件。

（1）銅鼎

4 件，見於成都金沙巷 M2、成都石人小區 M9、綿竹清道 M1 及青白江雙元村 M154 等墓葬（A 型），這類銅鼎主要見於吳越文化區。金沙巷 M2：17、石人小區 M9：1、雙元村 M154 腰：5 三件形制較接近，均為折沿、素面、淺腹、立耳的造型（圖 5-21，3），與長江中下游撇足鼎基本一致，如湖南湘鄉何家灣 M1：4、湖南湘鄉五里橋 M1：26〔註 95〕、湖南桃江腰子侖 M98：1（圖 5-21，4）〔註 96〕等。清道 M1：145 形制與上述幾件比較接近，但上腹部飾多周紋飾，其中三角紋也主要見於吳越文化區。而清道 M1：146 為子口附耳的造型、素面（圖 5-21，1），與江西瑞昌六合出土銅鼎非常接近（圖 5-21，2）〔註 97〕。清道 M1 的兩件鼎均未修復，簡報中為復原的線圖，其腹部較深，較其他地區的撇足鼎深一些，可能是不符合實際情況的。

上述幾件鼎均源於吳越文化區是較為明確的。

〔註92〕 河南省文物考古研究所、平頂山市文物局：《平頂山應國墓地十號墓發掘簡報》，《中原文物》2007 年第 4 期。

〔註93〕 河南省文物研究所、河南省丹江庫區考古發掘隊、淅川縣博物館：《淅川下寺春秋楚墓》，北京：文物出版社，1991 年，第 34 頁。

〔註94〕 河南省文物研究所、河南省丹江庫區考古發掘隊、淅川縣博物館：《淅川下寺春秋楚墓》，北京：文物出版社，1991 年，第 37 頁。

〔註95〕 湘鄉縣博物館：《湘鄉縣五里橋、何家灣古墓葬發掘簡報》，《湖南考古輯刊》（3），北京：中國社會科學出版社，1986 年，第 39～44 頁。

〔註96〕 益陽市文物管理處：《湖南桃江腰子侖春秋墓》，《考古學報》2003 年第 4 期。

〔註97〕 何國良、馮利華：《瑞昌市郊出土兩件春秋銅鼎》，《江西文物》1990 年第 3 期。

圖 5-21　成都平原銅鼎與長江中下游銅鼎的對比

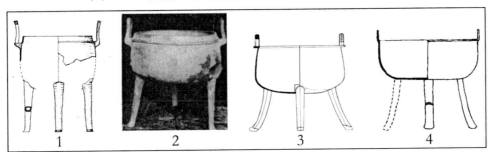

1.綿竹清道 M1：146　2.瑞昌六合出土　3.青白江雙元村 M154 腰：5 4.桃江腰子侖 M98：1

（圖片採自：1.《文物》1987 年第 10 期，第 23 頁，圖二：8；2.《江西文物》1990 年第 3 期，第 43 頁，圖二：2；3.《考古學報》2020 年第 3 期，第 406 頁，圖七：1；4.《考古學報》2003 年第 4 期，第 528 頁，圖一九：1）

（2）銅敦

成都文廟西街 M1：16 銅敦（C 型），作半球形，口部有銜扣，腹部兩側有對稱環鈕，素面，不見足或鈕（圖 5-22，1）。這種形態的銅敦在楚墓中偶有所見，如湖北襄陽蔡坡 M4：3（圖 5-22，2）〔註98〕、襄陽余崗 M289：2〔註99〕等都有出土。在山東地區及江淮地區亦有發現，如山東臨沂鳳凰嶺墓坑：42 敦（圖 5-22，3）〔註100〕、山東呂縣鐘樓鄉於家溝村出土敦（圖 5-22，4）〔註101〕。這種形制的敦可能不是楚地的傳統，可能源自江淮及鄰近的海岱地區。

（3）銅矛

成都石人小區 M9：33 銅矛（Ab 型 I 式），骹口內凹，葉較窄長（圖 5-23，1），這類銅矛主要見於長江中下游地區〔註102〕，如湖南資興舊市 M361：4（圖 5-23，3）〔註103〕、浙江紹興出土的 1 件銅矛（圖 5-23，2）〔註104〕。

〔註98〕湖北省博物館：《襄陽蔡坡戰國墓發掘報告》，《江漢考古》1985 年第 1 期。

〔註99〕襄陽市文物考古研究所：《余崗楚墓》，北京：科學出版社，2011 年，第 405 頁。

〔註100〕山東兗石鐵路文物考古工作隊：《臨沂鳳凰嶺東周墓》，濟南：齊魯書社，1988 年，第 12 頁。

〔註101〕中國青銅器全集編輯委員會：《中國青銅器全集·東周 3》，北京：文物出版社，1997 年，圖七一。

〔註102〕李健民：《論四川出土的青銅矛》，《考古》1996 年第 2 期。

〔註103〕湖南省博物館：《湖南資興舊市戰國墓》，《考古學報》1983 年第 1 期。

〔註104〕沈作霖：《紹興出土的春秋戰國文物》，《考古》1979 年第 5 期。

圖 5-22　文廟西街 M1 銅敦與相關銅敦的對比

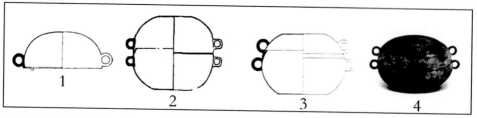

1.成都文廟西街 M1：16　2.襄陽蔡坡 M4：3　3.臨沂鳳凰嶺墓坑：42　4.呂縣於家溝村出土

（圖片採自：1.《成都考古發現》（2003），第 249 頁，圖五：2；2.《江漢考古》1985 年第 1 期，第 12 頁，圖十三：2；3.《臨沂鳳凰嶺東周墓》，第 12 頁，圖七：3；4.《中國青銅器全集·東周 3》，圖七一）

圖 5-23　成都石人小區銅矛與相關銅矛的對比

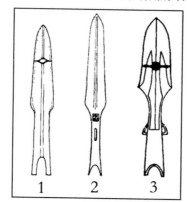

1.成都石人小區 M9：33　2.紹興出土　3.資興舊市 M361：4

（圖片採自：1.《文物》2002 年第 4 期，第 37 頁，圖一二：4；2.《考古》1979 年第 5 期，第 480 頁，圖二：11；3.《考古學報》1983 年第 1 期，第 110 頁，圖一八：10）

（三）第三期

第三期墓葬具有外來文化因素的器物也較多，主要包括中原文化因素、楚文化因素和秦文化因素等。

1. 與中原文化相關的器物

第三期仍然出土了部分與中原文化相關的器物，有銅鼎、銅盉和仿銅陶器等，包括銅鼎 2 件、銅盉 1 件、仿銅陶蓋豆 1 件。

（1）銅鼎

成都羊子山 M172：36 等兩件附耳子母口鼎（Bd 型），體型較小，鼎蓋和

器身均呈弧形，整體略呈橢圓形，矮蹄足（圖 5-24，1）。這類銅鼎常見於戰國晚期至西漢早期，戰國晚期主要見於中原地區，但隨著戰國晚期秦國勢力的擴張，楚地也較常見這類鼎。如河南泌陽官莊 M3：8 鼎〔註 105〕、湖北雲夢睡虎地 M11：54 鼎等均與羊子山這兩件鼎形制非常接近（圖 5-24，2）〔註 106〕。

（2）銅盉

成都羊子山 M172：49 盉，小口，圓鼓腹，蹄足（圖 5-24，3）。這類銅盉常見於中原地區，如河北平山三汲中山王墓三件銅盉（M1DK：16-18）就與羊子山盉非常接近（圖 5-24，4）〔註 107〕，說明這件銅盉可能與中原地區關係密切。

圖 5-24　成都羊子山 M172 銅器與中原銅器的對比

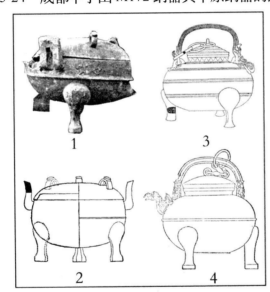

1、2.鼎（M172：36、雲夢睡虎地 M11：54）　3、4.盉（M172：49、平山三汲 M1DK：17）

（圖片採自：1.《考古學報》1956 年第 4 期，圖版二：3；2.《雲夢睡虎地秦墓》，第 42 頁，圖五〇；3.《考古學報》1956 年第 4 期，第 12 頁，圖一五；4.《毀墓——戰國中山國國王之墓》，第 128 頁，圖四四：2）

〔註 105〕駐馬店地區文管會、泌陽縣文教局：《河南泌陽秦墓》，《文物》1980 年第 9 期。

〔註 106〕《雲夢睡虎地秦墓》編寫組：《雲夢睡虎地秦墓》，北京：文物出版社，1981 年，第 42 頁。

〔註 107〕河北省文物研究所：《毀墓——戰國中山國國王之墓》，北京：文物出版社，1995 年，第 16～18 頁。

（3）仿銅陶蓋豆

該階段有少量蓋豆出土，如蒲江東北公社 M2：8（II 式），與河北新樂中同村 M1 銅豆接近〔註 108〕，可能具有中原文化背景。

2. 與楚文化相關的器物

第三期與楚文化相關的器物仍然較多，大多出自成都羊子山 M172 中，包括銅鼎 1 件、銅甗 1 件、銅方壺 1 件、銅尊缶 1 件、銅浴缶 1 件、銅矛 1 件、銅鏡 1 枚。

（1）銅鼎

成都羊子山 M172：1 附耳折沿鼎（Ba 型），體型較大，折沿，束頸，深腹，平底，大蹄足，雙附耳外撇較甚（圖 5-25，1）。這種造型的鼎與楚地常見的鑊鼎一致，如與安徽壽縣朱家集大墓出土的大鼎非常接近（圖 5-25，2）〔註 109〕。這類大鑊鼎目前基本僅見於楚地高等級的大墓中〔註 110〕。

（2）銅甗

成都羊子山 M172：34 甗（B 型），鬲呈鼎形，甑部較高（圖 5-25，3）。這類鬲體呈鼎形的甗主要見於中原地區，戰國晚期楚地也有少量發現。安徽六安白鷺洲 M566：76 甗（圖 5-25，4）〔註 111〕、安徽壽縣朱家集大墓甗〔註 112〕等的形制與這件非常接近。

（3）銅壺

成都羊子山 M172：3 方壺（BII 式），帶蓋，蓋上有 4 個變形龍形鈕（圖5-25，7）。均為戰國晚期中原及楚地常見的形制，可能與楚文化有關，如湖北雲夢睡虎地 M11：45 方壺與之較為接近（圖 5-25，8）〔註 113〕。

羊子山還有兩座墓 M85 和 M88 發表了少量的資料〔註 114〕。M88 出土一件方壺，與 M172 方壺接近，可能也與楚地有關。M85 則出土一件提鏈壺，與

〔註 108〕 石家莊地區文物研究所：《河北新樂縣中同村戰國墓》，《考古》1984 年第 11 期。

〔註 109〕 張聞捷：《壽縣楚王墓的禮器組合研究》，《江漢考古》2014 年第 1 期。

〔註 110〕 張聞捷：《試論楚墓的用鼎制度》，《江漢考古》2010 年第 4 期。

〔註 111〕 安徽省文物考古研究所、六安市文物管理局：《安徽六安市白鷺洲戰國墓 M566 的發掘》，《考古》2012 年第 5 期。

〔註 112〕 張聞捷：《壽縣楚王墓的禮器組合研究》，《江漢考古》2014 年第 1 期。

〔註 113〕 《雲夢睡虎地秦墓》編寫組：《雲夢睡虎地秦墓》，北京：文物出版社，1981年，第 44 頁。

〔註 114〕 劉瑛：《巴蜀銅器紋飾圖錄》，《文物資料叢刊》(7)，北京：文物出版社，1983年，第 1～12 頁。

綿竹清道 M1：3 比較接近，但圈足略高，年代略晚，與湖北荊州馬山 M1 出土提鏈壺比較接近〔註115〕。

（4）銅尊缶

該階段仍然有銅尊缶出土，且形態上仍然保持了春秋晚期楚地的形態，並無任何變化。如蒲江飛龍村 06M2：29 等，仍然與河南淅川下寺 M11：1 等尊缶接近〔註116〕。

（5）銅浴缶

成都羊子山 M172：15 浴缶（圖 5-25，5），與新都馬家 M1 浴缶形制非常接近，與戰國晚期浴缶差異明顯，如壽縣朱家集大墓浴缶（圖 5-25，6）〔註117〕，整體略瘦高，圈足較高，雙耳有所簡化，與戰國早中期的浴缶差異明顯。羊子山 M172 這件浴缶可能是早期傳世之物。

圖 5-25　成都羊子山 M172 銅器與楚地銅器的對比

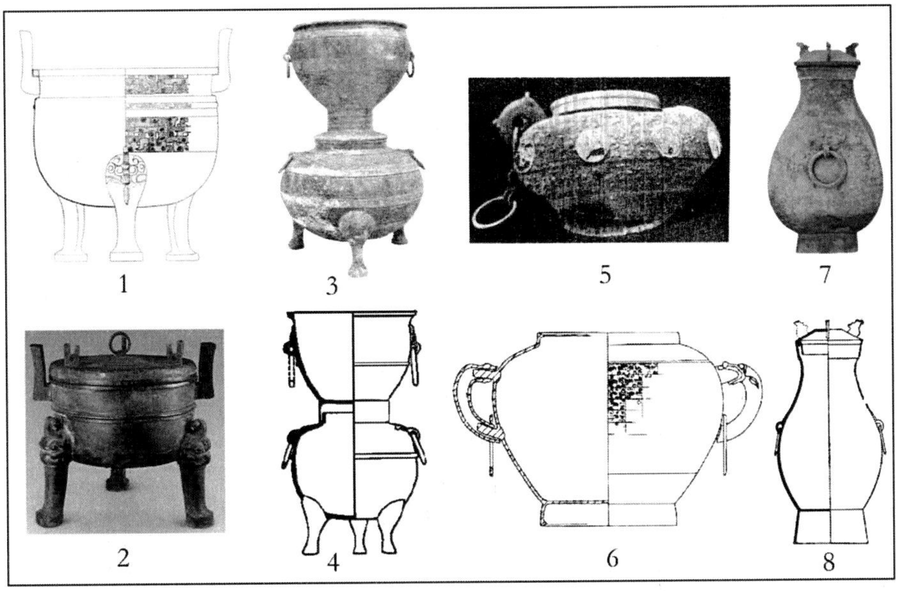

1、2.鼎（M172：1、壽縣朱家集墓出土〔註118〕）　　3、4.甗（M172：34、六安白

〔註115〕湖北省荊州地區博物館：《江陵馬山一號楚墓》，北京：文物出版社，1985 年，第 72～73 頁。

〔註116〕河南省文物研究所、河南省丹江庫區考古發掘隊、淅川縣博物館：《淅川下寺春秋楚墓》，北京：文物出版社，1991 年，第 300～301 頁。

〔註117〕張聞捷：《壽縣楚王墓的禮器組合研究》，《江漢考古》2014 年第 1 期。

〔註118〕圖片採自天津博物館網站，網址為 https://www.tjbwg.com/cn/collectionInfo.aspx?Id=2531.

鶯洲 M566：76）　5、6.（M172：15、壽縣朱家集墓出土）　7、8.方壺（M172：3〔註119〕、雲夢睡虎地 M11：45）

（圖片採自：1.《考古學報》1956 年第 4 期，第 9 頁，圖十；2. 天津博物館網站；3.《考古學報》1956 年第 4 期，圖版一：2；4.《考古》2012 年第 5 期，第 36 頁，圖七：1；5.《考古學報》1956 年第 4 期，圖版一：5；6.《江漢考古》2014 年第 1 期，第 81 頁，圖四：5；7.四川博物院網站；8.《雲夢睡虎地秦墓》，第 44 頁，圖五四）

（6）銅矛

成都羊子山 M172：69 銅矛（AbII 式），骹口內凹，與成都石人小區 M9：33 矛比較接近，也與長江中下游地區有關〔註120〕。

（7）銅鏡

成都羊子山 M172 出土 1 件羽鱗紋鏡，這種紋飾的銅鏡主要見於湖南地區，屬於楚地的銅鏡類型〔註121〕。M172 這件銅鏡可能受到了楚的影響。

3. 與秦文化相關的器物

第三期的秦文化因素主要體現在陶器方面，包括繭形壺 1 件、囷 1 件、盆 1 件及鼎 2 件、盒 2 件、壺 2 件的組合。

（1）陶繭形壺、囷、盆

成都羊子山 M172 出土 1 件陶繭形壺（圖 5-26，1）。繭形壺是發源於秦文化區域的一類特殊陶器，起始年代約為戰國中期，隨著戰國晚期秦對各地的控制，這類壺逐漸在中原和長江流域等地流行起來〔註122〕。成都羊子山這件壺與湖北雲夢睡虎地 M9：18 比較接近（圖 5-26，2）〔註123〕，暗示這件壺可能仍然是受到楚地的影響而來的。目前在成都平原僅發現這一件繭形壺，並無其他同類器物。成都光榮小區 M5 出土了一件陶囷（圖 5-26，5），與關中地區陶囷接近，如陝西臨潼上焦村 M16：19（圖，6-26，6）〔註124〕。而大邑五龍 M19 出土的折腹盆（II 式）（圖 5-26，3），與雲夢睡虎地 M3：2 陶甑的形態基本一

〔註119〕圖片採自四川省博物院網站，網址為 http://www.scmuseum.cn/thread-364-117.html.

〔註120〕李健民：《論四川出土的青銅矛》，《考古》1996 年第 2 期。

〔註121〕楊敏慧：《四川成都羊子山 172 號墓出土的羽鱗紋鏡斷代考》，《美與時代》2020 年第 4 期。

〔註122〕楊哲峰：《繭形壺的類型、分布和分期試探》，《文物》2000 年第 8 期。

〔註123〕《雲夢睡虎地秦墓》編寫組：《雲夢睡虎地秦墓》，北京：文物出版社，1981 年，第 49 頁。

〔註124〕秦俑考古隊：《臨潼上焦村秦墓清理簡報》，《考古與文物》1980 年第 2 期。

致（圖 5-26，4）〔註 125〕。

圖 5-26　成都平原與相關地區陶器的對比

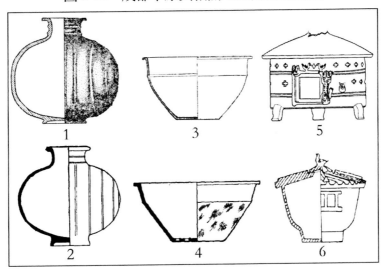

1、2.繭形壺（成都羊子山 M172：49、雲夢睡虎地 M9：18）　3.盆（大邑五龍 M19：26）　4.甑（雲夢睡虎地 M3：2）　5、6.囷（成都光榮小區 M5：57、臨潼上焦村 M16：19）

（圖片採自：1.《考古學報》1956 年第 4 期，第 5 頁，圖四；2.《雲夢睡虎地秦墓》，第 49 頁，圖七八；3.《考古》1987 年第 7 期，第 605 頁，圖三：3；4.《雲夢睡虎地秦墓》，第 50 頁，圖八六；5.《文物》1998 年第 11 期，第 27 頁，圖一七：7；6.《秦文化論叢》第七輯，第 367 頁，圖二：4）

（2）陶鼎、盒、壺

廣漢二龍崗 M37 中出土了典型的鼎、盒、壺的陶器組合（圖 5-27，1、2、3），且均為 2 件，這種器物組合主要見於戰國晚期的原楚國西部地區，是受到秦文化影響之後產生的一類器物組合。二龍崗 M37 這一組合很可能來自於鄂西地區，如湖北襄陽王坡 M17 等墓葬（圖 5-27，4、5、6）〔註 126〕。

經過前面的討論，可知成都平原商周墓葬中的文化因素較為複雜，主要與中原文化（以三晉地區為代表）、楚文化、吳越文化及秦文化有關。上述討論已經基本將帶有外來文化因素的器物分辨出來，為後面討論器物的生產和流通情況奠定了基礎。

〔註 125〕　《雲夢睡虎地秦墓》編寫組：《雲夢睡虎地秦墓》，北京：文物出版社，1981 年，第 50 頁。

〔註 126〕　湖北省文物考古研究所、襄樊市考古隊、襄陽市文物管理處：《襄陽王坡東周秦漢墓》，北京：科學出版社，2005 年，第 184 頁。

圖 5-27　廣漢二龍崗 M37 陶器與王坡 M17 陶器的對比

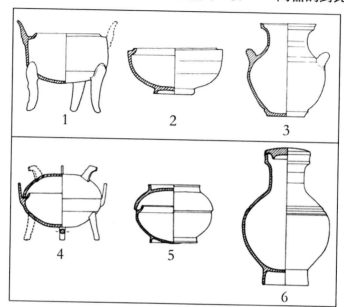

1、4.鼎（M37：10、M17：2）　　2、5.盒（M37：7、M17：3）　　3、6.壺（M37：1、M17：1）

（圖片採自：1～3.《廣漢二龍崗》，第 72 頁，圖三八：2、5、3；4～6.《襄陽王坡東周秦漢墓》，第 184 頁，圖一三七：1、2、3）

二、文化因素的構成

　　經過前面的分析，成都平原隨葬器物存在多種文化因素，除本地的文化因素之外，還有有楚文化、中原文化、吳越文化及秦文化因素等。涉及到較複雜的文化因素的，主要是陶器和銅器兩類器物。因此，以下主要對銅器和陶器兩類器物的文化因素進行分析，其餘材質的器物暫不涉及。

　　根據已有的研究成果以及筆者在前面所作的梳理，成都平原商周墓葬出土的器物的文化因素分為本地文化因素、楚文化因素、中原文化因素、吳越文化因素以及秦文化因素等 5 組。

　　A 組：本地文化因素

　　銅器：釜、鍪、釜甑、尖底盒、罍、戈（除 A 型 I 式外）、矛（Ab 型除外）、A 型劍，劍鞘，胄頂，鉞，斧，鑿，鋸，刀等。

　　陶器：尖底杯、尖底盞、尖底罐、小平底罐、矮領罐、高領罐、束頸罐、高領敞口罐、壺、甕、缽、高領圓底罐、釜、釜甑、鼎、豆等。

B 組：楚文化因素

銅器：Ba 型、Bb 型、Bc 型 I 式、Bc 型 II 式、Bc 型 III 式鼎，甗，A 型、B 型敦，Ab 型、Ac 型 II 式壺，尊缶，浴缶，鑒，Ac 型盤，匜，B 型劍等。

陶器：尊缶，浴缶，仿銅盞等。

C 組：中原文化因素

銅器：Bd 型鼎，蓋豆，Aa 型、Ab 型、Ac 型、B 型壺，Bb 型匜，Aa 型、Ba 型豆，A 型 I 式戈等。

陶器：蓋豆等。

D 組：吳越文化因素

銅器：A 型鼎、C 型敦、Ab 型盤、Ab 型矛等。

E 組：秦文化因素

陶器：繭形壺，囷，II 式、III 式盆等。

三、文化因素的歷時性變化

第一期第一段隨葬器物較為簡單，主要為陶器，有少量銅器。陶器以尖底器為主，均為本地文化因素（A 組）的陶器。銅器中有少量兵器，其中有 A 型 I 式銅戈的來源可能並非本地。這類無胡直內帶闌銅戈，與中原地區早商偏晚至中商時期的同類銅戈形制幾乎完全一樣，可能是直接受到中原地區的影響而產生的，甚至可能是直接從中原地區流入成都平原的。這類銅戈主要出自新都水觀音墓地中，這類銅戈當屬於中原文化因素（C 組）。因此，第一期的隨葬器物以本地文化因素為主，有少量銅器屬於中原文化因素的範疇。

第一期第二段隨葬器物數量不多，陶器占絕大多數。陶器以尖底器、平底器和圈足器為主，主要為尖底盞、尖底罐、束頸圈足罐、矮領罐等器物。這些陶器均屬於本地文化因素。因此，第二期隨葬器物均為本地文化因素（A 組）。

第一期第三段隨葬器物特徵與第二期比較接近，陶器占絕大多數。陶器的種類基本與第二段一致，也為本地文化因素（A 組）。

第一期第四段隨葬器物特徵與前兩段差異不大，仍然以陶器為主。陶器種類也不甚豐富，基本為本地文化因素（A 組）。

第二期第五段隨葬器物的數量和結構都發生了較大的變化，銅器占比大

幅提高，與陶器同為隨葬器物的主要組成部分。銅器主要為兵器，戈、劍、矛等，還有一類很有特色的模型兵器飾件。陶器主要有尖底盞、矮領罐、高領敞口罐及仿銅盞等器類。另有少量石器，如磨石、鑿等。這些器物大部分屬本地文化因素（A組）。而仿銅盞這一器類則屬於楚文化因素（B組），本地之前並無這類器物，銅盞也主要是楚文化墓葬常見的隨葬器物。因此，仿銅盞是屬於楚文化因素。第五段不僅隨葬器物的品類、數量和結構發生了變化，還首次出現了楚文化因素的器物，暗示該段很多層面都發生了較大的變化。

第二期第六段隨葬器物的數量和結構與第五段比較接近，以銅器和陶器為主。銅器仍然以兵器為主，如戈、矛、劍等。陶器主要為尖底盞、高領敞口罐等。這些器物仍屬於本地文化因素（A組）。本段多座墓葬隨葬有仿銅盞，屬於典型的楚文化因素（B組）。但外來文化因素也僅見此一類器物，不見其他類別的器物。

第二期第七段墓葬數量較多，隨葬器物種類豐富，以陶器和銅器為主，有少量玉、石器，首次出現了漆木器隨葬的現象。銅器以兵器和工具常見，主要為戈、矛、劍、鉞、斧等，有少量容器，如鍪等。該段還出現了帶有巴蜀符號的印章，這是本地文化的一種代表性器物。陶器以尖底盞、高領圜底罐、釜、甕等為主。仿銅陶器的數量和種類增多，主要有尊缶、浴缶、蓋豆、仿銅盞等。銅器無論是容器還是兵器，大部分均屬於本地文化因素（A組）。但仍有大量外來文化因素出現，楚文化因素（B組）包括鼎、敦、簠、壺、尊缶、浴缶、鑒、盤、匜等銅器，以及仿銅盞等陶器；中原文化因素（C組）包括壺、匜、鏡等銅器以及蓋豆等陶器；吳越文化因素主要為鼎、敦等銅器。因此，本段文化因素的構成趨於複雜，一方面外來文化因素增多，包括了楚文化和中原文化及少量吳越文化因素。另一方面本地文化因素得以強化，本地風格的兵器、工具、容器全面佔據主要地位，且出現了本地文化的代表性因素——印章以及各類巴蜀符號。

第七段中，巴蜀符號及印章的出現，實際上代表著本土文化意識形態的崛起，通過類似於文字的符號來表達等級、人群等觀念，且這些符號可以強化這種意識形態。同時，該階段還出現了大量的漆器隨葬，這些漆器縱然吸收了一些外部的文化因素，但總體而言，仍然是本地文化因素的體現，從此之後，成都平原一直延續了漆器的傳統。這些都是本地文化因素強化的體現。

第二期第八段隨葬器物的基本特徵與第七段較為接近，仍然以銅器和陶

器為主。陶器中較大的變化是尖底器大幅減少，圜底器大幅增加，圜底的釜、釜甑，矮柄的碗形豆較為流行。銅器仍然以兵器和工具類為主，容器也佔有一定比例。該段隨葬器物的文化因素依然較為複雜多樣。本地文化因素主要包括陶器和銅器等。陶器以釜、高領圜底罐、釜甑、碗形豆等為主，及少量的尖底盞。這些陶器屬本地文化因素（A組）。銅器以兵器和工具為代表，主要包括戈、矛、劍、鉞、斧等，還有少量鑿、鋸、刻刀等。容器主要包括釜、鍪、釜甑等。這些銅器也屬於典型的本地文化因素（A組）。本階段印章及巴蜀符號也更為常見。第八段出現了較多的楚文化因素（B組），主要包括陶尊缶、浴缶和銅鼎、甗、敦、壺、盤、匜、尊缶、浴缶等。吳越文化因素（D組）主要有銅鼎、銅矛等。中原文化因素（C組）主要為銅豆。

　　上述分析顯示第八段的文化因素構成也較為複雜，以本地文化因素為主，但楚文化因素、中原文化因素及吳越文化因素均存在，文化因素體現出明顯的多元化特徵。楚文化因素在這一階段成為重要的組成部分，外來文化因素中楚文化因素佔據主導地位，中原文化因素和吳越文化因素則居次要地位。

　　第三期第九段中，陶器佔據主要地位，銅器的占比下降。外來文化因素包括了楚文化因素、中原文化因素及秦文化因素等。

　　本地文化因素依然佔據主要地位。陶器包括鼎、釜、釜甑、高領圜底罐、甕、豆等。這些都屬於較典型的本地文化因素（A組），其中釜形鼎是新出現的器形。銅器主要是兵器中的戈、矛、劍等，工具類已經少見，容器主要是釜甑、釜、鍪等，另外還有印章及巴蜀符號。這些銅器大部分是延續了此前的器形，屬於典型的本地文化因素。

　　本段楚文化因素（B組）仍較多，陶器主要為仿銅尊缶，銅器包括鼎、甗、浴缶、尊缶、盤、銅鏡等。秦文化因素（E組）主要為陶繭形壺及陶鼎、盒、壺的陶器組合。中原文化因素（C組）不多，主要包括銅鼎、盃及仿銅陶器。

　　本段外來文化因素集中在少數幾座墓葬中，本地文化因素佔據絕對的主導地位。楚文化因素仍然是外來文化因素中最重要的，秦文化因素首次出現。這反映出成都平原日益呈現出多元化的文化因素，而秦文化的影響逐漸明顯，體現了政治格局的變化對本土文化帶來的衝擊。

　　第三期第十段的隨葬器物中，陶器佔據主要地位，銅器比例進一步減少。該段主要為本地文化因素和秦文化因素，基本不見楚文化因素以及中原文化因素。

　　本地文化因素（A組）佔據支配地位，主要是陶器，包括鼎、釜、釜甑、甕、圜底罐、豆等，都是較典型的本地文化因素。本段仍然有部分銅兵器，以及少量的容器如鍪、釜、釜甑等，亦屬典型的本地文化因素。

　　本段有少量的秦文化因素（E組），主要是陶器，包括折腹鉢、折腹盆（甑）、囷等器類。另外，本段半兩錢較為常見，是秦文化因素的體現。本段基本不見楚文化因素以及中原文化因素。

　　從上述分析可知，成都平原商周墓葬隨葬器物的文化因素呈現出的特徵是，本地文化因素佔據主導地位，與多寡不一的外來文化因素一同構成了多元化的文化景象。

　　第一期第一至第四段，基本是本地文化因素占主導地位，僅第一段出現了少量的中原文化因素。

表 5-1　各期、段文化因素的構成

期	段	階段特徵	因素構成
第一期	一 二 三 四	本地文化因素占主導地位，外來文化因素極少	本地文化因素、中原文化因素
第二期	五 六 七 八	本地文化因素占主要地位，存在多種外來文化因素	本地文化因素、楚文化因素、中原文化因素、吳越文化因素
第三期	九 十	本地文化因素占主導地位，外來文化因素比例較小	本地文化因素、中原文化因素、楚文化因素、秦文化因素

　　從第二期第五段開始，此後各段均不同程度包含有外來文化因素。第五、六段均僅有楚文化因素，但占比不多。第七、第八段有楚文化、中原文化及吳越文化等多種外來因素。第三期第九段仍然有部分楚文化因素及中原文化因素，新出現了秦文化因素。第十段僅見秦文化因素。大致來看，第五至第八段可視作一個大的階段，楚文化因素從開始出現到佔據一定的地位。第九、十段則是楚文化因素的退出和秦文化因素的滲透階段。中原文化因素以及越文化因素的流行與楚文化因素的流行，在時間上基本一致，均為集中在第五至八段。

根據文化因素的構成及其差異，成都平原商周墓葬隨葬器物，在以下三個階段呈現出較為明顯的變化。第一階段即為第一期第一至四段，本地文化因素占絕對主導地位，文化來源較為單一。第二階段為第二期第五至八段，本地文化因素占主要地位，楚文化、中原文化及吳越文化等因素也佔有一定比例，尤其是楚文化因素在外來文化因素中佔據最重要的位置。第三階段為第三期第九、十段，本地文化因素占主要地位，外來文化因素占比整體下降，有楚文化、秦文化及中原文化因素，楚文化因素逐漸消亡，秦文化因素逐漸興起（表 5-1）。文化因素三階段的劃分與第三章墓葬三期的劃分是一致的。

第二節　器物的生產和流通

關於成都平原商周墓葬隨葬器物的生產、流通等問題，學界成果還不多。近年來，隨著考古學研究的轉型，資源與社會之間的關係等問題受到廣泛關注。而成都平原商周墓葬中的隨葬器物則成為觀察器物的生產、流通以及社會的重要對象。

以下參照本章第二節關於文化因素的三階段（即第三章所分的三期）的順序，對這一問題加以分析。

一、第一期

第一期主要以本地文化因素為主。器類以陶器為主，有少量石器、銅器等。陶器以各類尖底器為主。這些陶器與同時期居址出土陶器的形制基本是一致的。本期墓葬中使用的陶器應該不存在專門製作的問題，而應是與日用陶器一同生產的。陶器較易破碎，但這些陶器大部分保存較好，推測它們可能並沒有經過使用，而是製作出來後直接用於喪葬活動。

至於第一期常見的隨葬磨石的現象，這些石器則可能與墓主的身份密切相關，很可能是使用過的某種工具，或者是這些工具的象徵。

因此，第一期中的陶器和石器，可能不存在專門化的生產系統，而是與其他日用器物一同生產的。但從流通的角度來看，其中部分器物可能僅供喪葬使用。即部分產品的最終目的是為喪葬服務的。第一期隨葬的陶器和石器，可能並非專門為喪葬活動生產，但最終這些產品部分流向了喪葬的行為中。

第一期還有少量的中原文化因素，即新都水觀音墓地出土的銅戈，這些銅戈與鄭州商城等地出土的銅戈形制基本一致。這些銅戈存在其原型從中原地

區流入成都平原並在本地仿製的可能。這類銅戈在成都平原及周邊地區發現較少，其使用者可能具有一定的社會地位或權力。從這個角度看，這些銅戈為本地仿製的可能性不是很大，更有可能是直接傳入的。因此，這類銅戈可能是從中原地區流入，被特定身份的人群佔據，最後用於隨葬。

二、第二期

第二期有本地文化因素和外來的楚文化因素、中原文化因素、吳越文化因素等，文化背景較為複雜。

（一）本地文化因素器物

以下分別從陶器、銅器和漆器三方面進行討論。

1. 陶器

屬於本地文化因素的陶器主要有尖底盞、釜、圜底罐、甕、豆等，這些器物在本地較為常見。春秋至戰國時期，成都平原居址數量不多，且大多被破壞嚴重。這些遺址大多分佈在成都市區西部一帶，市區以外主要見於彭州龍泉村遺址〔註127〕。從這些遺址出土的陶器來看，與同時期墓葬出土陶器的形制基本是一致的，也常見釜、圜底罐、甕、豆等器類。無論是質地、形態還是紋飾均基本一致。因此，推測墓葬隨葬的陶器與生活日用陶器也是統一生產的，並非為喪葬活動專門製作的。即是說，墓葬所用陶器與日用器在器類方面並無區別。

本期部分墓葬出土同一類陶器多達數件至數十件，而其形制基本一致，只能說明這些器物很可能是同一場所同時製作，才能保證其形態的一致性。

成都文廟西街 M2 中，尖底盞有 11 件，整體形態幾乎完全一致，器物口徑均在 10～12 釐米之間，平均約為 10.5 釐米，標準差約為 0.54（圖 5-28）。Ab 型陶豆 9 件，口徑在 10.8～13.2 釐米之間，平均約為 11.7 釐米，標準差為 0.85。成都商業街墓 G11 中出土 11 件 A 型甕，均侈口，束頸，鼓肩，鼓腹內收成小平底。口徑在 14.9～17.3 釐米之間，平均為 16.1 釐米，標準差為 0.84（圖 5-29）。在外形及尺寸方面也具有高度的同一性。

〔註127〕 成都文物考古研究所、彭州市博物館：《彭州市太清鄉龍泉村遺址戰國時期文化遺存 2003 年發掘報告》，《成都考古發現》（2004），北京：科學出版社，2006 年，第 283～305 頁。

圖 5-28　成都文廟西街 M2 陶尖底盞

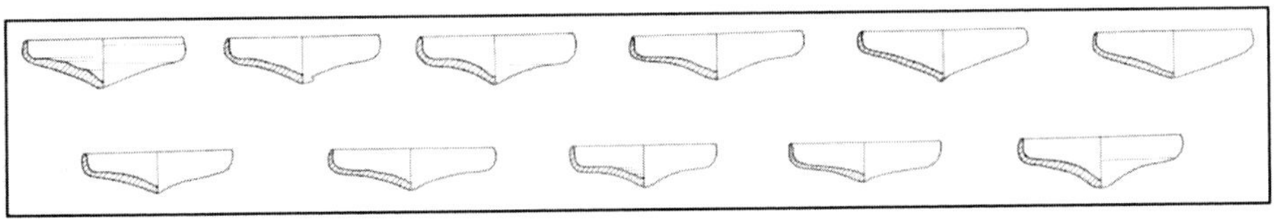

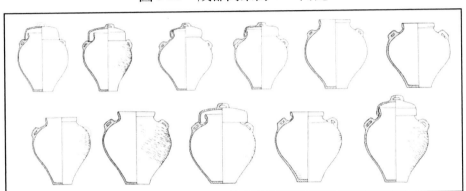

（圖片均採自《成都考古發現》（2003），第 256 頁，圖一三。圖中比例一致）

圖 5-29　成都商業街 G11 陶甕

（圖片均採自《成都商業街船棺葬》，第 113～114 頁，圖一一七、一一八。圖中比例一致）

　　成都文廟西街 M2、成都商業街墓地等隨葬數量較多的陶器在質地、器形及尺寸等方面均保持了較高的一致性，說明這些陶器很可能是同一作坊同時生產的。如果這些陶器是同時同地生產的，那麼最有可能的是這些陶器是專門為這些墓葬而定製生產的。即為了滿足特定喪葬活動的需求而單獨製作。至於製作場所的規模，是大型的生產場所還是小型的生產作坊，因缺乏相應的考古材料，一時難以斷定。但可明確的是，該期出現了較多專門為喪葬活動而生產的陶器，喪葬陶器的生產至少部分應該是專門生產的。喪葬陶器的器形仍與日用陶器保持一致，說明這些生產場所尚未分離，而是與日用陶器在同一場所生產的。

　　喪葬陶器的專門化，在戰國時期是一個較為普遍的現象。如楚文化區域的墓葬，常見鼎、敦、壺的組合，且常常為兩套或多套，其形制基本保持一致。而這些陶器火候較低，製作粗疏草率，完全不具備實用的可能。這些陶器是專門為喪葬使用而製作的，其種類在日用陶器中不甚常見。因此，楚地喪葬陶器的生產場所可能已經與日用陶器分離，呈現出高度專業化的特徵。相比楚地而言，成都平原商周墓葬陶器組合還不甚固定，個體之間的差異較大。陶器火候

也較高，其中部分可能是實用器。成都平原喪葬陶器的專門化水平也不高，其生產場所仍然與日用陶器在一起，而不似楚地存在專門為喪葬活動生產陶器的場所。

成都平原這種半專門化的生產方式決定了其流通可能還不是完全的商業化模式，或許是作坊為特定的對象生產的，這些作坊的規模可能較小，持續時間也不長，專業化、專門化程度也不高。推測這些陶器最終流向使用者手中可能也並非完全的商業化行為，更可能是小的族群、群體之間互助的結果。

2. 銅器

本地風格的銅器主要包括鍪、釜、釜甑、盒等容器，戈、矛、劍、鉞、斧等兵器和工具。

首先，需要探討的是這些銅器究竟是否為實用器，即在隨葬之前是否作為實用器存在或者說是為實用而製作生產的。

本階段大部分的銅器應該屬於實用器。這些銅器的質地好，製作較為精良，具備實用器的特徵。銅器中的容器在墓葬中規律性不強，除新都馬家 M1 之外，其餘的墓葬多為零散出現，並無某種固定的組合，說明這些銅器的隨葬具有較強的隨機性。兵器和工具在墓葬中更為普遍，大部分出銅器的墓葬均會隨葬兵器和工具，這說明這兩大類銅器在日常生活中更為常見，也更多地被使用，因而在墓主死後更常被隨葬。

少部分銅器可能不具有實用功能。金沙國際花園 M943、M940 等墓葬出土了成組的大量銅兵器模型，可辨器形有戈、矛、劍、戟等，這些器物的長度普遍在 5 釐米以下，大部分在 3 釐米左右，明顯不具備實用的功能。除此之外，還有一部分器物雖然尺寸較正常，但製作上存在明顯的缺陷，可能並非實用之器。如金沙星河路 M2725 等墓葬中出土的部分兵器劍、矛等，體型較小，形制較為一致，較輕薄，可能不具備實用的功能。這些器物整體觀感上形制更為一致，非常接近，而較大型的實用器則形制各一，不太相同。

（1）實用銅器

什邡城關 M25 隨葬了銅兵器和工具，包括劍 3 件、矛 2 件、戈 3 件、鉞 2 件、斧 1 件等。其中 2 件矛一大一小，M25：26 矛葉的肩部較寬，M25：14 矛葉的肩部較窄，形態差異明顯。三件戈也完全不同，其中 M25：30 為無胡三角援戈，而另外 2 件為有胡戈，2 件有胡戈的援、內、胡及穿均差異明顯。

三件銅鉞，M25：34 為直腰、略呈六邊形的橢圓形鑾，M25：32 為亞腰形、橢圓形鑾口，M25：31 近似斧形。三件柳葉形劍的形態較為接近，劍脊形態不同，巴蜀符號也不相同（圖 5-30）。雖然該墓出土銅器較多，但同類器的形制卻並不一致，說明這些器物可能是下葬時臨時拼湊在一起的，而非專門為隨葬而製作的。

什邡城關 M90-1 隨葬大量銅兵器、工具，還有 1 件銅鑾。柳葉形劍 3 件，均素面，形制比較接近，但尺寸均不相同。矛 8 件，其中 M90-1：2、3、30 三件葉均較寬，形態基本一致，且骹上的符號也是相同的，其餘 5 件形制和符號均各不相同。戈 4 件，其中 2 件無胡三角援戈，M90-1：8 援較寬，M90-1：9 援較窄，援上有符號；2 件為帶胡戈，M90-1：12 援首較寬，M90-1：10 援首較窄，二者巴蜀符號也不相同。因此，這 4 件銅戈雖然看似為兩件一組，但實際上任何兩件均存在明顯的差異，並非完全一致（圖 5-31）。

成都京川飯店 M1 出土 2 件銅鑾，均為單耳，但一大一小，口沿的外侈程度也完全不同。該墓還有 6 件矛，均各不相同，且差異非常明顯。4 件銅戈也有顯著差異。同類器物完全沒有形制上的一致性（圖 5-32）。

成都青羊宮 M1 銅戈也比較典型，共 5 件戈，簡報分為四式（即四型），同為三式的 17 和 22 號事實上也完全不同，且一件為素面，一件有動物形紋飾（圖 5-33）。

成都金沙巷 M2 出土 2 件銅鑾，均為素面，形態大體一致，但耳的位置也略有區別，M2：1 位置更靠近頸部，位置更靠上一些。

綿竹清道 M1 出土銅器非常多，但本地文化因素的銅器不多。兩件銅鑾，一件為雙耳，一件為單耳。7 件銅戈形制上也全然不同，既有無胡三角援戈，也有帶胡戈，M1：118 其形態甚至與商至西周時期銅戈比較接近，內上還有巴蜀符號。其餘的劍、刀等的形制也均不相同。

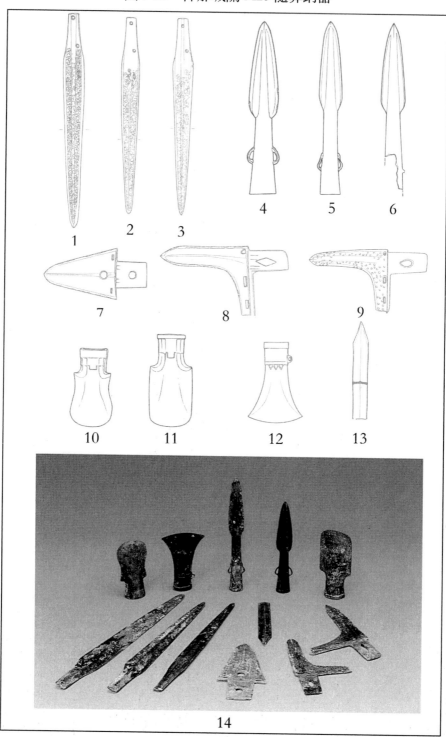

圖 5-30　什邡城關 M25 隨葬銅器

1～3.劍（M25：27、21、28）　4～6.矛（M25：26、14、8）　7～9.戈（M25：30、29、20）　10～12.鉞（M25：32、34、31）　13.刻刀（M25：33）　14.銅器組合照片

（圖片均採自《什邡城關戰國秦漢墓地》，分別為：1～3.第 260 頁，圖二八一：1、3、2；4～6.第 259 頁，圖二八〇：3、1、2；7～9.第 260 頁，圖二八二：3、2、1；10～12.第 261 頁，圖二八三：2、1、3；13.第 260 頁，圖二八一：4；14.圖版二七八）

圖 5-31　什邡城關 M90-1 隨葬銅器

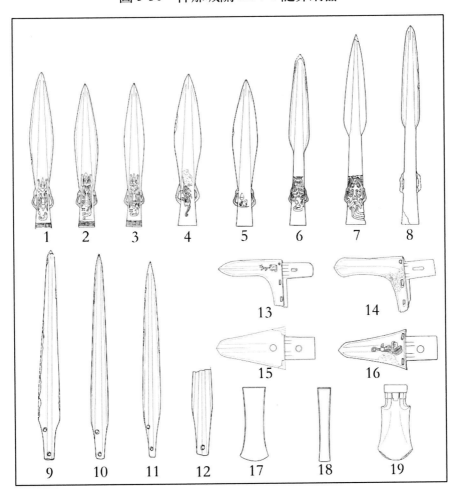

1～8.矛（M90-1：3、30、2、31、5、1、6、4）　9～12.劍（M90-1：14、19、22、15）　13～16.戈（M90-1：10、12、8、9）　17.斧（M90-1：21）　18.鑿（M90-1：17）　19.鉞（M90-1：13）

（圖片均採自《什邡城關戰國秦漢墓地》，分別為：1～4.第 116 頁，圖一一五：1、2、4、3；5.第 114 頁，圖一一三：4；6～8.第 115 頁，圖一一四：3、1、2；9～11.第 114 頁，圖一一三：1、2、3；12～16.第 117 頁，圖一一六：6、3、2、1、4；17～19.第 118 頁，圖一一七：2、3、1）

圖 5-32　成都京川飯店 M1 隨葬銅器

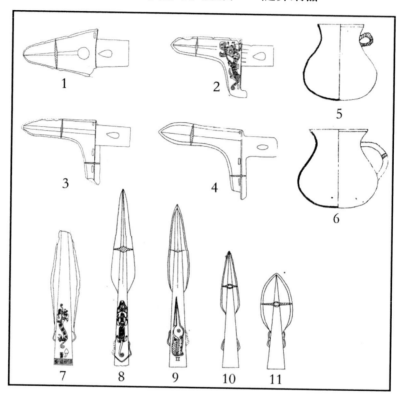

1～4.戈　5、6.鎣　7～11.矛

（圖片均採自《文物》1989 年第 2 期，分別為：1～4、7～11.第 63 頁，
圖二：6、16、9、17、3、1、2、5、4；5、6.圖九：4、5）

圖 5-33　成都青羊宮 M1 銅戈

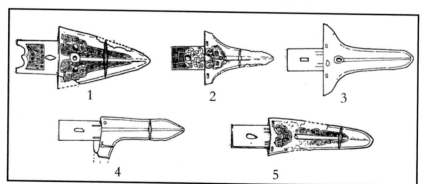

1～5.M1：18、17、22、21、19

（圖片均採自《考古》1983 年第 7 期，分別為：1～5.第 599 頁，圖四：
1、5、3、4、2）

　　上述墓葬中的同類銅器，形制均不相同，部分墓葬中同類器可分為幾組，每組內部的器形比較接近，但細緻對比也都差別較大。這一現象說明，這些實用銅器在隨葬時，是有組合或者器用制度上的考慮的，儘量湊成一組或幾組，尤其在數量關係上有一定的要求。但這些器物均非同時生產出來，更非專門為某些特定的墓主而生產。這些器物可能均為墓主及其群體在日常生活中使用的器物，在死後拼湊在一起的。這些器物的生產本身可能是專業化的，甚至是商業化的，但這些都是針對日常生活的使用，而非針對特殊的葬儀而產生的。

　　新都馬家 M1 隨葬器物的情況表明，存在專門為喪葬活動而生產的日用銅器。新都馬家 M1 中，本地風格的容器主要有釜、鍪、釜甑等，儘管器物線圖和照片未完全發表，但從描述中仍可知其形制是否一致。「釜，五件。大小有序，反緣，肩有辮索紋環形雙耳」；「鍪，五件。大小有序，頸腹間有辮索紋環耳」。5 件鍪中，有 3 件為單耳，2 件為雙耳，其餘均一致。從描述中可知，釜、鍪的形制基本上是一致的，甚至呈現出有序排列，明顯是生產時有意為之的。

　　新都馬家 M1 還出土大量兵器和工具，大多為 5 或 5 的倍數的組合。柳葉形劍，5 件，形制一致，大小有序。鉞，10 件，分大小兩組，各組形制相同。矛，5 件，形制相同。斧，5 件，形制相同。戈較多，有 30 件，簡報分四式：一式 10 件，分大小兩組，各 5 件，形制相同；二式戈也是 10 件分大小兩組；三式和四式各 5 件，形制分別相同。削，15 件，分大中小三組，形制相同。鑿，20 件，分四套，大小有序，各 5 件。從發表的圖片來看，上述這些器物部分是形制相同或按一定的大小次序排列的（圖 5-34、35），也有的並非如簡報所說的能整齊排列或形制相同，如矛和戈的形制即存在差異。但上述部分成組、形制相同的銅器，極有可能是同時生產的。

　　值得注意的是，上述工具和兵器類銅器基本上都有「▨▨」的巴蜀符號，且這類符號組合僅出現在馬家 M1 中，這一現象說明這批銅器是專門為墓主而生產的，很可能是同時在同一地點生產的，並鑄造了可能與墓主身份相關的同一種符號。前面的容器類雖然幾乎不見巴蜀符號，但形制高度一致，係同時鑄造生產的可能性極大。馬家 M1 出土的銅器，大多表面光滑，還保留有黃色的銅色，大多無鏽，這與成都平原其他大部分銅器出土的情形是不同的，推測其中部分銅器可能未經長時間的使用而埋葬的。

新都馬家 M1 這些本地風格的實用銅器，雖然具備實用功能，但較少見使用痕跡，可能並未被使用，而是直接隨葬，其製作和生產的初衷就是作為喪葬品。這說明部分等級較高的墓葬存在專門化的喪葬銅器的商品化服務。當時可能存在一些固定的場所，專門為貴族生產所需要的喪葬銅器，且可按照實際的需求，進行個性化的定製。這些喪葬銅器的生產和流通完全是商業化和市場化的。雖然新都馬家 M1 的銅器可以作為實用器，但流通的終點則是專屬的喪葬活動，從這個角度來說，這些銅器的性質與專用明器並無二致。

圖 5-34　新都馬家 M1 部分銅器

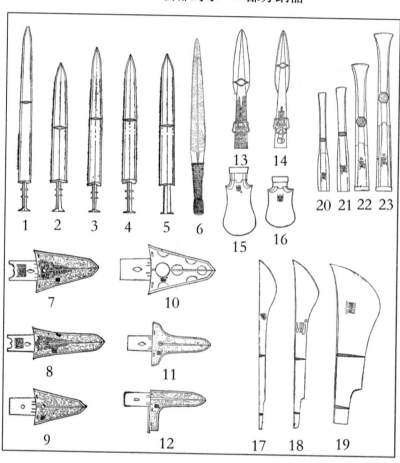

1～6.劍　7～12.戈　13、14.矛　15、16.鉞　17～19.削　20～23.鑿
（圖片均採自《文物》1981 年第 6 期，分別為：1～5.第 15 頁，圖三六；6.第 8 頁，圖一六；7～9.第 15 頁，圖三七；10、11.第 15 頁，圖三八；12.第 15 頁，圖四〇；13、14.第 9 頁，圖二〇；15、16.第 9 頁，圖一九；17～23.第 10 頁，圖二三）

圖 5-35　新都馬家 M1 五件銅斧

（圖片均採自《巴蜀青銅器》，第 37 頁，圖四二）

（2）非實用銅器

　　這部分銅器是指專門為喪葬活動而製作的器物，且基本不具備實用的可能。這些器物又可分為極小型的模型器以及與日用器大小接近的銅器，後者只是因其製作較為粗糙，達不到實用的標準。

　　小型的模型器，主要出自成都金沙遺址的墓葬。金沙國際花園 M943，在墓主人腰部等位置出土數量眾多的小型兵器，可辨器類有三角援戈、帶闌戈、柳葉形劍、矛等（圖 5-36）；M940 也出土數量較多的小型兵器，可辨器類有戈。M850 也出土大量小型兵器，可辨器類有戈；這 3 座墓出土的小型兵器均非常輕薄，質地較差，且尺寸很小，大多不超過 5 釐米，這些器物明顯不具有實用的功能。

　　除成都金沙遺址外，其他墓地也有小型容器模型出土。成都京川飯店 M1出土 7 件銅壺形珠，高 2.2、最大徑 1.6 釐米，表面飾三周三角形紋，中間以帶狀弦紋相隔。該器應該是仿照銅罍製作的模型器，不具備實用功能，且為相同的一組 7 件的組合，明顯是有意製作並隨葬的。成都平原地區向來對銅罍較為推崇，可能是墓主特意製作並隨葬的。

圖 5-36　金沙國際花園 M943 銅器

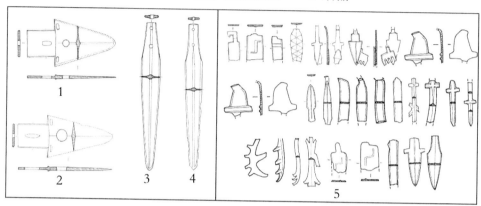

1、2.戈（M943：1、7）　　3、4.劍（M943：6、2）　　5. 銅兵器模型（M943：10-35）
（圖片均採自《成都考古發現》（2004），分別為：1～2.第 144 頁，圖二四：1、2；3
～4.第 145 頁，圖二五：1、2；5.第 147 頁，圖二七）

　　成都金沙遺址出土的這類模型化兵器，製作粗糙，明顯是為了隨葬而製作
生產的。其實際的用意還不甚清楚，但這些器物可能是墓主專門定製生產的，
這類器物在一定範圍內較為流行，可能存在小規模的專門人員和場所進行生
產，其流通可能也呈現出商業化和市場化的特徵。而類似成都京川飯店 M1 的
模型銅罍，可能是專門定製生產的，這種容器的模型器較少見，可能是較個別
的行為，而不是成一定規模的市場化和商業化行為。

　　與日用器較為接近的模型器不易分辨，因其外形與實用器基本一致，一般
稍小一些，但一般製作粗糙，可能不具備實用功能。

　　成都金沙星河路 M2722 隨葬有戈、矛、劍各 5 件。其中戈均為三角援，
形制幾乎完全一致，長度均為 12.4、脊厚 0.3 釐米，器體輕薄；矛，形制一致，
長約 14 釐米，葉非常薄，骹僅及葉的肩部，器壁有較多孔洞，這說明其製作
較為粗糙。金沙星河路 M2725 也出土大量的兵器，其中矛均為實用器。戈 15
件，其中 13 件為模型器，較為輕薄。劍 15 件，其中 2 件為實用器，13 件為
模型器，僅厚 0.2～0.3 釐米。上述模型兵器均不具備實用功能，但其組合卻較
為整齊，形態上基本保持了一致（圖 5-37）。

　　成都棗子巷 M1 出土了 35 件銅兵器，包括戈、矛、劍等，每類器物均可
分為實用器和模型器兩類。戈實用器 1 件，模型器 10 件；矛實用器 9 件，模
型器 4 件；劍實用器 2 件，模型器 9 件。模型器形制和大小均基本一致，尺寸
約為實用器的一半。這些非實用器組合與星河路墓地相同（圖 5-38）。

圖 5-37 金沙星河路 M2722 銅兵器

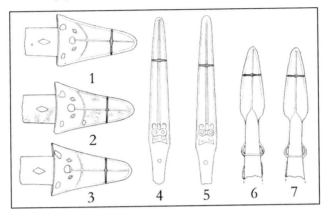

1～3.戈（M2722：9、7、8） 4、5.劍（M2722：4、1） 6、7.矛（M2722：14、13）

（圖片均採自《成都考古發現》（2008），分別為：1～7.第 114 頁，圖三七）

圖 5-38 成都棗子巷 M1 銅兵器

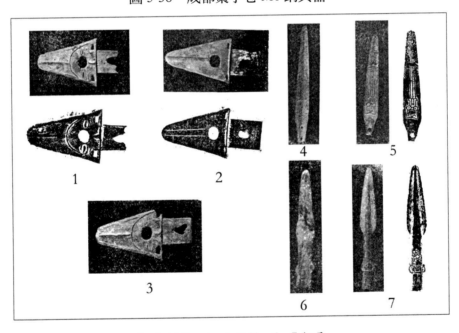

1～3.銅戈 4、5.銅劍 6、7.銅矛

（圖片均採自《文物》1982 年第 8 期，分別為：1～7.第 51～52 頁，圖圖四、圖三、圖五、圖一、圖二）

成都商業街墓地 G1 中也有兵器模型，包括三角援戈 2 件，矛 1 件，製作粗糙，不具備實用功能。

　　成都金沙星河路 M2722、M2725 及成都棗子巷 M1 的模型戈、矛、劍，其形制基本接近。其中柳葉形劍均飾蟬紋，成都金沙人防 M268 等墓葬中也有模型劍，與星河路和棗子巷的基本一致，只是為素面。成都金沙星河路和成都棗子巷的矛、三角援戈的形制也基本一致，包括戈穿孔的位置均相同。金沙星河路 M2722、M2725 和成都棗子巷 M1 三座墓並非同時，但它們出土的兵器模型除尺寸不一外，形制基本一致，暗示這些銅器可能是在同一生產場所生產的。而在春秋至戰國早期這樣長的時段中，能夠持續生產相似的產品，說明這些銅器的生產存在較強的市場化傾向，這些銅器的生產就是專門為喪葬而產生的。正因為不具有實用功能，生產時可按照統一的標準，以降低工藝難度，提高生產效率。

　　微量元素分析表明，金沙星河路 M2722 與 M2725 中相近的模型兵器，均可能為定製化生產，且雖然兩座墓葬的兵器形制相近，但生產卻是不同的批次，暗示這些模型兵器是專門為喪葬活動而生產的。在 M2725 中，雖然銅戈的形制幾乎一致，但其中 1 件並未和其他的幾件同時生產，為拼湊而成〔註 128〕。這說明本地風格的兵器生產較為複雜，即便同樣的器形，可能也存在不同的生產批次，但定製化、市場化的現象確實存在。

　　上述分析表明，在春秋戰國時期，墓葬模型銅器的生產呈現出定製化、市場化和商業化的特徵，其生產和流通均是為喪葬服務的。

　　前面較全面地分析了第二期本地風格銅器的生產和流通情況，發現不同類型銅器的生產和流通存在較大的區別。

　　首先是實用器。絕大部分的實用銅器，確實在墓主生前經過使用，死後再隨葬，這些銅器製作的初衷是為了實際使用。這部分銅器包括了容器、兵器、工具等多種，涵蓋了所有的種類。這些日用銅器的生產是專門化的，應該通過商業化和市場化的途徑流入各使用者的手中，而最終是否隨葬則具有較大的偶然性。還有少量銅器，如新都馬家 M1 的銅器，組合整齊、形制一致，雖然是實用器，但未經使用，而是直接用於隨葬，用於營造墓主的地下禮儀空間。這些銅器可能是定製化的生產，然後直接流入到某些特定的人群中，其生產目的就是為了隨葬。

　　科技分析表明，成都平原本土風格的銅器與峽江地區的微量元素存在較

〔註128〕黎海超、崔劍鋒、周志清、王毅、王占魁：《成都金沙遺址星河路地點東周墓葬銅兵器的生產問題》，《考古》2018 年第 7 期。

明顯的差異，應為本地生產〔註 129〕。但作為實用器的兵器可能並非專門為隨葬而生產，因此同一墓葬中的銅器的生產也並非同時，而是下葬之時臨時拼湊而成。成都平原本地風格的銅器鉛同位素的比值與曾、楚等地銅器較為接近〔註 130〕，兩地可能存在礦料的交流，這種現象與成都平原與楚地之間密切的文化聯繫是相符合的。

其次是非實用的模型器。具有代表性的是一些小型化或模型化的兵器。這些銅器生產的目的亦是為了隨葬，但其形制較忠實地模仿了實用器，只是形體較小，製作粗糙而輕薄。這些銅器甚至在不同時代的不同墓地中，呈現出幾乎一致的形制。這些銅器應該存在專門的製作和生產場所，按照統一的標準進行生產，然後以商業化的模式進行出售，造成了不同時代、不同購買者購買的產品，形制差異不大的現象。

總之，本地風格的銅器因為需求量較大，呈現出商業化、市場化的特徵。因為目的不同存在一些區別，部分器物是以實用為前提進行生產，部分實用器卻是為了隨葬而進行的定製化生產。模型器應該是明顯的較純粹的市場化、商業化、標準化生產的產物。

3. 漆器

同屬於戰國早期的成都商業街和青白江雙元村 M154 均出土了大量的漆器，且保存較好，造型和裝飾均較為清晰，兩地漆器在器類和裝飾上存在一些共性，為討論成都平原的漆器生產提供了可能。

在器類方面，青白江雙元村 M154 與成都商業街 G2 等出土漆器有相近之處。兩地均存在較多大型漆器的構件及一些小型漆器。商業街墓地的漆器主要有床、案、俎、幾、器座、盒、豆、簋、梳子等生活用具，鼓、鼓槌、編鐘架等樂器相關的器具，戈柲、矛杆等兵器構件〔註 131〕。雙元村 M154 則主要有床構件、瑟、耳杯、豆、戈柲、器柄等。兩地器類有相近之處，均以生活用具為主。部分器具的造型也非常接近，如商業街的漆床足 G2：1、6、7、8 等（圖 5-39，2），與雙元村 M154：8、24 等（圖 5-39，1），造型上幾乎完全一致，

〔註 129〕 黎海超、崔劍鋒、周志清、左志強：《科技視野下「異族同俗」現象的觀察——以巴蜀青銅器為例》，《考古》2021 年第 12 期。
〔註 130〕 黎海超、崔劍鋒、周志清、左志強：《科技視野下「異族同俗」現象的觀察——以巴蜀青銅器為例》，《考古》2021 年第 12 期。
〔註 131〕 成都文物考古研究所：《成都商業街船棺葬》，北京：文物出版社，2009 年，第 29 頁。

只是紋飾有所區別，反映出二者的年代接近。商業街與雙元村 M154 漆器在裝飾上也存在共性，尤其是在動物形的龍紋上，整體形態與組合也高度一致。雙元村 M154：32 床板（圖 5-39，3），飾具象的回首狀龍紋，且以紅、赭二色繪製，商業街 G2：14 床板、G2：21 漆足、G2：9 漆案等器物上均裝飾同樣的龍紋（圖 5-39，4、5）。雙元村 M154：41 漆瑟裝飾蟠螭紋，也與商業街 G2 諸多漆器上的蟠螭紋比較接近，但雙元村 M154 瑟以浮雕式的方式來表現，而商業街為彩色繪製，在表現手法上存在區別。

圖 5-39　青白江雙元村 M154 與成都商業街 G2 漆器對比

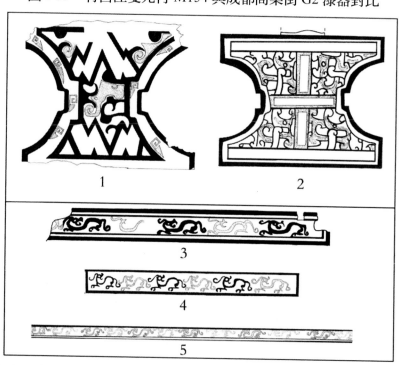

1、2.床足（雙元村 M154：8、商業街 G2：1）　3～5.漆器上的回首龍紋（雙元村 M154：32、商業街 G2：14、商業街 G2：9）

（圖片採自：1、3.《考古學報》2020 年第 3 期，第 419 頁，圖二一：2、1；2.《成都商業街船棺葬》，第 79 頁，圖七一：1；4.《成都商業街船棺葬》，第 82 頁，圖七四：1；5.《成都商業街船棺葬》，第 79 頁，圖五九-1）

　　總之，青白江雙元村 M154 的漆器和成都商業街的漆器存在密切的聯繫，尤其是龍紋的形態和漆床足的造型。這暗示兩地的漆器可能具有相同的生產場所。很可能當時存在專門為貴族生產漆器的作坊，兩地均定做了相似的漆器。這說明成都平原漆器產業較為發達，市場化程度也比較高。

　　成都商業街墓和青白江雙元村 M154 的漆器，其裝飾獨樹一幟，與其他地方的漆器完全不同。究其原因，在於這些漆器的紋飾主要源自銅器或銅器的紋飾表現方法。雙元村 M154 上的蟠螭紋為浮雕式，與一般漆器為繪畫不同，這種浮雕式的手法與春秋晚期至戰國早期的銅器上的裝飾方法非常一致，如成都文廟西街 M1 銅壺上的紋飾，就是較典型的代表。至於蟠螭紋，則是春秋中晚期至戰國早期，楚地銅器常見的紋飾。回首狀的龍紋，見於楚地和中原地區銅器上，如商業街 G2：21、雙元村 M154：32 的龍紋與河南淅川下寺 M2：51 浴缶〔註 132〕、河北新樂中同村 M1 銅豆上的龍紋基本一致〔註 133〕。綜上，漆器裝飾明顯是來源於楚地和中原地區的銅器之上。

　　成都商業街及青白江雙元村 M154 等漆器均為本地器物與外來裝飾融合的結果，二者具有高度同質化的時代共性，可能存在共同的生產場所，說明漆器的生產具有較高程度的專業化、市場化。同時，這些漆器生產場所可能只為上層貴族提供漆器產品，而普通民眾則不能隨意使用這些體現身份的漆器。

（二）外來文化因素器物

1. 陶器

　　本期存在少量的模仿外來銅器風格的仿銅陶器，這些陶器主要模仿楚文化的盞、尊缶、浴缶及中原地區的蓋豆、簠等銅器。這些陶器的數量不多，暫時還無法弄清究竟是本地生產還是外地直接輸入的，但考慮到陶器的原料於本地更易獲得，且生產難度不大，這些陶器很可能是本地直接生產的。這些銅器的原型在成都平原或周邊地區均有出土，本地生產的前提條件能夠成立，本地生產的可能性較大。

2. 銅器

　　本期具有外來文化因素的銅器，包括楚文化、三晉地區中原文化及吳越文化等，少量文化因素甚至可能來自海岱齊系青銅文化。主要的影響是來自楚文化，其次為中原文化和吳越文化等。這些器物的生產和流通，可能存在兩種情況。

　　第一種可能的情況，是器物生產於其他地區，再輸入到成都平原地區。大部分的外來器物應該是在原產地生產鑄造，其後才通過某種途徑流入成都平

〔註 132〕河南省文物研究所、河南省丹江庫區考古發掘隊、淅川縣博物館：《淅川下寺春秋楚墓》，北京：文物出版社，1991 年，第 130 頁。
〔註 133〕石家莊地區文物研究所：《河北新樂縣中同村戰國墓》，《考古》1984 年第 11 期。

原的。青白江雙元村 M154 及成都京川飯店 M1 出土的銅鏡，與三晉地區長治分水嶺墓地的銅鏡造型、紋飾等幾乎完全一致，甚至在細節上也是同樣的。這三件銅鏡應該產自三晉地區的同一個區域，甚至是同一個作坊。

成都百花潭 M10 和成都白果林小區 M4 出土銅壺，以及青白江雙元村 M154 出土的銅匜，在器形上與中原地區甚為接近，這些銅器均裝飾了鑲嵌、刻畫的宴飲、狩獵等場景式的紋飾，而這類紋飾常見於中原地區。這類器物在成都平原發現很少，不大可能是本地製造的，也應該是直接輸入的。

成都文廟西街 M1 出土的銅壺，其造型、裝飾、鑲嵌的手法均與三晉地區的銅器接近，尤其與渾源銅器群非常接近，同樣是中原地區的產物。

綿竹清道 M1 銅蓋豆的造型與中原地區的蓋豆接近，主要也應是產自三晉地區。

新都馬家 M1 出土的一件「邵之食鼎」，該鼎銘文與 1975 年湖北均川劉家崖出土的邵方豆字體完全相同，當為同一人所作〔註 134〕。劉家崖為曾國墓葬，因此這件鼎或專係為曾國某貴族鑄造的。

除上述銅器外，還有大量的銅鼎、敦、尊缶、壺等器物，大部分是楚文化或吳越文化系統的產物，其中相當一部分應該也是直接輸入的。

第二種可能的情況是，成都平原本地基於外來原型而仿製的。雖然大部分外來風格銅器應是輸入的，但不排除部分是本地模仿外來銅器而鑄造的。當時本地有大量本土風格的器物，說明其具有較強的銅器生產能力，部分形制簡單的器物如越式鼎、缶、壺等中的部分，不排除仿造的可能性。而部分銅器的造型和裝飾上存在一些矛盾，如新都馬家 M1 出土的 4 件簡報稱為「仿邵之食鼎」，形態和紋飾基本一致，發表的其中一件的器形和紋飾皆與楚地輸入的邵之食鼎不一致，其器身更加低矮、蓋隆起較高、足略矮，腹部裝飾變形的蟠螭紋。總體而言，所謂「仿邵之食鼎」並非仿邵之食鼎而製作，而是結合了楚地戰國中期子口鼎的器形和春秋晚期至戰國早期流行的蟠螭紋而重新製作的，可稱之為「蟠螭紋鼎」。類似這種器物造型與裝飾存在矛盾的情況，還見於新都馬家 M1 出土銅鑒、浴缶等器物。同樣的現象卻並不見於楚文化區域乃至中原地區，暗示這些器物很可能是本地生產者結合了不同時代的器形和紋飾而鑄造生的。從這個角度來說，應該有少量的外來風格銅器為本地鑄造的。

〔註 134〕 張昌平：《曾國青銅器研究》，北京：文物出版社，2009 年，第 55 頁。

關於東周時期成都平原出土的外來風格銅器，科技分析工作還不多。新都馬家 M1 銅器群的成分分析表明，外來風格的鼎、盤、匕等器物含銅量均在 80% 以上，而大部分本土器物則在 80% 以下〔註 135〕。這種情況暗示至少部分外來風格的銅器可能是外地直接輸入的，而少量可能是本地生產。而成都平原本土風格銅器在鉛同位素比值上與曾、楚等地關係較近，也暗示了成都平原很有可能從楚地獲得銅器乃至礦料。成都平原還出土了大量帶有虎斑紋的銅器，這類銅器在吳越和楚地均有發現，可能對成都平原的斑紋銅器存在文化上的影響，分析發現成都平原的斑紋採用了熱鍍法形成銅錫合金鍍層〔註 136〕，與吳越菱形紋飾工藝有接近之處，但材料和方法有所區別。說明斑紋的形態和工藝均有可能為外地輸入的。產地的問題雖然較為複雜，但部分外來風格的銅器應該是直接輸入的。

東周時期成都平原出土的外來風格的銅器，無論是否為本地鑄造生產，其原型均是來自這些器物最為流行的文化區域。最為重要的是楚文化區、以三晉地區為核心的中原文化區這兩個區域，以及與楚文化臨近的江淮吳越文化區，乃至海岱地區；中原文化區周圍的中山國、燕國等區域也深受中原文化的影響，在此一併歸入中原文化區之中。那麼來自如此廣大的文化區域的產物，是如何流通到成都平原的呢？

上述文化區中，楚文化區距成都平原較近，兩地在空間上存在密切的聯繫。楚、蜀分處長江中上游，新石器時代晚期以來就存在較強的文化聯繫，在商周時期，長江中游地區的文化對長江上游地區產生了強烈的影響。春秋中晚期，楚國的政治中心大約在漢水中游一帶；春秋晚期，伴隨著楚國政治勢力的擴張，楚文化也急劇向東西兩個方向擴張，向東擴張至淮河流域，向西沿漢水上溯，達到陝南地區。過去學界多認為，楚文化主要經過長江流域，沿峽江地區上溯至四川盆地乃至成都平原。事實上，若楚國的政治中心在漢水中游一帶，那麼沿漢水上溯再南下到川東北地區，再進入成都平原，也是一條較為簡便的路線〔註 137〕。宣漢羅家壩 M33 出土了大量楚式風格的器物，恰好說明了川東北地區是楚文化進入成都平原的中間地帶，楚人可能曾經試

〔註 135〕曾仲懋：《出土巴蜀銅器成份的分析》，《四川文物》1992 年第 3 期。

〔註 136〕姚智輝：《晚期巴蜀青銅器技術研究及兵器斑紋工藝探討》，北京：科學出版社，2006 年，第 102 頁。

〔註 137〕黃尚明：《從考古學文化看漢水在文化交流中的作用》，《華夏考古》2008 年第 2 期。

圖控制該區域。因此，成都平原出現的楚式銅器，主要是通過漢水上游，經川東北山地再傳入成都平原的。從春秋中期之後，楚地與成都平原的交流通道就一直存在，直到漢代文化大一統時代也是如此。

三晉及更北的燕國一帶，距成都平原很遠，兩大文化區之間可能存在小規模的直接的政治或文化聯繫，但不大可能存在大規模的文化交流，也不大可能存在某種穩定的交流渠道。成都平原出現的大量中原式銅器，很可能是通過間接的途徑傳入的。春秋戰國時期，楚國與周王室及三晉區域內的國家存在廣泛的政治及軍事聯繫，考古發現材料也顯示晉楚之間存在密切的文化聯繫〔註138〕。雙方的物質文化互有影響。前述中原風格的器物，在楚地也時有發現，如中原地區流行的銅蓋豆等。成都平原出土的中原風格銅器較楚式風格器物較少，中原式的器物很可能是經由楚地與成都平原之間的通道傳入成都平原的。也就是說，中原式的器物傳入楚地後，經由楚人與巴蜀人群之間的聯繫，再傳入成都平原。宣漢羅家壩 M33 出土的銅蓋豆，明顯具有中原風格，這些銅器很可能是傳播過程中留下的證據，是楚人或巴人貴族所擁有的，中原式的銅器也是通過楚人傳入的。以羅家壩 M33 為代表的川東地區突然出現的中原及楚文化因素銅器（圖 5-40）〔註139〕，且這些器物有著多樣的文化和年代背景。這種情形暗示川東地區作為文化通道的作用存在了較長時間，且通道較為穩定。

成都平原出土的部分中原風格銅器常伴隨有楚地的某些裝飾風格，如綿竹清道 M1：6 提鏈壺及蓋豆等銅器，均結合了中原和楚式的部分特徵，說明這些源自中原的器物可能受到楚文化的影響之後再影響到了成都平原。

吳越風格的銅器尤其是所謂的「越式鼎」在成都平原較為常見，是除了楚式鼎之外最常見的鼎類器物。吳越文化區主要分布於江淮一帶，與成都平原相隔較遠，很容易聯想到中間的楚文化區起到了橋樑的作用。楚國和吳越的政治、軍事和文化聯繫一直非常密切，楚文化中的較多因素事實上也是來自吳越地區。春秋戰國時期，楚國勢力一直向東擴張，文化上也佔據主導地位〔註140〕。

〔註138〕 黎海超、崔劍鋒：《試論晉、楚間的銅料流通——科技、銘文與考古遺存的綜合研究》，《考古與文物》2018 年第 2 期。

〔註139〕 四川省文物考古研究院、達州市文物管理所、宣漢縣文物管理所：《宣漢羅家壩》，北京：文物出版社，2015 年，第 137～146 頁。

〔註140〕 徐良高：《考古發現所見楚文化在東南和西北方向的進退》，《三代考古》（八），北京：科學出版社，2019 年，第 68～74 頁。

吳越之地的文化因素，通過楚文化區，然後傳入了成都平原。部分可能來自於海岱地區的器物或因素，則可能是傳入吳越文化區再經由楚文化區傳入成都平原的。

　　總之，楚文化與巴蜀文化之間存在較穩定的通道，這一通道可能是兩地上層社會控制的政治和文化渠道。借由這一渠道，不僅楚文化傳入並深刻地影響了當地的社會和文化，中原、吳越等地的文化因素也不斷傳入成都平原。而楚文化區傳入成都平原的路徑則有南北兩個通道，北部經漢水向西北，經川東地區傳入成都平原；南部沿長江向西到峽江地區，再傳入成都平原。其中沿漢水向西的北部通道，應是最主要的文化交流通道（圖 5-41）。

圖 5-40　宣漢羅家壩 M33 出土部分銅器

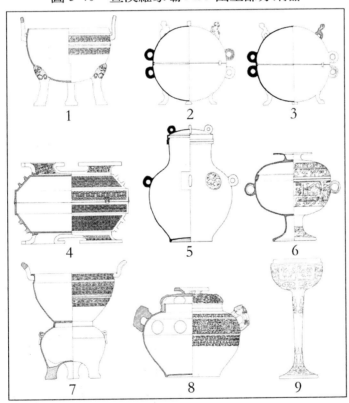

1.鼎（M33：197）　2、3.敦（M33：50、125）　4.簠（M33：19）　5.尊缶（M33：200）　6、9.蓋豆（M33：18、26）　7.甗（M33：199）　8.浴缶（M33：201）
（圖片均採自《宣漢羅家壩》，分別為：1.第 138 頁，圖一二八；2、3.第 142 頁，圖一三二：1、2；4.第 140 頁，圖一三〇；5.第 139 頁，圖一二九：1；6.第 144 頁，圖一三四；7.第 141 頁，圖一三一；8.第 143 頁，圖一三三；9.第 146 頁，圖一三六）

圖 5-41　第二期外來銅器的輸入路徑

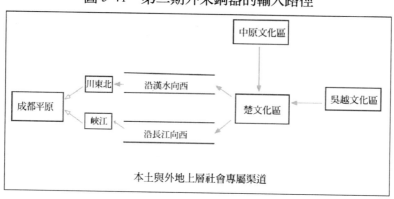

外來風格的銅器，其來源和渠道基本清楚。那這些器物是通過何種方式傳入成都平原呢？

成都平原出土有外來風格銅器的墓葬均為等級較高的墓葬，典型墓葬如新都馬家 M1、青白江雙元村 M154、綿竹清道 M1 等墓葬，均出土大量外來風格的銅器。包括宣漢羅家壩 M33 等川東北地區的高等級墓葬，也出土了大量外來風格的銅器。這些外來風格的銅器在成都平原所佔比例仍然較少，且多較為隨意和拼湊，組合併不完整。這說明這些銅器是被本地上層少數人員控制的珍稀資源，而這些珍貴的銅器數量很少，且少有重複的，說明大部分銅器並非本地鑄造生產的，而是直接從外地輸入的。這些銅器最有可能來自於蜀地和楚地的上層交流，這種交流可能主要以貿易交換為主。而且這些對蜀地貴族異常珍貴的資源，很可能存在一條單獨的渠道從楚地獲得這些器物。當然，在兩地交往的過程中，戰爭可能也會帶來文化的交流，但這些珍貴的資源更可能來源於上層穩定的交換渠道而非戰爭的形式。

上層的資源獲取渠道，被蜀地上層控制，而蜀地社會對這些來自域外的器物，具有較強的崇拜心理，蜀地的上層通過對資源和渠道的控制，也達到了控制整個社會的目的。

以上分析了第二期本地風格的陶器、銅器、漆器以及外來風格的銅器的生產、流通情況，發現本地陶器仍然與日用陶器共同生產，但出現了一些喪葬陶器生產的專門化的情況，也符合東周以來的新趨勢。本地銅器則明顯地存在商業化、市場化的特徵。漆器方面，則存在專門為上層貴族生產製作漆器的場所，呈現出商業化、定製化和市場化的特徵。而外來風格的銅器，其來源結構較為複雜，是通過上層直接的交流渠道而獲取的，並非市場化的行為。

三、第三期

第三期出土器物中，陶器的比例較高，且基本為本地風格的陶器；銅器比例不高，主要也是本地風格的銅器。

（一）本地文化因素器物

1. 陶器

本地風格的陶器主要包括鼎、釜、釜甑、圜底罐、豆等類。本階段陶器呈現出高度同質化的特徵，同一墓葬中常隨葬多件同類陶器，且多件同類器的造型均較為接近，標準化程度較高。

新都清鎮村 M1 中的 B 型豆中，有多種小類，但其基本形態大致相同，發表了 6 件，口徑在 12.4～13.3 釐米之間，標準差為 0.318，個體之間差異很小（圖 5-42）。

圖 5-42　新都清鎮村 M1 陶豆

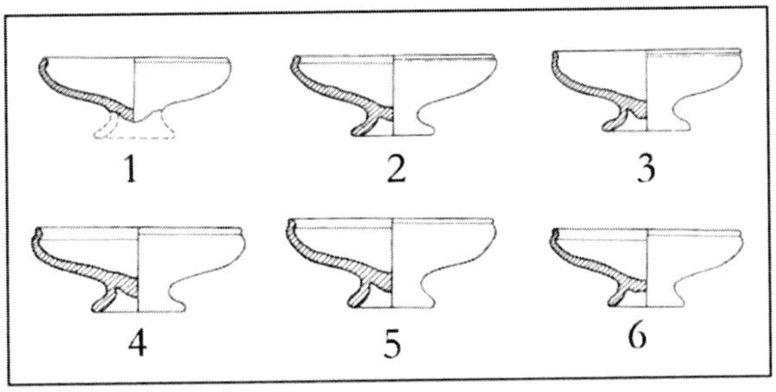

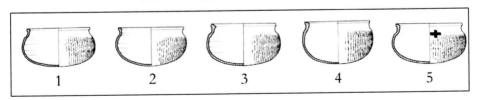

（圖片均採自《成都考古發現》（2005），分別為：1～6.第292 頁，圖三：2～8）

蒲江飛龍村 06M1，出土繩紋陶釜 5 件，形制幾乎完全相同，口徑在 20.4～21.8 釐米之間，標準差為 0.45，個體之間差異很小（圖 5-43）。

圖 5-43　蒲江飛龍村 06M1 陶釜

（圖片均採自《成都考古發現》（2011），分別為：1～6.第 342 頁，圖五：1、3、5、6、4）

以上情況說明，同一座墓中的同一類陶器，形態基本一致，甚至尺寸也基

本一致，標準化水平進一步提高。這種現象暗示這些陶器均由同一場所、在相近的時間中製作完成的。且本階段大部分陶器為泥質，火候很低，基本不具備實用功能。這說明這些陶器是專門為下葬而製作的，且存在專門的人員和場所，由所需者定製化生產，然後用於隨葬。

本期幾乎所有的墓葬出土陶器都符合上述特徵，說明該階段應該存在專門為喪葬服務的陶器製作場所，喪葬用陶器的生產製作呈現出商業化、標準化、市場化的特點。這延續了第二期出現的喪葬陶器生產專門化的特點，並逐漸擴展至幾乎成都平原的各個區域。該階段陶器的專門化、標準化生產程度大幅提高。

2. 銅器

本期的銅器以本地風格的兵器和工具為主，有少量容器。大多數墓葬出土的銅器數量不多，且多不成組，很少有同類器物且形制一致的。

大邑五龍 M19 出土多件銅兵器和工具，其中兵器有劍、戈、矛等，戈和矛各一件，劍發表的有 4 件。4 件銅劍形制完全不同，既有無莖的柳葉形劍，也有圓莖劍，還有帶格劍，4 件之間無任何共性。這說明這 4 件銅劍並非同時鑄造，更不是專門為了這座墓的主人下葬而生產的。

大邑五龍 M2 出土多件兵器以及釜甑、鍪等容器。發表的銅劍有 5 件，戈有 2 件。2 件戈，1 件為三角援戈，1 件為帶胡戈，完全不同。5 件劍均為柳葉形劍，但造型、符號的有無和類別均不同（圖 5-44，1、2、3、4、5、6、7）。戈和劍的情況均說明同類器可能不是同時鑄造，更非專門鑄造。

還有一些銅器可能是為了下葬而製作的明器，這些銅器往往在形制上較為一致。

大邑五龍 M2 出有 5 件銅鉞，大小依次不同，排列整齊，且除大小不一外，形制幾乎完全一致（其中一件未能完全修復）（圖 5-44，8、9、10、11），顯然這 5 件鉞應該是同時鑄造的，也不具有實用功能，僅僅是為了下葬而生產的。其情形與同墓中的劍、戈的情況明顯不同。

蒲江飛龍村 06M3 出土 2 件柳葉形劍，其形制基本一致，且均為實用器。這兩件劍應為同時鑄造的一組銅劍。

上述兩墓的例證說明，仍然存在少量的銅器，是專門為喪葬而製作的，而這類銅器可能是下葬專用明器。

圖 5-44　大邑五龍 M2 銅兵器

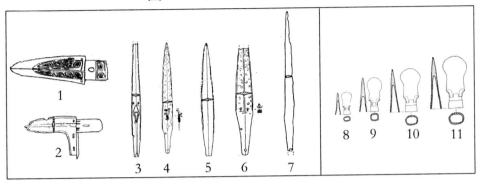

1、2.戈（M2：20、19）　　3～7.劍（M2：23、1、18、22、30）　　8～11.鉞（M2：14、15、3、21）

（圖片均採自《文物》1985 年第 5 期，分別為：1～12.第 37 頁，圖二二：13、11、2、6、5、4、2、10、9、8、7）

　　第三期本土風格的銅器，無論是容器還是兵器、工具，大多可能是由日用銅器轉變而來，最初是作為實用器而生產的，並非專門為了喪葬。僅少部分銅器可能是為了喪葬活動而進行鑄造生產的，這部分銅器數量不多，可能也不存在專門的生產場所，很可能是與日用銅器在同一場所鑄造生產的。總之，本期本土喪葬銅器的專業化、標準化、市場化程度不高，甚至較上一期還有所退步。

（二）外來文化因素器物

1. 陶器

　　第三期外來風格的陶器包括仿銅陶器和日用陶器兩類。仿銅陶器如蓋豆，日用陶器如鼎、盒、壺、盆、囷、繭形壺等，這些陶器數量在成都平原不多，但為外地輸入的可能性不大，更大的可能是該階段秦人入蜀，人群的移動帶來了新的器類和技術，在本地進行生產的。

2. 銅器

　　第三期中僅少數墓葬出土銅器具有外來文化因素，主要以成都羊子山 M172 出土的銅器為代表，大多與楚文化有關，如浴缶、附耳折沿大鼎等。部分銅器可能具有中原文化的背景，如盃、鼎等，但此時楚地的大部分區域已經被秦佔領，隨著秦國勢力的擴張，包括中原文化系統在內的各類文化因素均深刻地影響了楚地的文化面貌，楚地也吸納了大量中原地區的文化因素，形成了新的文化風格。因此，包括上述方壺、甗等中原風格的器物，凹骹口

矛（Ab 型）等吳越地區的器物，均可能是通過楚文化區傳入成都平原的。

因此，本期以成都羊子山 M172 為代表的外來文化因素，主要來自楚文化或與楚文化關係密切的區域，這些器物在成都平原大多較為少見，它們很可能並非本地鑄造，而是直接從楚地輸入的。而這一階段秦國已經基本控制了巴蜀、中原及楚地的大部分區域，各地之間的文化交流更為密切，已經逐漸步入文化大一統的階段。

本期外來文化風格的器物主要是楚文化和秦文化兩種風格，包括了陶器和銅器。陶器應該是本地製作的，最主要可能是移民遷入帶來了新的陶器類型，與秦對巴蜀地區的佔領密切相關。外來銅器的數量較少，由於這一階段秦國已經佔領了蜀地，蜀地原有的與楚地上層的通道已經不復存在，但大多數外來風格的銅器仍然是通過原來的楚文化區傳入的，但這種傳播基本上是比較直接的，而非某種專屬渠道。

總之，至第三期，成都平原、中原地區和楚地大部分已經納入了秦的勢力範圍內，區域之間的文化交往日益密切，相互之間的交流和互動的方式主要是人群的流動，各地區之間的技術、器物、文化交流的廣度和深度與此前相比大大加深。政治變革背景下的人群流動，應是本期器物流通的主要動力。

第三節　小結

本章對隨葬器物的文化因素進行了辨析，通過與域外文化區器物的對比，發現成都平原商周墓葬的外來文化因素包括楚文化因素、中原文化因素、吳越文化因素和秦文化因素，以楚文化因素為主，中原文化因素次之。從時間上來看，春秋中期以前，僅有為數不多的中原文化因素影響到成都平原；春秋晚期至戰國末期，外來文化因素佔據了較大比例。在文化因素分析的基礎上，著重對不同質地、文化風格的器物的生產與流通方式進行了討論。總體上來說，陶器生產以本地生產為主，銅器生產則兼具本地和外來兩種情況。

一、陶器

第一期，隨葬陶器幾乎全為本地風格，這些陶器均為日用器的常見種類，在形態上並無特殊之處，甚至包括質地、工藝等差異也不明顯。同一座墓中的同類器的形態存在一定差異，說明陶器製作並不標準，較為隨意。因此，本階段尚不存在較專門的喪葬陶器生產、製作場所，喪葬陶器的製作是與日用陶器

混在一起的。從流通的角度來看，也並無專門的渠道面向喪葬，只是生產出來的部分陶器最終用於喪葬活動中。

第二期，部分墓葬出土陶器較多，且標準化程度較高，應該是專門為喪葬活動而定製化生產的，呈現出專門化、商業化的特點。仍有部分陶器並非專門為喪葬而製作生產的，只是最終流向了喪葬活動中。因此，本階段陶器生產和流通為半專門化、半商業化的特點。

第三期，墓葬以隨葬陶器為主，大部分墓葬的陶器均呈現出高度標準化的特點，是專門化、定製化的生產方式，而流通則幾乎全是市場化、商業化的行為。當時應存在較大規模的喪葬陶器的生產場所。

陶器的生產從完全不專門化到半專門化再到專門化的轉變，陶器生產從不標準向標準化、定製化轉變，流通方式則從小作坊向半商業化再向商業化、市場化的方向轉變。

二、本地風格銅器

第一期僅有少量的銅器，這些銅器均為日用器，不存在喪葬銅器生產的專門化。

第二期，本地風格的銅器種類豐富，既有日用器，也有小型化的專用明器。日用器大部分是經過使用，最後才隨葬的，這些銅器並非專門為了喪葬而生產，其最終流向喪葬活動則可能完全屬於隨機性的行為。本階段有部分高等級墓葬出土有大量成組的實用器，組合整齊，形制相同，這些則可能是定製化生產的。至於一些僅供於喪葬活動的小型銅器，則完全是為喪葬服務的定製化生產方式了，其流通方式也完全是商業化行為。

至第三期，銅器的比例不高，情況與第二階段類似，但銅器明器化、定製化的商業行為似乎有所減少，主要是日用器用於喪葬活動中。

本地風格的銅器大多源自於日用銅器，其生產大多不存在專門化的情形，其流通方式則與日用銅器一致，可能是半商業化的情形。而部分專用的明器包括專為喪葬而用的日用器，則呈現出定製化、專門化的生產方式，其流通方式也完全是市場化、商業化的。

三、外來風格銅器

本地風格的器物，大體上生產、流通均發生在成都平原區域內，甚至是更小的地域範圍內。而外來風格的器物情況則較為複雜。外來風格主要以銅器為

主，有少量陶器。

第一期，有少量的戈等兵器，形制與中原地區幾乎完全一致，這些銅器極少，不大可能是本地生產，而最有可能是直接從中原流入本地的。

表5-2　隨葬器物的生產與流通方式

分期\器類	第一期		第二期		第三期	
	生產	流通	生產	流通	生產	流通
本地陶器	小作坊、非專門化	非商業化	半專門化	半商業化、半市場化	專門化、標準化	商業化、市場化
本地銅器	非專門化	非商業化	半專門化	半商業化、半市場化	半專門化	半商業化、半市場化
外來銅器	非本地生產	零星輸入	少數為本地生產	上層渠道	極少數為本地生產	上層渠道
本地漆器			專門化	商業化、市場化		

第二期的墓葬出土了大量的外來風格銅器，來自楚文化區、中原文化區、吳越文化區等不同的區域。來自於不同空間的銅器彙集到成都平原，這些銅器大多為單獨出現，成組出現的較少，僅見於新都馬家M1等高等級墓葬中。單獨、零星的隨葬，說明這些銅器可能並未在本地形成較穩定的生產體系，大部分應該是直接從外地輸入的。而如新都馬家M1等少數成組的同類銅器，則可能是本地仿製的。這些外來銅器大多是經由楚國上層和巴蜀本地上層控制的渠道進行交流的，方式可能包括貿易、戰爭等，但最有可能則是存在一條穩定的渠道用以專門交換這些珍貴的銅器。

第三期中僅少數墓葬出土外來風格的銅器，大多可能與楚文化或秦佔領之後的楚地有關聯。而當時秦國已統一巴蜀和楚地，兩地之間的交流更為簡便。當然這些外來風格的銅器仍然是高等級的代表，是上層社會的專屬。

綜上所述，外來風格的銅器，一直是以直接輸入為主，在後期有少量的本地仿製。流通機制並非市場化、商業化的途徑，而是存在高層獲取的專門渠道。

總之，本地陶器的生產經歷了非專門化到專門化的生產模式，從半商業化到商業化的流通渠道的轉變。本地銅器則從非專門化到專門化的生產方式，流通則主要為半市場化、半商業化的情況。外來銅器的生產從非本地生

產到少數為本地生產，外地生產的從零星輸入轉變為上層從專屬渠道獲取。
第二期的漆器則為專門化的生產和商業化、市場化的流通（表 5-2）。